최신

① 10회분

토익 급상승
Part 5&6

실전문제집 + 해설집

게임토익 최진혁

- 現 영단기어학원 강남캠퍼스 게임토익 강사
- 現 파랑호랑이 영어교육업체 대표
- 前 테스트와이즈 시사종로학원 토익 대표 강사
- 前 시사영어학원 일산 토익대표강사
- 前 한성대학교 동국대학교 토익강의
- 토익교재 및 번역서 집필다수

최신 토익 급상승 ❶
Part 5&6 10회분[실전문제집 + 해설집]

저 자 최진혁
발행인 고본화
발 행 반석출판사
2020년 4월 20일 초판 2쇄 인쇄
2020년 4월 25일 초판 2쇄 발행
홈페이지 www.bansok.co.kr
이메일 bansok@bansok.co.kr
블로그 blog.naver.com/bansokbooks

07547 서울시 강서구 양천로 583. B동 1007호
(서울시 강서구 염창동 240-21번지 우림블루나인 비즈니스센터 B동 1007호)
대표전화 02) 2093-3399 **팩 스** 02) 2093-3393
출 판 부 02) 2093-3395 **영업부** 02) 2093-3396
등록번호 제315-2008-000033호

반석출판사
Bansok

10년 가까이 게임토익 강사로서 혼자서 모든 파트를 수업해오고 있습니다. RC와 LC는 물론 실전강의와 스터디까지 수많은 강의를 하며 느낀 점은 영어는 기본기와 좋은 자료가 가장 중요하다는 것입니다. 영어실력 향상보다는 빠르게 높은 점수를 획득하여 취업과 졸업 등에 도움이 되는 것이 토익시험의 목적이라면, 최소한의 시간으로 최대의 효과를 낼 수 있는 좋은 자료가 필수입니다.

　　영어의 사용 양상이 변화하고 응용력이 중요해지는 것처럼 비즈니스 영어인 토익시험도 변화해가고 있습니다. 더 이상 단순암기만 하거나 기출문제만 풀어본다고 해서 고득점을 받을 수 있는 시험은 아니라는 거죠. 토익시험에 나오는 기본어휘와 포인트문법을 학습한 이후에는 시험에 나올 만한 예측문제들을 충분히 풀고 리뷰하여 응용력을 키우는 것이 현재 토익시험의 고득점으로 가는 비결입니다. 그러기 위해서는 좋은 교재가 필요하겠죠. 이번에 반석출판사와 함께 만든 『최신 토익 급상승 ❶ 파트 5&6 10회분』은 토익시험에 나올 만한 문제들만을 엄선하여 만든 후에, 실제 수강생들을 대상으로 실전 스터디를 거친 자료입니다. 특히 성적표로 검증이 될 때까지 수정하고 의견을 반영하여 최종 점검된 사항들을 해설에 담는 등 여러분의 토익점수에 날개를 달 수 있도록 실제 현장에서의 경험과 노하우를 담아내는 데에 최선을 다하였습니다.

　　이 책이 나오기까지 도와주신 이원준 대표님을 비롯한 반석출판사 직원분들과, 혼자서도 아이디어가 고갈되지 않도록 항상 에너지를 주시는 하나님께 감사의 말씀을 드리고 싶습니다.

　　저 역시 제가 만든 책으로 수업현장에서 강의를 하는 것이 꿈이었습니다. 이제 『최신 토익 급상승 ❶ 파트 5&6 10회분』으로 현장에서 게임토익 수업을 진행합니다. 여러분에게 최적의 토익솔루션을 제공하겠습니다.

저자 최진혁

목차

| 머리말 | 4 | 이 책의 특징 및 활용방법 | 6 |

Actual Test 01~10

Actual Test 01		Actual Test 06	
Part 5	8	Part 5	43
Part 6	11	Part 6	46

Actual Test 02		Actual Test 07	
Part 5	15	Part 5	50
Part 6	18	Part 6	53

Actual Test 03		Actual Test 08	
Part 5	22	Part 5	57
Part 6	25	Part 6	60

Actual Test 04		Actual Test 09	
Part 5	29	Part 5	64
Part 6	32	Part 6	67

Actual Test 05		Actual Test 10	
Part 5	36	Part 5	71
Part 6	39	Part 6	74

정답 및 해설

Actual Test 01	80	Actual Test 06	170
Actual Test 02	98	Actual Test 07	188
Actual Test 03	116	Actual Test 08	206
Actual Test 04	134	Actual Test 09	224
Actual Test 05	152	Actual Test 10	242

| 정답표 | 260 |

이 책의 특징 및 활용 방법

> **1.** 신토익 출제가 예상되는 파트 5, 6 10회분(460제) 제공!
> **2.** 전체 문제에 대한 해석과 꼼꼼한 해설 제공
> **3.** 더 자세한 해설! 오답주의보로 빠지기 쉬운 함정과 오답을 한 번 더 확인!

신토익이 도입되고 시간이 꽤 많이 흘렀습니다. 여러 차례 시험이 치러졌고 많은 데이터베이스들이 쌓였습니다. 『최신 토익 급상승 ❶ 파트 5&6 10회분』은 그동안의 기출문제들을 분석하고 앞으로 출제가 예상되는 문제들을 모아서 파트 5, 6 문제 10회분을 제공합니다. 또한 전체 문제에 대한 해석과 꼼꼼한 해설을 제공할 뿐 아니라 특별히 오답주의보라는 항목을 추가로 제공합니다. 오답주의보는 정답 외에 특별히 함정에 빠지기 쉬운 오답들을 한 번 더 체크하고 넘어갈 수 있도록 해설과 함께 제공되는 항목입니다. 그저 문제만 풀고 넘어가는 것이 아니라 이 책이 제공하는 해설과 오답주의보를 꼼꼼하게 리뷰하는 것이 토익 파트 5, 6 점수를 빠르게 올리는 지름길임을 잊지 마세요.

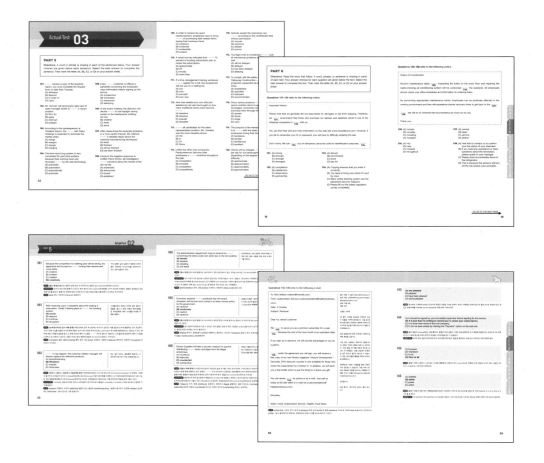

최신

① **10**회분

토익 급상승
Part 5&6

문제편

Actual Test 01

PART 5

Directions: A word or phrase is missing in each of the sentences below. Four answer choices are given below each sentence. Select the best answer to complete the sentence. Then mark the letter (A), (B), (C), or (D) on your answer sheet.

101. Though the managers at Domain Furniture prepared a press interview about the recent recall, they failed to ------- the important questions.
(A) answer
(B) answered
(C) answering
(D) answers

102. The new return policy ------- will be implemented at Koyo Bookstore is expected to prevent gross loss by clients' refund.
(A) who
(B) which
(C) what
(D) where

103. ------- the negative effect on the brand awareness, the exaggerative advertisement will finally result in lagging behind the competitors.
(A) Among
(B) Instead of
(C) In addition to
(D) While

104. In order to prove the loan qualification, the full payment certificate must be stored ------- further notice.
(A) until
(B) by
(C) because of
(D) since then

105. ------- the variety of trucks at Captain Rentauto, Nikki Weidman rented two types of vehicles.
(A) During
(B) Between
(C) Among
(D) However

106. MTV Foundation in Seoul, a nonprofit federation committed to promoting well-being products, ------- an Organic Exposition for Sunday, December 12.
(A) holding
(B) has held
(C) has been held
(D) will be held

107. After 3 years of the renovation, the national museum will open to the ------- on upcoming Saturday.
(A) public
(B) exhibition
(C) turnout
(D) discovery

108. It's time to start working on our advertising campaign with ------- authors for next year's publications.
(A) prominent
(B) prominently
(C) prominence
(D) more prominent

109. Imagine Muse, a local band in Dawsonville, received a warm welcome because they turned it on many performances to all -------.
(A) spectators
(B) applicants
(C) candidates
(D) critics

110. World Economic's editors who ------- attend the professional writing seminar tend to be promoted easier.
(A) soon
(B) directly
(C) originally
(D) regularly

111. If the item ------- ordered is faulty upon delivery, please call the customer service department.
(A) you
(B) your
(C) your own
(D) yourself

112. Premium Pet Store printed the logo design on the ------- bag for advertising new feeds.
(A) promotion
(B) promoted
(C) promoting
(D) promotional

113. Thumb Shopping Mall is located on the Greet-Way street ------- the newly renovated apartment complex.
(A) until
(B) opposite
(C) into
(D) among

114. The final decision of the recruitments ------- on the experiences and personal-job fit by the human resources department.
(A) are being based
(B) is based
(C) based
(D) will base

115. Because of David's sudden resignation, Team Auto is urgently looking for a local ------- for the replacement.
(A) mechanic
(B) mechanize
(C) mechanized
(D) mechanism

116. The design division manager selected the ------- favored by employees on the online poll.
(A) propose
(B) proposes
(C) proposal
(D) will propose

117. A senior architect made the ------- version for Pieta Condo's new architectural project himself because the company needed the revised blueprint.
(A) stated
(B) connected
(C) edited
(D) constructed

118. Rising the milk prices will be ------- related to the cost of the dairy products.
(A) direct
(B) direction
(C) directly
(D) directed

119. Qualified applicants are ------- to apply for the computer operator position currently open in the Technical Department.
(A) received
(B) demonstrated
(C) encouraged
(D) indicated

120. ------- each category's story of the cover letter is generally limited to 800 words, those who apply for the job position comply with the rule.
(A) Although
(B) Even so
(C) Since
(D) Once

GO ON TO THE NEXT PAGE

121. As new employees are becoming -------
     with the company's facilities, they are
     invited to participate in the new hire
     orientation with an official tour.
     (A) satisfied
     (B) neighborhood
     (C) familiar
     (D) lucrative

122. The Viewpark Hotel is planning to offer
     new visitors a(n) ------- which can be
     used for the upcoming summer vacation.
     (A) voucher
     (B) guide
     (C) admission
     (D) gift

123. Passengers should not pay an extra
     fee ------- the weight they have entered
     exceeds the limit.
     (A) despite
     (B) then
     (C) now that
     (D) unless

124. The Colorado mayor expects that these
     new manufacturing plants will -------
     more job opportunities including many
     part-time jobs.
     (A) generate
     (B) assess
     (C) restore
     (D) follow

125. The training workshop regarding the
     customer facing roles will begin ------- at
     10:00 A.M. on upcoming Monday.
     (A) immediately
     (B) periodically
     (C) readily
     (D) already

126. Media Mix AD will give your products
     much exposure to ------- customers in
     domestic and international markets.
     (A) successful
     (B) prospective
     (C) corresponded
     (D) sizable

127. The job description in the handbook has
     specified that full time workers are -------
     to receive the benefit package at Unitas
     Appliance.
     (A) eligible
     (B) supposed
     (C) especial
     (D) complete

128. The Latte apartments are equipped
     ------- spacious parking lots and all
     the modern amenities for the valuable
     tenants.
     (A) down
     (B) near
     (C) for
     (D) with

129. Most of the clients have responded
     ------- to the new recycle project due to
     the donation plan.
     (A) favor
     (B) favorably
     (C) favorite
     (D) favorable

130. This year's job fair ------- by Lexon Auto
     Company is being held in the Olympic
     Convention Hall.
     (A) hosted
     (B) made
     (C) delayed
     (D) postponed

PART 6

Directions: Read the texts that follow. A word, phrase, or sentence is missing in parts of each text. Four answer choices for each question are given below the text. Select the best answer to complete the text. Then mark the letter (A), (B), (C), or (D) on your answer sheet.

Questions 131-134 refer to the following notice.

To: Aqua Building Tenants

We ------- some problems during the installation of the new internet wiring system. -------,
131. **132.**
please pay particular attention to the situation.

Especially, to prevent electric shock, those who were affected by the power outages should use
friction tape. It can ------- the degradation of power from the source.
133.

According to the examination report, the old wires caused a(n) ------- in the system. Now that
134.
the professional technicians currently conduct a thorough inspection, we are not going to let it
happen again.

If you already received this message from us, just ignore this notice.

From Administration Department

131. (A) have detected
(B) will detect
(C) detect
(D) to detect

132. (A) Because last night's power failure
can also lead to many dangerous
conditions,
(B) Since we offer a variety of advantage
options including the discount
coupon,
(C) Because you can get in touch with
the technicians later this week,
(D) Now that the upcoming development
seminar is approaching,

133. (A) inform
(B) avoid
(C) result in
(D) deal with

134. (A) extension
(B) delay
(C) remedy
(D) malfunction

GO ON TO THE NEXT PAGE

Vieta Insurance Co.

To: All employees

From: Shandy Chambliss, Personnel Department

Date: March 22. 10:14

Subject: Congratulations!

I'm very pleased to announce that Olson Doherty, the current senior sales representative, will be promoted to the head of the sales team, ------- April 1.
135.

He started out as a sales clerk at Mirae Insurance before joining our company 7 years ago. After the probation period here, he ------- the innovative sales strategies for the last 3 years as a
136.
managerial position. He has accomplished much in his ------- short career.
137.

-------. How? His office will remain at its present location on the 15th floor.
138.

---

135. (A) effect
(B) effective
(C) effectively
(D) effected

136. (A) has processed
(B) is processing
(C) will process
(D) have been processing

137. (A) actively
(B) relatively
(C) accordingly
(D) approximately

138. (A) The human resources manager still receive applications for this position.
(B) Please pass on your congratulations to him on his promotion.
(C) His office will be renovated soon.
(D) The celebration will be rescheduled due to undergoing the renovation.

Questions 139-142 refer to the following e-mail.

To: Bratt Santos<santosbr@hotmail.com>

From: Jino Garret<jjino@besttourmagazine.com>

Date: 22 May

Subject: Summer Special Article & Picture

Attachment: Agreement 77ex_

Dear Bratt,

I received your valuable document ------- our summer project last week. Actually, we want to run
       139.
a special feature on hot vacation places. ------- reviewing your articles and a variety of photos,
                                           140.
our editing team decided to accept your story for publication in Best Tour Magazine's next issue.

-------. If you have any concerns or questions about that, please contact our chief editor Janet
141.
Noel at any time to discuss the terms and conditions.

If you accept our offer, your article will be published in our July -------.
                                                                    142.

Sincerely,

Jino Garret, CEO, Best Tour Magazine

---

139. (A) regard
(B) regards
(C) regarded
(D) regarding

140. (A) However
(B) For instance
(C) After
(D) By

141. (A) First of all, please see the enclosed
file which detailed the contents of the
contract including the payment and
copyright registration.
(B) The original receipts should be
submitted to the payroll department
for the prompt reimbursement.
(C) As a premium subscriber of our
magazine, you are eligible to receive a
10 percent coupon.
(D) In order to register for the
subscription, please visit the website.
www.besttourmagazine.com/signup.

142. (A) feature
(B) provision
(C) appointment
(D) issue

GO ON TO THE NEXT PAGE

Questions 143-146 refer to the following e-mail.

From: customerrelation@Benezitfurnishing.com

To: Min-Soo, Kimss@naver.com

Date: July 3

Subject: Compensation

Dear, A valuable customer

We are sorry to hear that the desk-chair set #172 you ------- from Benezit's online store arrived
                                                          143.
with a break. The cause of this accident comes from carelessness of the delivery.

-------. To receive a full refund, please return damaged item with the original receipt and be sure
144.
to check the warranty card. Alternatively, Benezit Furnishing can ------- the product and return it
                                                                     145.
to you right away.

-------, we will provide a free cushion and a discount voucher to you by way of apology. I look
146.
forward to seeing you again.

I apologize again for this inconvenience.

Sincerely,

Customer Service Department, Benezit Furnishing

---

143. (A) order
(B) was ordered
(C) will order
(D) ordered

144. (A) The sales figures are expected to
increase substantially.
(B) We apologize for any embarrassment
this may have caused so we would
like to offer you a compensation.
(C) The upgraded compensation system
includes an incentive.
(D) In an effort to reserve the item, you
have to submit your photo ID card to
us.

145. (A) deliver
(B) organize
(C) remind
(D) replace

146. (A) In addition to
(B) Moreover
(C) Therefore
(D) Because

Actual Test 02

PART 5

Directions: A word or phrase is missing in each of the sentences below. Four answer choices are given below each sentence. Select the best answer to complete the sentence. Then mark the letter (A), (B), (C), or (D) on your answer sheet.

101. Because the competition for seeking jobs will be strong, the applicants are focused on ------- writing their resume and cover-letter.
(A) creative
(B) creation
(C) created
(D) creatively

102. After receiving users' complaints about the making a reservation, Totally Catering plans to ------- the booking system.
(A) revise
(B) dispose
(C) continue
(D) recognize

103. ------- may happen, the customer relation manager will directly replace the defective products.
(A) Notwithstanding
(B) Whatever
(C) Instead
(D) Otherwise

104. The administration department hope to amend the ------- concerning the dress code next week due to the hot weather.
(A) details
(B) detailed
(C) detailing
(D) will detail

105. Economic analysts ------- predicted that the recent recession will recover soon owing to an easy-money policy by the government.
(A) cautious
(B) cautiously
(C) caution
(D) cautions

106. Ericton Supplies will take a security measure to prevent distributing ------- toner cartridges from the illegal enterprises.
(A) courteous
(B) elaborate
(C) counterfeit
(D) outstanding

107. Thanks to the precise arrangement and humorous lyrics, Nikki Sixx Band's new title song ------- popular and lucrative.
(A) becomes
(B) proceeds
(C) completes
(D) suspends

108. The Motely Hotel will provide the unlimited beer service to all guests ------- a low price during the foundation day of the hotel.
(A) in
(B) to
(C) at
(D) along

GO ON TO THE NEXT PAGE

15

109. In an effort to expand its market share, Koyote Apparel decided to reduce the excessive ------- on men's suit sales over the next 2 years.
(A) reliance
(B) rely
(C) reliant
(D) relied

110. The plans to promote Tree Mobile's new smart-phone by the celebrity endorsement will commence in ------- with a major entertainment company.
(A) instruction
(B) cooperation
(C) preference
(D) survey

111. Metro Meat is the only ------- that always offers residents a fresh meat from a local cattle farm.
(A) distribution
(B) distributes
(C) distributed
(D) distributor

112. ------- submitting a reference letter from a former professor, job seekers should fill out an application form and send it to the personnel department.
(A) In order to
(B) Unless
(C) In addition to
(D) Whichever

113. The quarterly report revealed that neither the TV commercial nor the online SNS marketing ------- the original sales expectation.
(A) indicates
(B) prohibits
(C) exceeds
(D) assigns

114. All tenants are advised that ------- agreements should be signed after reviewing the terms.
(A) rent
(B) rental
(C) rentable
(D) rents

115. Oxford Landscaping was ------- in 1981 and has continually become a market leader in the related industry.
(A) relocated
(B) transferred
(C) established
(D) launched

116. Because the verification procedure about the research findings has not been ------- examined, they should not be discussed at the press conference.
(A) equally
(B) formerly
(C) sharply
(D) thoroughly

117. ------- the considerable popularity of the new novel by Susan Williams, the amount of pre-sale will be probably ranked at number one.
(A) In case
(B) Given
(C) Either
(D) As long as

118. By the time the Japanese delegation to the UN conference in Washington arrived at the convention hall, the key presentation -------.
(A) had not started
(B) will have not started
(C) will not start
(D) has not started

119. Ms. Donington has ------- as a marketing executive at Hublotatory in the last 10 years.
(A) hired
(B) promoted
(C) served
(D) provided

120. Each head of departments will ------- a survey form to all employees to collect opinions pertaining to the new item's design.
(A) distribute
(B) demonstrate
(C) take place
(D) require

121. This year's winner of Employee of the Montres Tech is Mr. Capelli who was recognized for creating a very efficient payroll system on -------.
(A) he
(B) his
(C) his own
(D) himself

122. ------- for the Edmonton Trade Fair have already been sent to all members.
(A) Invite
(B) Invitation
(C) Invitations
(D) Invited

123. Colorado Electronics always offers the variety of information such as customer's reviews, some of which is helpful for ------- your devices.
(A) choosing
(B) commuting
(C) repairing
(D) extending

124. The ------- about the performance evaluation's ratings can be downloaded on the company web site.
(A) issues
(B) progress
(C) operation
(D) explanations

125. The expense report for the prompt reimbursement should be submitted to the accountant no ------- than Friday, July 22.
(A) late
(B) later
(C) latest
(D) lately

126. ------- funding for the bio chemical project has been approved, Dr. Fernado will launch out into a series of experiments shortly.
(A) Along
(B) Even
(C) Once
(D) Unless

127. The building management required that all visitors park their car in the basement garage ------- using the parking lot A.
(A) in the event of
(B) instead of
(C) behind
(D) during

128. Buyers should read the return policy ------- when they want to exchange or refund.
(A) careful
(B) carefully
(C) care
(D) careless

129. Trinad Incorporated plans to carry out its expansion project by ------- the manufacturing factory in China.
(A) add
(B) adding
(C) added
(D) adds

130. After Blancpain Journal's interns ------- extensive training, and then they became better as a whole.
(A) underwent
(B) stimulated
(C) agreed
(D) confirmed

GO ON TO THE NEXT PAGE

PART 6

Directions: Read the texts that follow. A word, phrase, or sentence is missing in parts of each text. Four answer choices for each question are given below the text. Select the best answer to complete the text. Then mark the letter (A), (B), (C), or (D) on your answer sheet.

Questions 131-134 refer to the following notice.

Important Notice

Please note that we generally are not responsible for damages or losses from shipping. Therefore, we ------- recommend that those who purchase our laptops and desktops enroll in
      131.
one of the shipping companies in ------- with us.
          132.

You can find their lists and more information on the web site www.musedevice.com. However, if you fail to remember your ID or password, you will have difficulty entering the site.

Don't worry. We can ------- you a temporary personal code for identification purposes. -------.
        133.   **134.**

---

131. (A) strong
    (B) strongly
    (C) stronger
    (D) strongest

132. (A) compliance
    (B) satisfaction
    (C) observance
    (D) partnership

133. (A) disrupt
    (B) recommend
    (C) issue
    (D) pay for

134. (A) Copying ensures that you enter it correctly.
    (B) You have to bring your photo ID card by noon.
    (C) Many online banking system use the password-security measure.
    (D) Please fill out the safety regulation survey completely.

Questions 135-138 refer to the following notice.

Notice of Construction

Routine maintenance tasks ------- inspecting the bulbs on the every floor and repairing the
135.
malfunctioning air-conditioning system will be conducted ------- the weekend. All employees
136.
should check your office schedules and information on ordering bulbs.

By performing appropriate maintenance works, employees can be positively effected in the
working environment and they will experience shorter recovery times to get back to the -------.
137.

-------. We will try to minimize the inconvenience as much as we can.
138.

Thank you.

---

135. (A) include
(B) includes
(C) including
(D) included

136. (A) into
(B) near
(C) however
(D) throughout

137. (A) normal
(B) basic
(C) service
(D) district

138. (A) Feel free to contact us to confirm you
the status of your shipment.
(B) If you need any assistance or have
questions about the renovation,
please speak to your manager.
(C) Please store its perishable items in
the refrigerator.
(D) This is because the sensors will turn
off the microwave oven promptly.

GO ON TO THE NEXT PAGE

Employee of The Year

The Twinkle Appliance would like to ------- all employees to attend an "Employee of The Year" at
139.
the banquet hall in the headquarter on December 31. The ------- of this award is to congratulate
140.
those who exceed and achieve their own goal. -------. So we prepared this spot.
141.

On the end of the year, everyone who works in Twinkle Appliance can participate in this event
and there will be a(n) ------- after the awards presentations. You can receive a free dinner. Will
142.
you be gracing us with your presence that day?

Participation is free, but reservation is required. To reserve your table, please contact me right
away.

Shawn Ray

Human Resources Department

Twinkle Appliance

---

139. (A) promote
(B) recommend
(C) invite
(D) announce

140. (A) schedule
(B) aim
(C) possibility
(D) installation

141. (A) Our this year's success can be
attributed to their hard work.
(B) The employee was honored by the
mayor with a special award.
(C) Please don't use your mobile phone
while flying.
(D) As a result, the recipient received $
50,000 in prize money.

142. (A) reception
(B) dinner
(C) optimum
(D) competition

Questions 143-146 refer to the following e-mail.

To: Nick Nelson<nelson@hotmail.com>

From: Subscription Service<customerrelation@healthyfoodnews.com>

Date: 4 October

Subject: Renewal

Dear my valued customer

We ------- to serve you as a premium subscriber for a year. -------, because the end of the next
    143.   144.
month is an expiration date.

If you sign up in advance, we will provide advantages to you as a patron.

-------, under the agreement you will sign, you will receive a free copy of our new fitness
  145.
magazine "Muscle Development." Secondly, 20% discount voucher is now available for those

who renew the subscription by October 31. In addition, we will send you a free bottle which is

just the thing for a thank-you gift.

You can renew ------- by phone or by e-mail. Just call us today at 02) 394-2984 or e-mail me
                 146.
(customerrelation@healthyfoodnews.com).

Sincerely,

Adam Lewis, Subscription Service, Healthy Food News

---

143. (A) are pleased
    (B) pleased
    (C) have been pleased
    (D) will be pleased

144. (A) It should be signed by your immediate
          supervisor before appling for the
          service,
    (B) It is just that I'm writing to remind you
          to renew your subscription,
    (C) It is lower than those of the rival
          company,
    (D) It can be done simply by clicking the
          "Payment" option on the web site,

145. (A) However
    (B) Therefore
    (C) If not
    (D) First of all

146. (A) whether
    (B) either
    (C) prefer
    (D) which

PART 5

Directions: A word or phrase is missing in each of the sentences below. Four answer choices are given below each sentence. Select the best answer to complete the sentence. Then mark the letter (A), (B), (C), or (D) on your answer sheet.

101. ------- receive a copy of the expense report, you must complete the request form no later than Tuesday.
(A) Whereas
(B) Beyond
(C) In order to
(D) Upon

102. Mr. Herman will temporarily take care of sales manager duties to ------- a vacant position.
(A) fill in for
(B) apply
(C) interrupt
(D) prepare

103. According to the spokesperson at Trinidard Import, the ------- with Palco Holdings is expected to dominate the market share.
(A) merge
(B) merged
(C) merger
(D) merging

104. The time record log system is very convenient for part-time workers because their working hours are recorded ------- by the new technology.
(A) automatic
(B) automation
(C) automatically
(D) automate

105. Every ------- customer is offered a pamphlet concerning the scheduled class information before signing up the lecture.
(A) prospective
(B) nominated
(C) impressed
(D) satisfying

106. At the board meeting, the directors will decide ------- to use daylight saving system in the headquarter building.
(A) how
(B) whether
(C) while
(D) since

107. After researching the expected problems in a most careful manner, Ms. Melnick ------- a detailed report about the chemical manufacturing techniques.
(A) finish
(B) finished
(C) will be finished
(D) has been finished

108. Owing to the negative response to Coffee Friend Drinks, all investigators ------- concerns about the results of the pre-survey.
(A) expressed
(B) announced
(C) issued
(D) explained

109. In order to receive the quick reimbursement, employees have to bring ------- of purchasing task-related items during their business travel.
(A) evidence
(B) evidential
(C) evidentially
(D) evident

110. A recent survey indicated that ------- 70 percent of existing subscribers plan to renew the subscription.
(A) approximate
(B) off
(C) mostly
(D) more than

111. If a time-management training workshop ------- register for is full, the receptionist will put you on a waiting list.
(A) you
(B) your
(C) yourself
(D) your own

112. Now that reliable and cost effective appliances can also be bought on-line, many traditional stores have become -------.
(A) tentative
(B) attentive
(C) popular
(D) obsolete

113. ------- all candidates for the sales representative position, Ms. Honaldo was the most valuable person.
(A) Yet
(B) In
(C) Of
(D) Since

114. Unlike the other rival companies, Pandominimum Services offer employees a ------- incentive throughout the year.
(A) competition
(B) compete
(C) competitive
(D) competitively

115. Nobody except the executives can ------- accessing to the confidential data without permission.
(A) include
(B) authorize
(C) debate
(D) borrow

116. The flight #125 to Amsterdam ------- until all mechanical problems are resolved well.
(A) will be delayed
(B) delayed
(C) has been delayed
(D) delaying

117. To comply with the safety regulation, Yellowcap Construction ------- that the protection equipment be equipped at all times.
(A) established
(B) specified
(C) indicated
(D) recommended

118. Since various products ------- from sports nutrition items to general beverages, consumers can conveniently purchase them through Kingsmall.com.
(A) spread
(B) divide
(C) range
(D) carry

119. The purpose of the mentoring program is to ------- with the tasks for new employees during their first 3 months.
(A) familiarize
(B) familiar
(C) familiarized
(D) familiarly

120. Clients will be charged ------- $100 per day for our landscaping service, depending on the degree of the service difficulty.
(A) approximate
(B) approximation
(C) approximately
(D) approximated

GO ON TO THE NEXT PAGE

121. A special article about the spending pattern will be released on March ------- of Market Business Magazine.
(A) order
(B) issue
(C) proposal
(D) accommodation

122. Unitas Academy will ------- local residents a free sample booklet to attract more visitors.
(A) offer
(B) merge
(C) accept
(D) approve

123. There are very few ------- apartments in the capital due to the increasing home prices caused by property speculation.
(A) exceptional
(B) outstanding
(C) similar
(D) affordable

124. At the Creation Appliance Exposition, the experienced manager will show you through the ------- of using a new vacuum cleaner made by Diben Korea.
(A) demonstration
(B) demonstrate
(C) demonstrating
(D) demonstrably

125. The head of the accounting department announced that the company will ------- 20% of their workforce due to the restructuring policy.
(A) define
(B) reschedule
(C) dismiss
(D) consist of

126. Even if Ms. Priest expressed ------- in the receptionist position at Holland Hotel, she decided not to apply for the official job openings.
(A) interest
(B) interested
(C) interesting
(D) to interest

127. Due to the lucrative partnership, Red Entertainment is ------- to terminate a mutual contract with K-POP Digital.
(A) willing
(B) reliant
(C) reversible
(D) hesitant

128. While Herald Department Store's annual sale is currently open to the public, an upcoming clearance sale will be ------- open for valued customers.
(A) creatively
(B) physically
(C) comfortably
(D) exclusively

129. Vendors ------- have not yet enrolled in next month's New Auto Show should sign up for it immediately on account of its limited booths.
(A) which
(B) they
(C) who
(D) we

130. According to the official announcement, the engineering conference will begin ------- at 10 o'clock tomorrow in the press center.
(A) precisely
(B) precise
(C) precision
(D) preciseness

PART 6

Directions: Read the texts that follow. A word, phrase, or sentence is missing in parts of each text. Four answer choices for each question are given below the text. Select the best answer to complete the text. Then mark the letter (A), (B), (C), or (D) on your answer sheet.

Questions 131-134 refer to the following article.

Last month, Truth Catering, one of the best food company in the country, announced that they will ------- 100% of all ingredients as organic products. Over the next 3 years, the company plans to be finished completely. These days, ------- people living in USA are becoming more health-conscious, nutritious and organic meals are the main concern as a well-being lifestyle.

"I hold it my duty to provide good food to people," said Italian President Sylvia Taylor in an interview last month. -------, so it is going to be an excellent year for the company. According to the recent survey, it has ------- 90 percent customer satisfaction & expectation rating.

131. (A) alter
(B) meet
(C) order
(D) adjust

132. (A) although
(B) however
(C) as
(D) due to

133. (A) He started working as an intern in the payroll department,
(B) These include sports competitions, dance classes and more,
(C) The policy is specifically designed for those who live in the Italia,
(D) Food industry analysts also predicted that such an organic food industry will bring good reputation,

134. (A) soon
(B) already
(C) around
(D) agreeably

GO ON TO THE NEXT PAGE

Questions 135-138 refer to the follwing e-mail.

To: Hide Yahadaki<hide@naver.com>

From: Yohan Blake<blake@koyote.com>

Good afternoon! It has been 11 months since your teeth check. I am writing to ------- you that
__135.__
your teeth check-up is approaching. As you know, most of the dentists recommended that

all patients check their teeth and ------- annually. Regular visit is ------- so please call us to
__136.__   __137.__
schedule an appointment.

-------. Therefore, the clinic is closed this weekend. We will reopen at the new location next
__138.__
Monday.

We always care about your teeth health. If you have any question, please contact the below
number.

Sincerely,

Yohan Blake

Koyote Dental Clinic. 02)837-9928

---

135. (A) remind
    (B) allow
    (C) contribute
    (D) order

136. (A) law
    (B) family
    (C) finance
    (D) gums

137. (A) attractive
    (B) informative
    (C) imperative
    (D) fluent

138. (A) All signs should be posted on the
    bulletin board.
    (B) During the business hours, only one
    physician can diagnosis their illness.
    (C) Another significant fact is that we
    will relocate the office to a new place
    opposite the current address.
    (D) However, most of the patients can not
    vote on their favorite locations.

Questions 139-142 refer to the following invitation.

An invitation to the TOP Broadcasting Celebration

On March 22, TOP TV will celebrate its 20th anniversary. For the past 20 years, we ------- many **139.**
innovative variety shows, brave political news, exciting entertainment programs and more.
Especially, we were ------- by the mayor with a Best Entertaining Show Award last year. **140.**

We will gather here upcoming Saturday to congratulate them for 20th anniversary so we invite
you to celebrate with us on Saturday 1 P.M. at the TOP main studio. There will be fantastic
events ------- a complimentary meal and meeting with famous entertainers. **141.**

------- . **142.**

We look forward to seeing you soon. We'll be there.

From TOP TV

---

139. (A) created
(B) have created
(C) will create
(D) was created

140. (A) honored
(B) considered
(C) disrupted
(D) startled

141. (A) include
(B) included
(C) including
(D) will include

142. (A) The event was originally organized by several celebrities.
(B) This event is open to the public, but advanced registration is recommended due to the limited seats.
(C) Be aware that the deadline of the construction project is postponed until next Saturday.
(D) The free meals are being served in the cafeteria.

GO ON TO THE NEXT PAGE

Questions 143-146 refer to the following e-mail.

To: Elizabeth Sara<elizabeth@hotmail.com>

From: Clients Relation Department<customers@bestfurniture.com>

Date: Monday, 13 October, 9:22 A.M.

Subject: Your inquiry

Enclosure: coupon-20%

Dear Sara

Thanks for your recent questions and comments on our web site regarding the instruction for the HHIT Convertible Chair set you ordered. -------. ------- we received this problem 3 days ago, **143.** **144.** our editing department immediately revised the problems of the section.

You can find the ------- version of the instruction on the web site or we can send you an e-mail **145.** with a(n) ------- file if you want. Furthermore, we decided to offer a discount coupon for your **146.** future orders as an apology for your inconvenience.

Thank you for your understanding. We hope to see you soon!

Sincerely,

Mohamad Jackson

Clients Relation Department

Best Furniture

---

143. (A) Make sure that all deliveries are made within 50 hours.
(B) I am sorry about that I could not accept your application this year.
(C) The product is currently out of stock owing to the limited edition.
(D) We are very sorry that a few pages of this manual are missing and misprinting.

144. (A) Given
(B) In case
(C) Moreover
(D) As soon as

145. (A) noted
(B) composed
(C) original
(D) updated

146. (A) attached
(B) purchased
(C) extensive
(D) amazing

Actual Test 04

PART 5

Directions: A word or phrase is missing in each of the sentences below. Four answer choices are given below each sentence. Select the best answer to complete the sentence. Then mark the letter (A), (B), (C), or (D) on your answer sheet.

101. The next year's Collorado Business Convention ------- to invite Mike O'Hearn, a notable economist on global market trend.
(A) is expected
(B) expected
(C) is expecting
(D) will expect

102. Experts ------- are in charge of the performance review will attend the HR conference in the headquarter.
(A) which
(B) that
(C) they
(D) those

103. The current payroll system should be updated to calculate and record employees' working hours -------.
(A) accurate
(B) accurately
(C) accuracy
(D) accurateness

104. The maintenance team has recently ------- a thorough investigation to inspect the defective equipment.
(A) gained
(B) removed
(C) proposed
(D) implemented

105. Mr. Belinto will be ------- to be responsible for editing project while the chief editor leaves for business trip to Manhattan.
(A) escalated
(B) instructed
(C) proved
(D) assigned

106. May Heart Foundation is a domestic non-profit ------- that assists over 50 charities around the nation.
(A) organize
(B) organized
(C) organization
(D) organizing

107. Please note that the materials on the meeting agendas will be ------- to all attendees at the entrance.
(A) distributed
(B) contributed
(C) fastened
(D) commented

108. The head of the personnel division required that all applications including the reference letter be submitted ------- 5:00 P.M. on Friday.
(A) in advance
(B) before
(C) prior to
(D) ahead of

GO ON TO THE NEXT PAGE

109. According to the recent findings released last week, the frequent customers reacted ------- to the company's strict security policy about the password.
(A) favorable
(B) favorite
(C) favorably
(D) favor

110. Kinko Electronics ------- that buyers read the enclosed booklet carefully before installing the products.
(A) recommends
(B) indicates
(C) postpones
(D) hosts

111. When clients visit the "Not/True" section of our web site, they can find the online instruction ------- in solving any problems they encounter.
(A) help
(B) helpful
(C) helpfully
(D) helped

112. ------- you are relaxing at the luxury hotel or enjoy outdoor activities, like boating, Sunset Tour Agency is best for you.
(A) Either
(B) Whether
(C) Neither
(D) Since

113. After 5 years of the operation, our facilities ------- thorough inspections to ensure we meet the safety standards.
(A) respected
(B) assessed
(C) underwent
(D) employed

114. Trust Insurance's ------- on the sick leave are described in the company handbook.
(A) guide
(B) guided
(C) guidelines
(D) to guide

115. Tours of the manufacturing plant will be allowed ------- the renovation project of Piaget's wings has just been finished.
(A) whereas
(B) behind
(C) such as
(D) once

116. The prices of seafoods rely ------- on the product's weight and freshness.
(A) large
(B) larger
(C) largest
(D) largely

117. The successful quarterly earnings of Canne Auto are ------- with what its shareholders expect from the release of the new hybrid vehicle last year.
(A) familiar
(B) satisfied
(C) consistent
(D) necessary

118. Only ------- with their photo identification cards can participate in Mr. Neil's retirement party.
(A) they
(B) that
(C) which
(D) those

119. As a business publisher, Mr. Zooner ------- contributes articles related to the recent business trend to magazines.
(A) regularly
(B) initially
(C) already
(D) shortly

120. At the annual banquet, Newtrax Courier's president praised ------- employee who achieves a goal.
(A) few
(B) all
(C) several
(D) every

121. The ------- lawn at Ilroom Veterinary Clinic is designed for protecting pets in case of an accident.
(A) absolute
(B) specific
(C) excited
(D) vast

122. In his recommendation letter, Mr. Drumond shows that Mr. Stewart's good teamwork with other colleagues is the most valuable -------.
(A) qualify
(B) quality
(C) qualifies
(D) qualified

123. A few professionals are encouraged to register for the weekend class ------- the class during the weekdays due to the schedule conflicts.
(A) though
(B) except
(C) regarding
(D) instead of

124. In order to help users understand the installation, a ------- user manual is ready to assist you 24 hours a day on the web site.
(A) comprehended
(B) comprehensive
(C) comprehensively
(D) comprehension

125. Thanks to the help of the professional parcel service, it is now ------- to arrange a speedy delivery to the clients.
(A) possible
(B) tremendous
(C) honorary
(D) essential

126. Every Friday night of the month, a series of ancient exhibits will be open to all visitors ------- 10:00 P.M. at no cost.
(A) until
(B) within
(C) therefore
(D) at

127. Last month, CKS Appliance was highly praised by housewives after the new ------- washing machine was released.
(A) expensive
(B) potential
(C) noiseless
(D) defective

128. When ------- up the new access card at the front desk, employees should present ID card to the security official.
(A) pick
(B) picked
(C) picking
(D) will pick

129. ------- Mr. Montgomary is new to the workforce in the personal training field, his knowledge of sports science is extensive.
(A) Because
(B) Whereas
(C) Upon
(D) In addition

130. The newly hired store manager ------- attracts local clients by distributing flyers to prospective customers.
(A) he
(B) his
(C) him
(D) himself

GO ON TO THE NEXT PAGE

PART 6

Directions: Read the texts that follow. A word, phrase, or sentence is missing in parts of each text. Four answer choices for each question are given below the text. Select the best answer to complete the text. Then mark the letter (A), (B), (C), or (D) on your answer sheet.

Questions 131-134 refer to the following notice.

Notice to Travellers

Welcome to Trivia Hotel! It is ------- for the scenic beauty as one of the most beautiful and
                                131.
dynamic accommodations in the United States.

However, it has a problem. Because the number of suites in Trivia is very limited, we -------
                                                                                     132.
recommend an advance reservation. It will be held with a 30 percent deposit of total charges
and cancellations should be made at least 3 days before the original booking.

-------. I'll take you to the hotel first, so you can check in and drop off your -------. In addition,
 133.   **134.**
our hotel has a lounge in which visitors can rest before entering into the room. All hotel guests
are welcome to use its facilities.

131. (A) know
 (B) known
 (C) knowing
 (D) knows

132. (A) strongly
 (B) reluctantly
 (C) previously
 (D) punctually

133. (A) Our shuttle service is not currently available due to the technical problems.
 (B) We can send you the revised manual by Monday morning.
 (C) If you want to use our shuttle service, we can pick up you at the airport.
 (D) Our representative will assign you the most affordable room of the hotel.

134. (A) ticket
 (B) appointment
 (C) baggage
 (D) fare

Questions 135-138 refer to the following article.

Sponsorship for the Music School's Instruments

New hope is coming to the poor students of MCT (Music Combination Technology) School. Last week, Leon Entertainment, one of the largest local entertainments, announced ------- they will
135.
sponsor purchasing instruments for MCT's students. -------.
136.

"We will allot $ 50,000 to the school for this project and ------- to continue the support for
137.
them," said Planning director of Leon Entertainment, Flex Lewis. The instruments will be available to the students ------- the class hour or performances.
138.

"Now that this helpful sponsorship is here, there is nothing to worry about," said Flex.

---

135. (A) that
(B) whether
(C) although
(D) however

136. (A) This project also includes repairing their own's musical instruments as well as allowing the students to take home the new instruments.
(B) The students heard what their instruments sound like.
(C) This guitar is one of the best-selling models as well as the highest quality model.
(D) The school tour for students is offered 7 days a week throughout the year.

137. (A) willing
(B) require
(C) promise
(D) devote

138. (A) on
(B) within
(C) for
(D) during

GO ON TO THE NEXT PAGE

Questions 139-142 refer to the following advertisement.

Are you looking for French steak dishes?

This Saturday, please come here to celebrate the reopening of Gates of French Dining at Allen avenue. Now it's a very exciting time, reopening after 6 months of renovation and ------- . We are
139.
entitled to proud of a wide selection of menus and hiring Florence Godiva, representing one of the french chefs. ------- .
140.

You can enjoy ------- French foods and excellent services at this restaurant. And unlike before,
141.
we will offer visitors special offers ------- savings points, discount vouchers and more.
142.

Just call us to make a reservation and receive a free dessert for this Saturday's celebration. Remember that advanced reservations for your fine dining are required.

139. (A) expansion
(B) coupons
(C) transfer
(D) relocation

140. (A) He has specialized in the variety of steaks from tenderloin and sirloin.
(B) This bistro is nowhere near the taste of the regional cuisine.
(C) For that reason, his menu is based on real Italian cuisine.
(D) All tickets are $ 30 per person for those 18 years of age except for their children.

141. (A) perishable
(B) authentic
(C) fragile
(D) incentive

142. (A) included
(B) such as
(C) for example
(D) now that

Questions 143-146 refer to the following report.

TBN NEWS: What happened at the Conald Space Apartment?

Conald Space Apartment residents ------- complaints to its management that there are not
                                    143.
enough parking lots. After the proposal of second parking space's construction was -------, they
                                                                                    144.
have attended rallies to demonstrate their disappointment.

Then, and then only, the management plans to talk with each resident, and listen to what they
complained of. -------. Especially, now that ------- is a chaotic moment for everyone, they are
               145.   **146.**
faced with an urgent need to solve this problem.

Is it possible to construct another parking space here? We need to wait and see.

David. a reporter of TBN News

---

143. (A) have addressed
(B) are addressed
(C) will address
(D) addressing

144. (A) rejected
(B) informed
(C) concerned
(D) completed

145. (A) The deadline for submitting proposals
is postponed.
(B) The unmanned camera system for
inspecting parking problems has
been very popular.
(C) Anyone who wishes to apply for the
managerial position should submit
the resume to the HR.
(D) As of next week, the director of
the management will thoroughly
investigate the parking problem on a
weekday and weekends.

146. (A) installation
(B) business hour
(C) rush hour
(D) convenience

PART 5

Directions: A word or phrase is missing in each of the sentences below. Four answer choices are given below each sentence. Select the best answer to complete the sentence. Then mark the letter (A), (B), (C), or (D) on your answer sheet.

101. After the rental agreement is ------- filled out, it should be arriving no later than Friday morning.
(A) complete
(B) completely
(C) completed
(D) completion

102. Flex Wheeler ------- enthusiastically as a charity event manager to raise money for the poorly fed children.
(A) acted
(B) interpreted
(C) mentioned
(D) dressed

103. Although many people considered it -------, the CEO of EZ-Beverage decided to stick with his original plan to build a new factory in China.
(A) impossible
(B) impossibility
(C) impossibleness
(D) impossibly

104. ------ January 1, new incentive program is scheduled to be implemented to all full-time workers.
(A) Along
(B) According to
(C) Toward
(D) As of

105. Wisdom Holdings has taken significant ------- to reduce the operating costs due to the recent depression.
(A) productivity
(B) revenues
(C) measures
(D) instructions

106. After the board of directors ------- the applications, a new financial advisor will be selected.
(A) reviewing
(B) had reviewed
(C) reviewed
(D) has been reviewing

107. Articles about the weird fashion trend will be published in the next month's ------- of Commercial Style Magazine.
(A) broadcast
(B) equipment
(C) issue
(D) requirement

108. The instruction manual of the Best Mart's air conditioning was revised due to the repetitive ------- by consumers.
(A) complain
(B) complained
(C) complaints
(D) to complain

109. ------- Mr. Stallone joined our company 15 years ago, he has served as a critic at Permanent Publishing.
(A) Since
(B) By the time
(C) On account of
(D) Provided that

110. Employees of the purchasing department order office supplies on Fridays, so please let ------- know no later than Thursday morning.
(A) they
(B) them
(C) her
(D) him

111. Due to his ------- performance evaluation, the executives appointed Mr. Cremont to the head of marketing.
(A) distinguished
(B) unanimous
(C) satisfied
(D) consistent

112. Weather forecasters cautiously predict that the heavy snow ------- serious problems in Miami.
(A) caused
(B) will cause
(C) has caused
(D) cause

113. Because Ms. Garcia has been employed by Dmitry Law ------- the past 20 years, the company will host the grand celebration for her retirement.
(A) until
(B) over
(C) whether
(D) as well as

114. The Square Complex's ------- indicated that all visitors are advised to pick up the pass at the security desk.
(A) policy
(B) application
(C) concern
(D) voucher

115. During the trial period, new interns will be assessed by the each department's manager to evaluate -------.
(A) production
(B) criticism
(C) suitability
(D) interest

116. The general enterprise is consist of a ------- group of workers who were employed by the fair process.
(A) diversify
(B) diversely
(C) diversity
(D) diverse

117. Only ------- with an original receipt can apply for the full refund or exchange except for the discounted products.
(A) they
(B) those
(C) who
(D) which

118. If you have to commute into the Urban Street during rush hours, we strongly ------- you to take the bus or the train.
(A) appraise
(B) consider
(C) rent
(D) encourage

119. It is ------- that start-up companies comply with the government's pollution policy.
(A) necessary
(B) necessarily
(C) necessity
(D) necessitate

120. Tension Cuisine carries a wide ------- of dishes including all vegetarian menus and 10 different side dishes for affordable prices.
(A) select
(B) selection
(C) selected
(D) to select

GO ON TO THE NEXT PAGE

121. According to the Nivea's representative, its long ------- new cosmetic, Wrinkle Care Lotion, will be released in June.
(A) featured
(B) noticeable
(C) awaited
(D) preferred

122. All defective items can not be refunded ------- the original receipt is accompanied for the proof of purchase.
(A) if
(B) until
(C) unless
(D) once

123. Under the ------- of the car rental contract, users are responsible for any damage when they act carelessly.
(A) signs
(B) comments
(C) engines
(D) terms

124. Dr. Raynold will address a presentation on ------- attract potential clients at the Business Sales Conference.
(A) instead of
(B) how to
(C) except for
(D) in order to

125. Overseas employees are pleased with their dormitory due to the ------- furnished unit.
(A) full
(B) fully
(C) fuller
(D) fullest

126. We express the appreciation to the WNK Federation for their ------- donation to our charity organization.
(A) generous
(B) prosperous
(C) innovative
(D) financial

127. After the 3 years of the negotiation, the government finally approved the proposal about the renovation project of the ------- apartments in the district.
(A) old
(B) older
(C) oldest
(D) olden

128. Thank you for ------- me to speak at City Council's facilities meeting as a keynote presenter.
(A) allow
(B) allowing
(C) allowed
(D) allows

129. Due to the off season, the most of the ocean side accommodations are ------- offering reasonable package products to attract more visitors.
(A) previously
(B) routinely
(C) soon
(D) currently

130. If products you ordered for are out of stock, please write your name and contact information on a waiting list for the ------- notice to you.
(A) substantial
(B) automatic
(C) progressive
(D) cautious

PART 6

Directions: Read the texts that follow. A word, phrase, or sentence is missing in parts of each text. Four answer choices for each question are given below the text. Select the best answer to complete the text. Then mark the letter (A), (B), (C), or (D) on your answer sheet.

Questions 131-134 refer to the following notice.

WBA Health Conference
Notice to Attendees!

You ------- for the WBA Heath Conference in Nairobi, Kenya and we received your admission
131.
payment of 300 euros yesterday completely.

We request that you reserve the hotel ------- the conference hall as soon as possible for the
132.
limited accommodation. If you have any concern regarding this issue, feel free to contact Mr.

Derickson in the relocation department. -------.
133.

The reporters like you will spend one night and two days at the hotel from May 12 to 13, ------
134.
various events including interviewing celebrities as well as the conference. During this period,
we will provide complimentary lunches from 12 to 1 P.M.

Thank you and I am looking forward to seeing you soon.

131. (A) register
(B) will register
(C) registering
(D) have registered

132. (A) near
(B) next
(C) into
(D) until

133. (A) Because our airport transfers and accommodations are handled by him (extension 244), it will be faster way.
(B) The shuttle service is available in front of the hotel at no cost.
(C) The cost of the renovated project exceeded the original estimate.
(D) By reducing the unnecessary operating cost, we can solve this issue.

134. (A) specializing in
(B) taking part in
(C) dealing with
(D) responding to

GO ON TO THE NEXT PAGE

Job Opening for a Trainer

Flex Gym is now looking for a senior-level personal trainer to join our playing coach team. The applicants should be a public & personal trainer with ------- for preparation of the customer
135.
care and a variety of nutrition (or diet) programs. Appropriate certificates such as CAC (Coach Academy Certificate) are also required. -------.
136.

We offer competitive salaries and excellent benefits ------- the specific evaluation. Our incentive
137.
program is well known for the attractive compensation ------- the field.
138.

Don't hesitate to send your resume and other relevant documents. (personnel@flexgym.com)

---

135. (A) experience
(B) interest
(C) information
(D) responsibility

136. (A) He has been playing in amateur baseball league since he was 12 years old.
(B) Furthermore, candidates who have won any previous sports competitions have an advantage.
(C) Therefore, I am impressed with your educational background and qualifications among the candidates.
(D) The revised applications should be submitted no later than this Friday.

137. (A) have depended
(B) depends
(C) depending on
(D) will depend

138. (A) pertaining to
(B) without
(C) throughout
(D) onto

Questions 139-142 refer to the following e-mail.

To: Lee Jae-Kyung<leejk@gmail.com>

From: Customer Relation<custom@45ice.com>

Date: 7 February, 10:29

Subject: Invitation

Hi, Ms. Lee. Over the last year, you have continually purchased the products at our store. To show appreciation for your -------, we would like to invite you to the annual event at 45ICE main
139.
store on 20 February. This is the special sales event for valued customers to enjoy our new product releases -------, and membership sales.
140.

-------. Moreover, all visitors can participate in a raffle. Can you imagine what the raffle prize will
141.
be at the event? Hush. It's "a Secret."

This offer cannot be combined with previous discounts or any other -------.
142.

We hope see you there!

Sincerely,

Jay Park

Customer Relation, 45ICE

---

139. (A) reservation
(B) patronage
(C) award
(D) addition

140. (A) in advance
(B) before
(C) prior to
(D) ahead of

141. (A) Our chef usually use carrot juice for flavoring in baking cakes.
(B) It will help customers complete the accounting work more easily.
(C) A certain type of ice cream is out of stock due to the high popularity.
(D) It will sell custom-made ice cream for your special needs such as adding messages on the ice-cream cake or ordering a deluxe size item.

142. (A) promote
(B) promoted
(C) promoting
(D) promotion

GO ON TO THE NEXT PAGE

Questions 143-146 refer to the following notice.

8238 Givency Street

Triple Town Apartment

20 July

Dear All tenants

This notice is to alert you that the electricity in the apartment will be ------- at tomorrow 10:00
143.
A.M. due to the regular maintenance. The project will be completed within approximately 3
hours.

The ------- of the inspection is to accommodate the rising safety demands for the hot summer
144.
season which leads to a spike in the use of air conditioners throughout the nation. -------. I'd
145.
like to introduce you some useful tips & detailed information for using safe electricity during the
summer. Please see the ------- file.
146.

Sincerely,

Enclosure

Kevin Levrone

Maintenance manager, Triple Town Apartment (02-940-2939)

---

143. (A) demonstrated
(B) shut down
(C) approved
(D) communicated

144. (A) supply
(B) provider
(C) reduction
(D) purpose

145. (A) So, we should conduct safety check
about the electrical, plumbing
inspection and backup power.
(B) The effective strategy of your finance
management can be made by Triple
Town.
(C) Thus, the unit is still available for
those who have live in Givency Street.
(D) These can be consulted by the real
estate agent in the Triple Town.

146. (A) agreeable
(B) attached
(C) including
(D) demanding

PART 5

Directions: A word or phrase is missing in each of the sentences below. Four answer choices are given below each sentence. Select the best answer to complete the sentence. Then mark the letter (A), (B), (C), or (D) on your answer sheet.

101. The original receipt should be ------- in order to refund or exchange all items purchased in Chavelin's store.
(A) accompanied
(B) distinguished
(C) returned
(D) implemented

102. Pine Smart phone's factory workers are requested to work overtime by next week to ------- the deadline.
(A) advise
(B) recommend
(C) meet
(D) incur

103. Be sure to describe your experience and history clearly ------- submitting the application to the personnel department.
(A) so
(B) when
(C) since
(D) however

104. Once the ------- is conducted by each manager, the results will be reported shortly to the board of directors.
(A) evaluated
(B) evaluating
(C) evaluator
(D) evaluation

105. Domes Wine, in business since 1984, is the ------- largest liquor shop in the nation.
(A) second
(B) successful
(C) interesting
(D) available

106. Kyoto Jean expect a 30% increase next quarter in sales of the ------- released women's clothing line.
(A) ambition
(B) ambitious
(C) ambitiousness
(D) ambitiously

107. ------- his popularity in the recent public opinion poll, it is possible that Branch Warren will be reelected as a mayor of Maryland.
(A) Given
(B) Even if
(C) In case
(D) Notwithstanding

108. Ms. Angelmo, a managing director of Celcom, has some ------- matters to meet with clients, and so the training workshop will also be rescheduled.
(A) urgent
(B) urgently
(C) urgency
(D) urge

GO ON TO THE NEXT PAGE

43

109. Asian Game's advertising campaign
------- in a noticeable 65 percent rise in
ticket sales in the past 6 months.
(A) results
(B) has resulted
(C) resulted
(D) will result

110. During Tale & Law's foundation day,
the legal consulting service ------- the
copyright law is open to the public at no
cost.
(A) regard
(B) regarded
(C) regarding
(D) regards

111. Before Mr. Clark started ------- business,
he had closely conducted market
research for the coffee industry.
(A) he
(B) his own
(C) him
(D) himself

112. In order to be reimbursed -------, please
complete the expense report.
(A) quick
(B) quickly
(C) quicker
(D) quickness

113. Lovis Cafe will carry on offering patrons
a free beverage ------- the renovated
store reopens on Sunday.
(A) as soon as
(B) almost
(C) whether
(D) during

114. It is imperative for ------- to make a good
first impression at job interviews.
(A) apply
(B) application
(C) applied
(D) applicants

115. Loyal Cosmetic's development team
often works ------- with the marketing
department to learn a customer needs
strategy.
(A) collaboration
(B) collaborative
(C) collaborated
(D) collaboratively

116. Due to the unexpected cancellation,
admission tickets ------- for the Hybrid
Auto Exposition are refundable.
(A) purchase
(B) purchased
(C) purchasing
(D) will purchase

117. Cotton Department Store's gift certificate
------- its clients to buy all items through
either online or offline.
(A) issues
(B) accompanies
(C) allows
(D) provides

118. Totalhome Grocery is the main ------- of
fresh dairy products in the region.
(A) distribution
(B) distributor
(C) distributed
(D) distributing

119. In July, the Santamonica Public Gallery
will feature more than 100 masterpieces
by the ------- painters.
(A) renowned
(B) affordable
(C) estimated
(D) courteous

120. The newly constructed shopping mall
is conveniently located ------- walking
distance of the residential district.
(A) within
(B) until
(C) as soon as
(D) into

121. Child Foundation's proposal ------- a dramatic increase in funding for charity events and free education for the broken family.
(A) includes
(B) revolves
(C) appoints
(D) arranges

122. Disel Appliance's discount coupon cannot be used ------- other offers including clearance sales.
(A) in conjunction with
(B) as a result of
(C) such as
(D) while

123. Ms. Havert will ------- a sincere appreciation to colleagues at the Employee of the Year award on next Monday.
(A) assist
(B) announce
(C) express
(D) carry

124. The microwave ovens purchased at the online discount store are of ------- quality to those of the department store.
(A) equivalence
(B) equivalently
(C) equivalency
(D) equivalent

125. The considerable renovation of the old underground shopping center ------- to create over 100 part-time jobs for local residents next year.
(A) expects
(B) will expect
(C) have been expected
(D) is expected

126. ------- wishing to reserve a hotel room during the high demand season can use the advanced booking system.
(A) Those
(B) Whoever
(C) They
(D) What

127. There will be a special shuttle service to take tourists ------- this airport and the Calton Hotel.
(A) either
(B) but
(C) between
(D) both

128. According to the spokesperson, the Sundale Academy ------- to offer customers its online class as of next month.
(A) plans
(B) requires
(C) organizes
(D) reminds

129. Due to subway fares increasing annually, the citizens decided to find a(n) ------- means of transportation.
(A) charitable
(B) alternative
(C) satisfied
(D) devoted

130. Stephanie Interior offers competitive benefits for all employees including interns ------- its competitors only provide them to full-time workers.
(A) whereas
(B) because
(C) however
(D) without

GO ON TO THE NEXT PAGE

PART 6

Directions: Read the texts that follow. A word, phrase, or sentence is missing in parts of each text. Four answer choices for each question are given below the text. Select the best answer to complete the text. Then mark the letter (A), (B), (C), or (D) on your answer sheet.

Questions 131-134 refer to the following article.

Maple Town Bakery announced that its new customized wedding bakery service will commence ------- next week. According to the consumer report, local customers wish to purchase ------- wedding cake.

131.   **132.**

The survey also revealed that those who pick up their discount voucher at the Texas store are dissatisfied with the restriction of the price range. -------, the store's sales representatives will revise this certificate package based on the result of the report. -------.

                                        133.   **134.**

131. (A) start
     (B) starting
     (C) will start
     (D) have started

132. (A) they
     (B) their own
     (C) them
     (D) themselves

133. (A) However
     (B) Because
     (C) Even though
     (D) Thus

134. (A) She promises you that she will not be late to the workshop.
     (B) They guarantees that there will not be much traffic.
     (C) It will end sharply at 10 A.M.
     (D) They will then discuss the issue and consult with each client, and the contents will be reported to the headquarter and apply to the package.

Questions 135-138 refer to the following letter.

June 30

Dear Ms. Garcia

I am happy to announce that we will offer the position of a senior accountant to you. ------- **135.** the personnel department reviewed the application including your reference letter, the hiring committee interviewed you last week. Based on all factors, you are the most qualified applicant among more than 1000 candidates. As ------- in the last interview, the ------- portfolio you **136.** **137.** presented us is much expected to help us maintain the books.

-------. He submitted additional reference letter to us and strongly recommended you. It was **138.** also very impressive.

You can find the enclosed standard contract and then sign and return it to us by next Friday on July 4.

Sincerely,

Enclosure.

Laura Crickson, Human Resources, Loen Financial

135. (A) Even though
(B) Nonetheless
(C) After
(D) Over

136. (A) discussion
(B) discuss
(C) discussing
(D) discussed

137. (A) politics
(B) chemistry
(C) insurance
(D) accounting

138. (A) One day, we received a call from your former employer, the head of Invest Accounting.
(B) Your former supervisor wants to know if we can write a recommendation.
(C) Loen Financial is one of the largest investment companies in the nation.
(D) Employees in the Loen Financial have a responsibility to do the time keeping.

GO ON TO THE NEXT PAGE

Questions 139-142 refer to the following coupon.

Up to 50% off the regular price

Total Nutrition's Annual Sale For Valued Customers

If you show this coupon at front desk or enter the coupon code on the web site, you can receive a discount (up to 50 percent) on your -------. The products include all supplements and energy drinks.
139.

1) This offer ends October 20 and is ------- to 1 voucher per person. However, this does not apply to the sale items. We don't allow exchanges or give refunds on these sales merchandise.
140.

2) -------. According to our policy, the annual discount coupon cannot be combined with any other promotion.
141.

3) If you are a first or prospective client, please offer your contact information to us and fill out the "NEW-COMER" survey on the web site. -------, you can use this offer by October 20.
142.

139. (A) purchase
(B) purchased
(C) to purchase
(D) purchasing

140. (A) indicated
(B) updated
(C) limited
(D) operated

141. (A) All items are priced down during the period.
(B) The membership card and this coupon cannot be used together.
(C) We can offer you 50% cash discount for clearance sale items.
(D) The project has been moderately successful due to the low margin.

142. (A) However
(B) If so
(C) For instance
(D) Otherwise

Terresa Nicole

P.O BOX h-229

Dear Ms. Nicole

Thanks for your patronage of the Classic Library in Montano. -------. Instead, as an apology for
143.
the inconvenience, I have enclosed a free admission ticket for the author's reading event -------
144.
stars Dominic Stevenson as a featured speaker.

"The Moon and Stars" is also one of his best selling books, so the event ------- with a reading
145.
from the novel. Furthermore, he will have a question and answer session after his reading. This
event will be held on upcoming Saturday at 1:00 P.M.

Please accept my ------- and thank you for your understanding.
146.

Sincerely,

Donovan Green

The Classic Library

143. (A) The recent reports indicated that online book sales have increased.
(B) We have a plan to hold an international book signing for overseas customers.
(C) Unfortunately, the best sellers' book signing you wish to attend has been canceled due to the insufficient enrollment.
(D) Our managers request that sales reports be submitted on time.

144. (A) which
(B) that
(C) instead
(D) provided that

145. (A) commences
(B) commenced
(C) commencing
(D) will commence

146. (A) offer
(B) invoice
(C) book
(D) congratulation

PART 5

Directions: A word or phrase is missing in each of the sentences below. Four answer choices are given below each sentence. Select the best answer to complete the sentence. Then mark the letter (A), (B), (C), or (D) on your answer sheet.

---

101. If drivers fail to ------- to traffic rules, a fine will be charged to them.
(A) conform
(B) comply
(C) observe
(D) direct

102. Building an amusement park in the rural area will result ------- the creation of many part-time jobs.
(A) to
(B) in
(C) of
(D) from

103. Every head of the departments wants to ------- the changes to the incentive policy at the annual conference.
(A) concentrate
(B) clarify
(C) seek
(D) obtain

104. Motor Supplies Co. currently also has three ------- in Seoul, including seven in Tokyo.
(A) locations
(B) location
(C) locate
(D) locates

105. The T.G Gardening has specialized in landscaping the corporate's headquarters ------- 2001.
(A) for
(B) since
(C) while
(D) in

106. Tickets for this year's World Car Show and other related events may be purchased through the online site as well as the ------- box office.
(A) approachable
(B) vacated
(C) traditional
(D) close

107. ------- the 1990's map, the Mido's main plant was at the intersection of the first avenue and Highway 17.
(A) How to
(B) According to
(C) Along
(D) Due to

108. The new production manager has ------- promised to boost all branch offices' profits by 25 percent within a year.
(A) already
(B) soon
(C) routinely
(D) currently

109. The administrative managers in the Hilton Hotel Korea requested a strict ------- regarding the efficiency of the heating system during the winter season.
(A) position
(B) option
(C) evaluation
(D) invitation

110. Throughout the probationary period, all newly hired sales clerks will work ------- with their supervisors having a lot of experience.
(A) hard
(B) nearly
(C) closely
(D) cautiously

111. The CEO recently recognized that neither the vice president ------- the other executives supported this budget agenda.
(A) but
(B) and
(C) nor
(D) while

112. The Cross Corporation is the main provider of office supplies and ------- products in the district.
(A) collaboration
(B) cosmetic
(C) stationery
(D) seafood

113. Due to the limited budget, the design department decided to create flyers for the recycling program -------.
(A) themselves
(B) they
(C) their
(D) them

114. ------- solve its production rates at an all-time low, Coel Beverage company decided to upgrade most of its machinery.
(A) Once
(B) In an effort to
(C) Unless
(D) According to

115. Ms. Jang makes sure that all the workers she supervises have a ------- understanding of the safety precautions.
(A) clear
(B) clearly
(C) clears
(D) clearly

116. The accounting department is currently investigating a number of complaints ------- our high-speed internet service.
(A) during
(B) instead of
(C) including
(D) concerning

117. Ms. Datoba was honored with the Employee of the Year award for her ------- performance on this ongoing projects.
(A) exemplary
(B) doubtful
(C) informative
(D) dependent

118. After a four-month delay, Dina Software is ------- ready to launch a sequel to the popular mobile game 'Shot Gun.'
(A) final
(B) finalizing
(C) finally
(D) finalize

119. The recent survey indicated ------- almost each member of the monitoring group found new soap's floral scent appealing.
(A) that
(B) what
(C) these
(D) whose

120. To comply with safety measures, all residents in the KEB Apartment should ------- the units when the emergency alarm rings.
(A) vacate
(B) predict
(C) incline
(D) eliminate

GO ON TO THE NEXT PAGE

121. Total Shoes' employees received a ------- training manual which accordingly explains work policies and responsibilities.
(A) disciplined
(B) skilled
(C) projected
(D) detailed

122. Before all applicants submit the attached form to our personnel department, the envelop should be cut ------- along the dotted blue line.
(A) open
(B) opens
(C) opener
(D) openly

123. Please note that when the item you ordered are shipped to your address, it will take ------- six to seven days to arrive.
(A) immediately
(B) approximately
(C) lately
(D) carefully

124. ------- receive their reimbursement quickly, employees should fill out the expense form with original receipts.
(A) In order to
(B) So that
(C) Although
(D) Because

125. There is noticeable ------- among consumers awaiting the release of the FKH28957 mobile phone.
(A) enthusiasm
(B) enthusiastically
(C) enthusiasts
(D) enthusiastic

126. All Right Electronics' engineers ------- not only in repairs but also in maintenance.
(A) invest
(B) specialize
(C) result
(D) indicate

127. As you know that the ------- safety inspections are conducted on Mondays of each month.
(A) absent
(B) probable
(C) routine
(D) eventual

128. Ours-Drink has announced plans to ------- a new flavor's beverage in an effort to appeal to teenagers.
(A) launches
(B) launch
(C) launched
(D) launching

129. The Bureau of Labor Statistics has requested that the inspectors examine probable problems in the quarterly accounting data more -------.
(A) willingly
(B) hastily
(C) nearly
(D) attentively

130. While Mr. Hadjovic's promotion to chief editor took place two months ago, his former position has ------- to be filled.
(A) hardly
(B) even
(C) like
(D) yet

PART 6

Directions: Read the texts that follow. A word, phrase, or sentence is missing in parts of each text. Four answer choices for each question are given below the text. Select the best answer to complete the text. Then mark the letter (A), (B), (C), or (D) on your answer sheet.

Questions 131-134 refer to the following notice.

Attention Employees

------- Rodger Dub Coporation, we will introduce a new business record system next month so
131.
new ID and password will be sent to all employees including interns shortly.

-------. While the new timekeeping system is in effect, workers should continue to enter their
132.
new ID and password at arrival and departure. The new log-in machine will be located -------
133.
the entrance.

The security department will ------- all issues regarding the procedures, such as issuing your
134.
new ID and password and so on. If you have any questions about this new system, please feel
free to talk to me in my office.

Thank you.

Kai Green

Administration Department

131. (A) On behalf of
(B) In response to
(C) Due to
(D) Instead of

132. (A) The new ID card will be picked up at the security office.
(B) The workshop will begin next month.
(C) You can use the system until the subscription expires.
(D) This system will also function as the timecard.

133. (A) during
(B) into
(C) in front of
(D) as to

134. (A) estimate
(B) release
(C) invest in
(D) deal with

GO ON TO THE NEXT PAGE

Questions 135-138 refer to the following letter.

To: All tenants

From: The superintendent's office in Koran I-space.

Date: August 30

Subject: Installation and Renovation

Since last year, we have received the complaints about our entrance and facilities. ------- **135.** the demands, we will start the repair work from September 15. We are going to renovate the entrance door and ------- **136.** pipes on the second floor with their interior/remodeling project. It will take approximately 2 weeks to complete the project.

The project is supposed to be finished by September 30, and the banks and sports facilities on the second floor will be closed during this period. -------. **137.** We would like to provide you all the services and amenities you need and ready for the comfortable -------. **138.**

If you have any questions or concerns about the schedule, please contact the superintendent's office. (02-349-2982)

Jennifer Maron

The superintendent's office, Koran I-space

135. (A) In order to
(B) In response to
(C) Except for
(D) Before

136. (A) use
(B) rent
(C) purchase
(D) fix

137. (A) Therefore, on-line banking system will be revised for the mechanical problems.
(B) So all tenants can use off line banking service after October 1.
(C) New banking cards will be issued to all of you by September 30.
(D) All tenants should drop by the management office to pick up the detailed relocation information.

138. (A) residence
(B) furniture
(C) accommodation
(D) reinforcement

Questions 139-142 refer to the following letter.

To: Derick Lewis

From: World Business Magazine

Date: April 28

Subject: Subscription Expiration

Dear Ms. Lewis

WBM (World Business Magazine) has been a leader now for a year in the industry and we appreciate you as a patron being with us.

I am writing to ------- of your expiration and remind you to renew your subscription right away
139.
before end of this month for a variety of offers. In addition, you can use it through the internet. If your subscription is -------, "RENEW" on the web site and follow the prompts. It's simple, right?
140.

And we are happy to let you know that you will receive benefit from the free gift, 6 months free credit and other -------. Especially, If you enroll in the renewal by April 30, you will also get 2
141.
free trial issues about blue ocean businesses and gain a 20% discount coupon to our online magazine for 6 months.

-------. We look forward to serving you again. If you have any question, please call our customer
142.
service center at any time.

Kate Kamali, Customer service center, World Business Magazine

139. (A) announce
(B) notify
(C) express
(D) tell

140. (A) arranged
(B) hired
(C) dismissed
(D) expired

141. (A) privileges
(B) discounts
(C) professions
(D) competitions

142. (A) Please contact me to confirm that you would like to accept the promotion to the upper position.
(B) I will decide to meet with your immediate supervisor to confirm your proof of the purchase.
(C) We would like to announce the company's policy.
(D) As soon as your payment has been received, we will send you above benefits.

GO ON TO THE NEXT PAGE

Questions 143-146 refer to the following advertisement.

Loss & USA Law Firm is looking for an experienced accountants at our new office in Seoul, Korea. Because we ------- decided to expand into Asia market, we need more talented and
143.
creative assets in the accounting department.

First of all, applicants must have a master's degree in Accounting or Tax education. ------- in
144.
spoken English and Korean are required and extra points will be added for those with C.P.A (certified public accountant) certificates. Certificate holders will be given preference.

Successful candidates are in charge of our general accounting works ------- handling the
145.
company's billing and calculating the budget and so on.

Sure, ------- (+ incentive system). Please submit your resume, cover letter and reference letter
146.
to the below address to apply for the position.

Thank you.

Loss & USA Law Firm

Human Resources Department

apply@losslaws.com

143. (A) soon
(B) often
(C) usually
(D) recently

144. (A) Transportation
(B) Fluency
(C) Specialization
(D) Quote

145. (A) include
(B) inclusive
(C) inclusion
(D) including

146. (A) Annual salary increases will be in line with inflation in the country.
(B) Thank you for your recent purchase of our new line appliance products.
(C) We offer competitive salary, medical and benefit packages.
(D) Loss & USA Law Firm didn't release details of the salary system.

PART 5

Directions: A word or phrase is missing in each of the sentences below. Four answer choices are given below each sentence. Select the best answer to complete the sentence. Then mark the letter (A), (B), (C), or (D) on your answer sheet.

101. ------- to this beer festival is covered by the cost of registration fee at the Cleveland Celebration Event.
(A) Access
(B) Accessing
(C) Accessed
(D) Accessible

102. Employees participating in the yearly workshop should obtain ------- from their immediate supervisor or the head of each department.
(A) instruction
(B) referral
(C) negotiation
(D) authorization

103. Thanks for purchasing EZ Digital's ------- line of the mini microwave oven which is made from Switzerland.
(A) update
(B) updating
(C) updated
(D) updates

104. As there are no restaurants in the hiking areas, campers should ------- their own foods.
(A) remain
(B) combine
(C) bring
(D) differ

105. The environmental project for reducing the pollution is ------- supported by local major companies.
(A) part
(B) partial
(C) partially
(D) parts

106. ------- with Kullar Sports can be beneficial for the national football league due to the financing certainty.
(A) Accompanying
(B) Applying
(C) Satisfying
(D) Partnering

107. Guests to the year-end banquet became energetic ------- after a local band came to the event.
(A) participation
(B) participants
(C) participate
(D) participated

108. Due largely to the expensive cost, most of the visitors to Halmont Hotel decide to dine at the buffet restaurant ------- enjoy the affordable and fresh taste of sushi.
(A) in order to
(B) wherever
(C) although
(D) rather than

GO ON TO THE NEXT PAGE

109. Please indicate the multiple questions on the survey form before ------- for the invitation.
(A) apply
(B) applied
(C) applying
(D) applicant

110. The annual accounting report should be revised now that one of the important statistics has been -------.
(A) amended
(B) expanded
(C) exhibited
(D) omitted

111. Users can download the additional recipes on the DIY Food's web site which can help them ------- simple breakfasts.
(A) prepare
(B) prepared
(C) preparing
(D) has prepared

112. Editors at Overall Science Publication will ------- the articles regarding the global warming to make the scientific terminology easier for subscribers.
(A) respond
(B) demonstrate
(C) modify
(D) leave

113. ------- knowledge is required for those who want to promote to the executive position.
(A) A lot of
(B) Many
(C) A few
(D) A number of

114. If you are looking for a cost effective summer resort spot, you can spend your great vacation ------- joining the Koondo Kayak Tour.
(A) until
(B) by
(C) along
(D) to

115. Please note that anyone who accepts the new position must pass the physical checkup before the -------.
(A) consultation
(B) insurance
(C) orientation
(D) diagnosis

116. As indicated in the job description, Ms. Henry is going to serve as an accountant, but ------- for 6 months.
(A) even
(B) just
(C) thus
(D) so

117. ------- the initial guide recording and the revised arrangement of Krina's new title song reflected the opinion of the fans.
(A) Both
(B) Neither
(C) Between
(D) Whether

118. Because the National Museum has underwent the renovation, visitors who enter into the building have to use the ------- entrance.
(A) alteration
(B) alternative
(C) alternatively
(D) alternate

119. All new employees must attend the company tour as a part of the orientation ------- otherwise directed.
(A) in case
(B) unless
(C) while
(D) in response

120. Traveling ------- places as possible can become expensive, but it will offer you the enjoyable time.
(A) as much
(B) as many
(C) as long
(D) as soon

121. The economists recently reported that ------- in the Jeju Island has been rise slightly.
(A) tourism
(B) tourists
(C) toured
(D) tours

122. Because the old computers in our office become obsolete -------, they will be replaced by the new one.
(A) carefully
(B) extremely
(C) efficiently
(D) gradually

123. In order to keep up with the rival companies, Klinton Appliance decided to ------- in the research and development.
(A) invest
(B) take over
(C) address
(D) manage

124. Even though Mr. Smith lacks teamwork, he is capable of doing all of tasks by -------.
(A) he
(B) him
(C) his
(D) himself

125. Rondes Auto ------- to bounce back from the slump by lowering operating costs and increasing productivity.
(A) attempts
(B) accommodates
(C) represents
(D) interprets

126. At the ------- of the citizen organization, an independent monitoring group will be established next year.
(A) election
(B) admiration
(C) comparison
(D) suggestion

127. The financial workshop will start ------- at 10:00 A.M. in the conference room on the third floor.
(A) immediate
(B) immediately
(C) immediateness
(D) immediacy

128. Application of the housing lottery will be ------- by May 30, and the result will be announced on the web site.
(A) accepted
(B) passed
(C) reserved
(D) instituted

129. By the time the preparation for the sales strategy presentation is completed, errors in the script -------.
(A) will correct
(B) had been corrected
(C) will have been corrected
(D) correcting

130. Since the newly hired manager is not ------- to making a speech in the public, the presenter will be replaced by a more active employee.
(A) responsible
(B) friendly
(C) helpful
(D) accustomed

GO ON TO THE NEXT PAGE

PART 6

Directions: Read the texts that follow. A word, phrase, or sentence is missing in parts of each text. Four answer choices for each question are given below the text. Select the best answer to complete the text. Then mark the letter (A), (B), (C), or (D) on your answer sheet.

Questions 131-134 refer to the following invitation.

Invitation to the PARTY

Clara Bakery has successfully been in business ------- the last 15 years. On this Saturday, a
                                                                131.
banquet will be held to celebrate our 15th anniversary. As a patron, you can attend this event at

no charge and also ------- a complimentary refreshment.
                    132.

We are finalizing fantastic plans for this celebration event. Because Maple Foods, one of the

largest catering company in the region, has ------- been contracted to prepare this party, we
                                            133.
hope you enjoy the good food we've prepared.

-------. It can be used only during the day. For more information, please call us at 928-2932.
134.

Clara Bakery

---

131. (A) while
(B) over
(C) more than
(D) within

132. (A) receive
(B) offer
(C) reside
(D) compromise

133. (A) specialty
(B) special
(C) specialize
(D) specially

134. (A) Only those with this invitation card
can participate in the event.
(B) Unfortunately, this merchandise is
currently out of stock.
(C) Before you make a final decision,
please submit your blueprint to us.
(D) However, the date will not be
rescheduled until further notice.

Questions 135-138 refer to the following announcement.

Ticket Reservation

The National Library is pleased to hold a presentation and book signing by a notable economist Jordan Hammer. This event will be held at the library's main hall ------- Saturday 10:00 A.M.
135.

Like last year, this event is expected to be a ------- so the advanced registration is strongly
136.
recommended. If you don't, the tickets may be sold out when you arrive at the box office. In addition, the group seats tend to sell more quickly due to the group discounts. Here's a question. -------. Groups of 15 or more can receive a 15% group discount voucher.
137.

During the event, Mr. Hammer will talk about the fourth industrial revolution. After his presentation, he will ------- to questions and host a book signing. If you're curious, please visit
138.
the web site (www.nationallibrary.com).

Donovan Bailey

Customer Care Division

National Library

---

135. (A) upcoming
(B) following
(C) last
(D) first

136. (A) qualification
(B) reservation
(C) purchase
(D) sellout

137. (A) What time does the event begin?
(B) Did anyone talk to the national library?
(C) How many people do we need to receive the group discounts?
(D) Where will the presentation take place?

138. (A) responded
(B) respond
(C) responses
(D) responding

GO ON TO THE NEXT PAGE

Questions 139-142 refer to the following advertisement.

Craft Design

Craft Design ------- all web site design needs. We have provided the start-up companies the
139.
most cost effective design services over the last 10 years. Your ------- web site design result in
140.
the dramatic increase of having visitor after visitor.

-------. They can produce attractive design production, web design, 3D-animation, and more by
141.
------- the state of the art design technology.
142.

Please click the "Testimonials." It is associated with our customers' review, click on this link to
share other users' opinions for your decision.

Contact us at info@craft.com

---

139. (A) deals with
(B) indicates
(C) resumes
(D) excludes

140. (A) unique
(B) visible
(C) cutting
(D) intentional

141. (A) We are seeking a graphic designer
who has a master's degree.
(B) As you know, we already have many
skilled graphic designers.
(C) The cost for our services is
dependant on the weight.
(D) We are scheduled to relocate our
main laboratory to a new place next
week.

142. (A) use
(B) uses
(C) using
(D) used

Questions 143-146 refer to the following memo.

With ------- 70 stores and 5,000 employees, Parker-Office Supplies has become the main
        143.
distributor in Delta district. Especially, the industry analysts ------- their recent success to
                                                                    144.
aggressive investments last year.

However, the management consulting firm, Hondo Business Consultant, -------. The consultants
                                                                    145.
advised the firm to reduce operating costs and photocopying. In addition, they say hiring is not

easy this year due to the budget crisis resulted from the excessive ------- of businesses.
                                                                    146.

143. (A) almost
(B) later
(C) maximum
(D) already

144. (A) distributed
(B) reported
(C) agreed
(D) attributed

145. (A) decided to nominate the company for
Enterprise of The Year next month.
(B) are asked to avoid parking on the
Cason Street because it is too
narrow.
(C) specialized in making a lucrative
strategy for the start-up company.
(D) pointed out several expected
problems concerning operating
expenses.

146. (A) expand
(B) expanded
(C) expanding
(D) expansion

PART 5

Directions: A word or phrase is missing in each of the sentences below. Four answer choices are given below each sentence. Select the best answer to complete the sentence. Then mark the letter (A), (B), (C), or (D) on your answer sheet.

101. Korea Savings Bank offers clients a ------- way to open an account on its web site.
(A) secure
(B) securely
(C) secures
(D) security

102. Raven University will ------- allow students to take an online course in History.
(A) shortly
(B) yet
(C) periodically
(D) immediately

103. Mr. Whitney and his best friend began starting their own business in the hometown, and ------- hope to open the second branch next year.
(A) many
(B) a few
(C) both
(D) one

104. As per your request, we are including the booklet about Jiny Office Furniture's new collection ------- the discount voucher for our valued customer.
(A) along with
(B) apply for
(C) instead of
(D) by means

105. Please refer to the ------- in the instruction manual before installing MODE's word software.
(A) explain
(B) explanation
(C) explainable
(D) explainer

106. For a ------- period of time only, Titanic Bistro is offering a 10 percent off the regular price on the main dishes.
(A) limit
(B) limited
(C) limiting
(D) limitation

107. First of all, please welcome Dexter Jackson ------- our new office assistant in the accounting department.
(A) into
(B) opposite
(C) within
(D) as

108. Seoul based Woojin Interior is looking for a(n) ------- candidate with creative abilities to serve as an illustrator.
(A) motivated
(B) exciting
(C) responsible
(D) fortunate

109. The air conditioning system will be shut down for the regular ------- over the weekend.
(A) maintain
(B) maintained
(C) maintenance
(D) maintaining

110. Arab Airline's customer relation division ------- that travelers turn off the electronic devices while flying.
(A) requested
(B) raised
(C) conducted
(D) urged

111. The accounting department held a brief training workshop regarding the registration for ------- the tax reimbursement.
(A) recommending
(B) circulating
(C) receiving
(D) contributing

112. Tourists stayed at the Triple Crown Hotel ------- negatively on the poor hotel amenities during the vacation.
(A) comments
(B) will comment
(C) have commented
(D) commenting

113. Many fans of the The Reality Life season 1. are ------- awaiting the release of the new play series because a few famous actors will make a guest appearance.
(A) eager
(B) eagerness
(C) eagerly
(D) more eager

114. The free-pass ticket ------- visitors to freely enter the all section of the Adventure amusement park regardless of each admission fee.
(A) allows
(B) provides
(C) attributes
(D) sends

115. The refurbished historic gallery is always crowded with people, many of ------- are visitors from out of town.
(A) which
(B) they
(C) them
(D) whom

116. According to this quarter's accounting analysis, overall revenues increased ------- despite the poor results of the online sales.
(A) substantially
(B) highly
(C) immediately
(D) unanimously

117. The human resources director predicted that the application of this year's job openings will increase ------- the recent recession.
(A) as a result of
(B) on behalf of
(C) in order to
(D) nevertheless

118. Even if the case designs of Motrea's new laptop were similar compared to previous items, they were ------- clearly by the high-quality finishing materials.
(A) distinguished
(B) discontinued
(C) updated
(D) applied to

119. As of next year, rising airfares are essential for the aircraft mechanics ------- the safety precaution and regular maintenance thoroughly.
(A) will check
(B) checking
(C) to check
(D) have checked

120. Patrons at the public library can request an assistance if ------- have a problem about searching books.
(A) they
(B) their
(C) their own
(D) themselves

GO ON TO THE NEXT PAGE ➤

121. New employees have to ------- more familiar with the company policy before they start working at Morgan Pharmacy.
(A) offer
(B) advise
(C) become
(D) admire

122. Beast Gym can ------- be accessed by taking a public transportation because it is located near the heart of the town.
(A) ease
(B) easy
(C) easily
(D) easier

123. Keypoint Publishing's representatives strive ------- the requirements of the subscribers by conducting a poll.
(A) satisfy
(B) satisfied
(C) to satisfy
(D) satisfaction

124. Passengers can write the comments on the feedback form to indicate their ------- about the meal.
(A) preference
(B) communication
(C) estimate
(D) development

125. The marketing director has been working closely with the personnel department to ------- accounts staff.
(A) permit
(B) depend
(C) apply
(D) recruit

126. Workers in the Bayarea plant should attend the discussion as to ------- the assembly line will be renovated.
(A) unless
(B) whether
(C) that
(D) furthermore

127. The spending report indicated that most of the items in the department store are more expensive than ------- in the online market.
(A) they
(B) some
(C) most
(D) those

128. Any employees should turn off the all lights ------- leaving the office.
(A) before
(B) moreover
(C) once
(D) in spite of

129. Even though the benefit packages are not -------, Ato Construction's incentive system are above average.
(A) attractive
(B) seasonable
(C) interested
(D) moderate

130. Performance ------- were conducted by the professional research group for increasing company's productivity.
(A) salaries
(B) reforms
(C) reimbursements
(D) evaluations

PART 6

Directions: Read the texts that follow. A word, phrase, or sentence is missing in parts of each text. Four answer choices for each question are given below the text. Select the best answer to complete the text. Then mark the letter (A), (B), (C), or (D) on your answer sheet.

Questions 131-134 refer to the following letter.

To: Roland Winker

From: Kim Min Soo

Date: December 22

Subject: Error

------- I received your original dress-code policy yesterday, I have reviewed it carefully. -------.
  131.   **132.**

As ------- in the policy document, we must have a strict dress code for all employees who are
       133.
expected to wear formal suits. However, our technicians in the laboratory wear a casual clothing

as prescribed by the company rule. The use of the above sentence ------- confusion among
                                                                      134.
them. The rest of it is good.

The attached file is a revised policy. After you review it, contact me about it.

131. (A) Unless
(B) Once
(C) As well as
(D) Therefore

132. (A) The layout for the document will be completed soon.
(B) The policy of the program is to provide all employees appropriate shift schedules.
(C) I think you have to amend the application form by this weekend.
(D) I think we should correct the minor errors in the policy before issuing it to employees.

133. (A) state
(B) states
(C) stating
(D) stated

134. (A) caused
(B) will cause
(C) have caused
(D) has caused

GO ON TO THE NEXT PAGE

Questions 135-138 refer to the following memo.

To: All employees

On next Monday, Horizon Hotel will ------- a customers survey on how enjoyable they were
135.
during the stay. We decided to need a ------- survey to know what our customers think so we
136.
will do it and would welcome their opinions about the questionaries.

-------. As soon as we received the report, our maintenance department repaired it right
137.
away. As a result of that, customer satisfactions also increased considerably and it had an
approximately 90 percent customer approval rating.

We ------- that all employees submit a suggestion about that to the Customer Relation
138.
Department no later than this Friday. For more information, please visit the web site and click
this link "New Survey (confidential)."

By using this link page, you can add or edit questions to this survey.

Thank you.

Horizon Hotel
Customer Relation Department

---

135. (A) finalize
(B) conduct
(C) extend
(D) publish

136. (A) detail
(B) to detail
(C) detailed
(D) detailing

137. (A) In fact, the findings showed that the
economy will recover soon.
(B) For example, the last year's
survey results showed that visitors
expressed concerns about the crack
of our west wing.
(C) For Instance, our company is
well-known for creating a unique
commercial.
(D) Many researchers predict that
the sales figures will increase
dramatically next year.

138. (A) attend
(B) indicate
(C) announce
(D) recommend

Questions 139-142 refer to the following notice.

Attention All Employees

We would like to ------- all Honda Department Store's employees of the revised procedure for
139.
the time off.

All full time employees ------- interns who have worked over the last 12 months are eligible for
140.
applying for leave of absence during this summer. They should first speak with their immediate

supervisor ------- the related form should be submitted to the Department of Personnel
141.
Administration.

If you do not know your remaining absence dates, please use the enclosed document (#44) to

calculate them. However, -------.
142.

Thank you.

From Honda Department Store

---

139. (A) remind
(B) reminds
(C) reminded
(D) reminding

140. (A) including
(B) such as
(C) except
(D) unlike

141. (A) and then
(B) furthermore
(C) in addition
(D) thus

142. (A) the document will be submitted to me right away.
(B) all workers requesting time off during the summer season should give a minimum of 8 weeks notice.
(C) the sick leave is available for a limited time only.
(D) the form regarding your refund can be pick up at the front desk.

GO ON TO THE NEXT PAGE

Questions 143-146 refer to the following e-mail.

To: Kim Young Soo<yskim@daum.net>

From: Crom Doherty<doherty@fitnesssupplement.com>

Date: Tuesday, 8 May

Subject: Your order

I'm writing to thank you for recent order. -------, the item (Max Protein Powder) you ordered is
143.
currently out of stock. Because Max Protein Powder is very popular, -------.
144.

Don't worry. We have a(n) ------- product that is called "CSI Protein Supplement" by the same
145.
manufacturer. If you order by this Friday, we will provide you a 20% off the regular price and
a free shipping service. According to the users, it is ------- to be as effective as the item you
146.
originally ordered.

If you are interested, don't hesitate to call our customer service center at any time. We
apologize for this inconvenience. We look forward to serving you again.

Sincerely,

Crom Doherty

Fitness Supplement

143. (A) Since then
(B) Accordingly
(C) Therefore
(D) However

144. (A) you can not purchase it any more in
USA.
(B) the item will be discontinued to
correct the problems.
(C) the production is inadequate to meet
the customer demand.
(D) the recently refurbished office will
reopen on upcoming Saturday.

145. (A) similar
(B) different
(C) valuable
(D) effective

146. (A) know
(B) knows
(C) knew
(D) known

PART 5

Directions: A word or phrase is missing in each of the sentences below. Four answer choices are given below each sentence. Select the best answer to complete the sentence. Then mark the letter (A), (B), (C), or (D) on your answer sheet.

101. Please contact the personnel manager to let him know ------- you accept our offer or not.
(A) whether
(B) unless
(C) that
(D) during

102. Premium Train services will be ------- temporarily owing to the technical problems.
(A) suspended
(B) expanded
(C) placed
(D) depended

103. All applicants should submit a ------- letter with their resume to the human resources department by the deadline.
(A) recommend
(B) recommending
(C) recommends
(D) recommendation

104. All vendors ------- wish to attend the Go-Yang Flower Exhibition are advised to reserve a booth in advance.
(A) which
(B) who
(C) they
(D) he

105. According to the research on the present condition of the domestic film industry, Fitz Theater is ------- the largest but also the most popular cinema.
(A) once
(B) or
(C) and
(D) not only

106. All new employees are requested to ------- for the orientation at the main conference hall on upcoming Friday.
(A) enroll
(B) register
(C) sign
(D) participate

107. The chemical factory in China should comply with international safety -------.
(A) regulated
(B) regulating
(C) regulations
(D) regulated

108. Mr. Pollan ------- a surprising promotion to the regional manager after the conclusion of an important contract with a major broadcast.
(A) received
(B) awarded
(C) granted
(D) considered

GO ON TO THE NEXT PAGE

109. Overall revenues for Creation Appliance's recent released items ------- tripled in the past 2 years.
(A) routinely
(B) shortly
(C) nearly
(D) widely

110. At Heinz Department Store, new products have been ------- displayed at the best place.
(A) general
(B) generally
(C) generation
(D) generalize

111. ------- for the maximum number of credits is required for those who want to do the early graduation.
(A) Registers
(B) Register
(C) Registering
(D) Registered

112. A journalist from Herald Weekly will interview Eric Clapton, a famous singer, ------- his new album.
(A) regarding
(B) into
(C) until
(D) around

113. Due to the bad weather condition, all flights to oversea will be ------- until tomorrow morning.
(A) covered
(B) organized
(C) postponed
(D) presented

114. The Brave Sports Wear recently moved into its new manufacturing plant in Hong-Kong due to the ------- strategy.
(A) reduction
(B) expansion
(C) introduction
(D) location

115. The main stores of Clear Steak House are conveniently located in the ------- of the city.
(A) heart
(B) rural
(C) ambition
(D) instruction

116. Most of the business newspapers contain editorials written by the ------- economists who have a reputation.
(A) confident
(B) various
(C) notable
(D) available

117. In response to customers' needs, Kloud Hotel has undergone a significant ------- in the lobby.
(A) renovation
(B) competition
(C) transformation
(D) explanation

118. Training workshops about the communication skills will be held ------- all junior sales people.
(A) while
(B) for
(C) to
(D) although

119. ------- the complex shopping mall opens in August, employment opportunities for local residents will increase.
(A) After
(B) In case
(C) Along with
(D) Moreover

120. The discussion focused on how domestic companies can ------- for the unemployment due to the fourth industrial revolution.
(A) process
(B) revise
(C) request
(D) prepare

121. The Gold Sports Gym will open a new out of town branch ------- rural residents can use the state of the art equipment.
(A) when
(B) where
(C) which
(D) who

122. If the interior renovation ------- on schedule, the model house will be able to attract more visitors.
(A) are finished
(B) is finished
(C) will finish
(D) finished

123. Many economic analysts state that hiking in Jeju Island is a key ------- of the district's economy.
(A) invoice
(B) request
(C) complaint
(D) component

124. On account of the creative advertisement, the revenue of Colton Apparel has risen ------- for the past 6 months.
(A) significantly
(B) initially
(C) originally
(D) strongly

125. Trend Consulting has devoted to ------- local businesses an informative management consulting over the years.
(A) continuing
(B) specializing
(C) providing
(D) responding

126. Although the official date hasn't been decided yet, the tax workshop for new accountants has been ------- scheduled for October 2.
(A) tentatively
(B) strictly
(C) remarkably
(D) highly

127. A junior manager in payroll department should complete the tasks regarding employees' salary by ------- owing to the busiest season.
(A) he
(B) himself
(C) his
(D) him

128. The probationary employee in all departments should ------- their payroll specification in person.
(A) receive
(B) has received
(C) receives
(D) receiving

129. The customer service center will explain ------- you can open an account by using the Internet web site.
(A) that
(B) which
(C) how
(D) whether

130. ------- next week, salary increases and bonuses will be provided to those who earned high points in the performance evaluation.
(A) By
(B) As of
(C) To
(D) Near

GO ON TO THE NEXT PAGE

PART 6

Directions: Read the texts that follow. A word, phrase, or sentence is missing in parts of each text. Four answer choices for each question are given below the text. Select the best answer to complete the text. Then mark the letter (A), (B), (C), or (D) on your answer sheet.

Questions 131-134 refer to the following e-mail.

To: All Employees<staff@treadelectronics.com>

From: Def Leopard<hrdept@treadelectronics.com>

Date: 24 May

Subject: New Card key

------- 16 June, all employees will be replacing our old card key system. Due to the outdated
131.
system, we have a hard time recording our arrival and departure. So we decided to install a

new system to ------- this problem. This installation will interrupt your work until all projects are
132.
completed. As a result of this change, -------.
133.

All staff should review the schedule before replacement work begins because each department

has different schedules for ------- a new system. If you have any questions about that, please
134.
contact me.

Def Leopard

Tread Electronics

131. (A) Begin
(B) Will begin
(C) Began
(D) Beginning

132. (A) purchase
(B) solve
(C) bring
(D) turn off

133. (A) we will create a customized oven by
next year.
(B) you can enjoy the newest system
more conveniently and safely.
(C) small businesses should use more
effective advertisements such as
social media networks.
(D) we will need to fulfill patrons' special
orders.

134. (A) installed
(B) installation
(C) install
(D) installing

Questions 135-138 refer to the following memo.

All employees

In May of this year, Tomato Beer ------- to open a new third store in Capeland. After many
135.
strategies were discussed in the shareholders meeting, we decided to open a local branch.
That's exciting news for us!

As you know that, a problem with rental contract in the second store costs the company more
than $ 100.000 last year. -------, we have been succeeding against some difficult odds, and
136.
then we finally look where we are now.

At the tomorrow banquet, David Richmond, a chief executive officer of Tomato Beer, will -------
137.
announce that the third branch will open soon. -------.
138.

Thank You.

135. (A) scheduled
     (B) has scheduled
     (C) will schedule
     (D) is scheduled

136. (A) Therefore
     (B) Since
     (C) However
     (D) In fact

137. (A) adversely
     (B) mainly
     (C) officially
     (D) accurately

138. (A) Please visit the celebration and honor
         us with your presence.
     (B) The second round of interviews will
         begin tomorrow for applicants.
     (C) I would like to thank you for your
         recent order.
     (D) This celebration party will be held
         next month for congratulating our
         third branch.

GO ON TO THE NEXT PAGE

Dear a valued customer

I am very sorry to hear that your ------- went missing. Such things do not occur everytime or
                                     139.
frequently. Yesterday, you paid extra ------- regarding your over-weighted baggage so you didn't
                                        140.
know that your baggage was sent to the different place instead of an original place.

-------. Your all items will arrive by DSP service at your hotel soon. In order for you to pick it up
 141.
at the front desk, I particularly asked a delivery person to be careful.

As an apology for the inconvenience, I will give you a discount coupon and reward ticket for
your future flight. However, please note that reward tickets are non -------.
                                                                      142.

I give you my word that this will not happen again.

Sincerely,

Crimson Dornald

Hollway Airline

139. (A) box
(B) ticket
(C) coupon
(D) luggage

140. (A) charge
(B) fee
(C) expense
(D) toll

141. (A) As soon as I heard that, I immediately
took appropriate action.
(B) As a result of that, it provides name
tags and your ID number for all
luggage.
(C) Unless the weather is inclement, the
flight will departure on schedule.
(D) Despite your mistake, you pressed on
with your task.

142. (A) refund
(B) refunds
(C) refunding
(D) refundable

Questions 143-146 refer to the following announcement.

Marathon Race

Toronto Track & Field Federation announced last week that 21th Toronto International Marathon Championship will be held on April 19. The ------- distance competition in the athlete is held
143.
every year in spring.

We ------- that many famous athletes from around the world will dazzle track and field fans at
144.
Toronto Stadium. Especially, Kita Konkun, a Olympic winner, will participate in this race. -------.
145.
In addition, he always was on the winning side. Now, he is a current world record holder.

Approximately 10,000 runners including amateurs will attend the 21th Toronto International Marathon, one of the most well known races in the world. We hope all athlete fans will pay more
------- to this event. If you want to get more information, please visit the official web site "www.
146.
torontomarathon.com."

---

143. (A) long
(B) longer
(C) longest
(D) longevity

144. (A) announce
(B) expect
(C) recommend
(D) request

145. (A) He has competed with many global competitors during the international championships.
(B) He retired in 2009 after participating in the 2008 Olympics.
(C) He was hospitalized after injuring his ankle while practicing with competitors.
(D) The vendors will submit the application to the Toronto Marathon Center.

146. (A) attentive
(B) attentively
(C) attent
(D) attention

PART 5

101
Though the managers at Domain Furniture prepared a press interview about the recent recall, they failed to ------- the important questions.
(A) answer
(B) answered
(C) answering
(D) answers

도메인가구사의 매니저들은 최근 리콜사태에 대하여 기자회견을 준비했는데도 중요한 질문들에 대해 답변을 하지 못했다.

해설 [동사와 준동사 구별 문제] fail to는 '~하는 것을 실패하다'라는 뜻을 지닌 부정사구문으로 to 뒤에는 동사원형이 온다.
오답주의보 블랭크를 형용사자리로 착각하여 answered(과거분사)나 answering(현재분사)을 정답으로 고르지 않도록 한다. 형용사는 <관사 + 형용사 + 명사>의 어순을 취한다. answering(동명사)을 선택한 수험생들은 fail to 다음에 동사원형이 온다는 것을 반드시 기억해두자.
어휘 though 비록 ~이긴 하지만, ~인데도 press interview 기자회견 fail to ~하는 것에 실패하다(fail to + 동사원형)

102
The new return policy ------- will be implemented at Koyo Bookstore is expected to prevent gross loss by clients' refund.
(A) who
(B) which
(C) what
(D) where

고요서점에서 시행될 새로운 반품규정은 고객들의 환불로 인한 총 손실을 막을 수 있을 것으로 기대된다.

해설 [관계대명사와 관계부사 구별 문제] 블랭크 뒤에 동사(will be implemented)가 오는 불완전한 문장이므로 관계대명사 중에서 사물명사(policy 정책, 규정)를 선행사로 받을 수 있는 주격 관계대명사인 (B) which를 정답으로 고른다.
오답주의보 장소 관련어휘(at Koyo Bookstore)로 인해 (D) where를 정답으로 고를 수 있다. 관계부사 where는 선행사가 사물, 뒤에 완전한 문장을 이끌 때 쓰이는 접속사다.(장소 + where + 완전한 문장)
어휘 implement (정책 또는 프로그램)을 시행하다 be expected to ~하기로 기대[예상]되다 prevent 예방하다, 막다

103
------- the negative effect on the brand awareness, the exaggerative advertisement will finally result in lagging behind the competitors.
(A) Among
(B) Instead of
(C) In addition to
(D) While

과장광고는 브랜드 인지도에 부정적인 영향을 끼칠 뿐 아니라, 결국 경쟁업체에 뒤처지는 결과를 낳을 것이다.

해설 [전치사 / 접속사 / 접속부사 구별 문제] 블랭크 뒤에 명사구(the negative effect~)가 있기 때문에 접속사인 While(~하는 동안, 반면에)부터 제거한다. 문맥상 과장광고로 인한 부정적인 결과들을 설명하고 있으므로 (C) In addition to(~뿐만 아니라, ~도 역시)가 정답이다. 참고로 in addition to는 전치사지만, in addition은 같은 뜻의 접속부사로 쓰인다는 것도 암기해두자.(파트 6에서 연결어 문제로 자주 출제된다.)
오답주의보 (A) Among(~ 사이에; 셋 이상) 뒤에는 가산 복수명사가 와야 하고 (B) Instead(~ 대신에)는 A instead of B(B 대신 A) 형태로 사용된다.
어휘 awareness (중요성)에 대한 인식 result in ~을 초래하다 lagging 늦은, 더딘 among (셋 이상) ~사이에

104

In order to prove the loan qualification, the full payment certificate must be stored ------ further notice.
(A) until
(B) by
(C) because of
(D) since then

대출자격을 증빙하기 위하여, 추후 통지가 있을 때까지 완납증명서는 보관되어야 합니다.

해설 [전치사 / 접속사 / 접속부사 구별 문제] 블랭크 뒤에 명사구(further)만 있기 때문에 접속부사인 since then(그때부터)부터 삭제하고 나머지 보기 중에서 알맞은 전치사를 고른다. 문맥상 until further notice(추후 통지가 있을 때까지)가 어울린다. 토익 시험에 자주 출제되는 표현이므로 반드시 암기해두자.

오답주의보 어휘력은 어휘 교재를 통한 학습뿐 아니라 다양한 실전 문제를 푸는 과정에서도 자연스럽게 향상된다. 시점전치사인 until(~까지) 뒤에는 미래시점이 등장한다. until further notice(추후 통지가 있을 때까지)라는 표현을 알고 있다면, 정답을 쉽게 고를 수 있을 것이다.

어휘 prove 증명하다, 입증하다 certificate 증명서, 검증서 since then 그때부터

105

------ the variety of trucks at Captain Rentauto, Nikki Weidman rented two types of vehicles.
(A) During
(B) Between
(C) Among
(D) However

니키 와이드먼 씨는 캡틴 렌트오토사의 다양한 트럭들 중에서 두 가지 종류를 빌렸다.

해설 [전치사 / 접속사 / 접속부사 구별 문제] 먼저, 종속절의 맨 앞이나 끝 또는 주어 다음에 위치히는 접속부사인 However(그러나, 하지만)부터 제거한다. 문맥상 '많은 다양한 트럭들 중에서 빌렸다'라는 의미이므로 정답은 (C) Among(~ 중에서, ~ 사이에; 셋 이상)이다.

오답주의보 단순 해석으로 접근하면 (B) Between(~ 사이에, ~ 중에서)을 정답으로 고를 수 있지만, 이 단어는 '둘 사이에'를 뜻한다.

어휘 the variety of 다양한(+ 복수명사) vehicle 자동차, 차량 between (둘) 사이에

106

MTV Foundation in Seoul, a nonprofit federation committed to promoting well-being products, ------ an Organic Exposition for Sunday, December 12.
(A) holding
(B) has held
(C) has been held
(D) will be held

건강식품을 홍보하는 데 주력하는 서울에 있는 비영리단체인 MTV 파운데이션은 12월 12일 일요일에 유기농 식품전시회를 개최했다.

해설 [동사 문제] 문장에 정동사가 없으므로 분사인 holding부터 삭제하고, 수일치 → 태 → 시제 순으로 문제를 푼다. 블랭크 뒤에 목적어가 있으므로 수동태인 has been held와 will be held는 올 수 없고 능동태인 (B) has held(개최했다)가 정답이다.

오답주의보 삽입구문의 committed(전념하다, 헌신하다)를 동사로 잘못 판단하여 동명사인 (A) holding을 정답으로 고를 수 있다. holding은 정동사가 아니고 앞의 명사(비영리단체, a nonprofit federation)를 뒤에서 꾸며주는 분사 역할을 하므로 정답이 될 수 없다. 그리고 시제의 단서만 보고 정답을 고르는 습관을 배제한다. 예를 들어 현재완료형(has held)은 현재 혹은 과거시제를 모두 대체할 수 있기 때문에 수일치와 태(수동태와 능동태 구별)를 먼저 파악하고 시제를 체킹하는 습관을 들인다.

어휘 nonprofit federation 비영리단체, 비영리기관 committed to ~에 전념하는, 헌신하는 organic 유기농의, 유기비료의

107

After 3 years of the renovation, the national museum will open to the ------- on upcoming Saturday.
(A) public
(B) exhibition
(C) turnout
(D) discovery

3년간의 보수공사 후에 국립박물관은 오는 토요일에 대중들에게 공개될 것이다.

해설 [명사 어휘 문제] 문맥상 open to the public(일반대중들에게 공개하다)이 어울린다. 토익 시험에 자주 출제되는 구문이므로 반드시 암기해두자. 이 구문과 반대되는 표현으로는 exclusively to members(오직 회원들에게만)가 있다.

오답주의보 박물관(museum)이라는 단어를 보고 (B) exhibition(전시회, 전람회)을 고를 확률이 높다. 블랭크 앞에는 방향전치사인 to(~로 향하다)가 있는데, to 뒤에는 일반적으로 장소 또는 사람이 온다.

어휘 renovation 보수공사, 공사 turnout 집합, 동원, 소집 discovery 발견, 발견물

108

It's time to start working on our advertising campaign with ------- authors for next year's publications.
(A) prominent
(B) prominently
(C) prominence
(D) more prominent

내년 출판물들을 위하여 유명한 저자들과 함께하는 광고캠페인을 시작할 때가 되었다.

해설 [품사 문제] 명사 앞의 빈칸은 형용사자리, 보기 중에 형용사는 (A) prominent(중요한, 유명한, 저명한)다.

오답주의보 초보자들의 경우 단어 뜻을 모르면 품사(문법)문제도 틀리는 경우가 많다. 풍부한 어휘학습이 최우선이겠지만, 형용사를 고르지 못할 때에는 보기 중에 -ly로 끝나는 부사를 골라서 접미사 -ly를 삭제한 형태가 다른 보기 중에 있는지를 찾으면 된다. 즉 <형용사 + -ly = 부사>의 공식을 역이용하는 것이다.

어휘 author 저자, 글쓴이 publication 출판, 발표, 간행 prominent 현저한, 두드러지는, 유명한

109

Imagine Muse, a local band in Dawsonville, received a warm welcome because they turned it on many performance to all -------.
(A) spectators
(B) applicants
(C) candidates
(D) critics

다운스빌의 지역 밴드인 이매진 뮤즈는 모든 청중들에게 많은 매력적인 공연을 선보였기 때문에 환대를 받았다.

해설 [명사 어휘 문제] 음악 밴드가 공연(performance)을 보여주는 대상은 (A) spectators(청중들, 관중들)다. turn it on(관중을 매료시키는 공연이나 묘기를 선보이다)이라는 표현을 기억해두자.

오답주의보 토익에 자주 출제되는 (B) applicants(지원자들)나 (C) candidates(후보자들)를 정답으로 고를 수 있다. 개연성이 중요한 어휘 문제에서 이 단어들은 채용 공고문에 어울리는 명사 어휘이다.

어휘 spectator 구경꾼, 관객 candidate 후보자 critic 비평가, 평론가

110 World Economic's editors who ------- attend the professional writing seminar tend to be promoted easier.
(A) soon
(B) directly
(C) originally
(D) regularly

전문 글쓰기 세미나에 정기적으로 참석하는 월드이코노믹스의 편집인들은 더욱 쉽게 승진할 수 있는 기회를 얻는 경향이 있다.

해설 [부사 어휘 문제] 블랭크 뒤에 있는 attend(참석하다, 참가하다)는 현재형 동사, 보기 중에 현재형 동사와 어울리는 시제부사는 (D) regularly(정기적으로)다. 이와 아울러 현재형 동사의 특징 중 하나가 반복적인 행동을 나타낸다는 것도 기억해두자. (A) soon(곧, 곧바로) - 미래시제 부사, (C) originally(원래, 본래) - 과거시제 부사.

오답주의보 부사 문제는 동사시제와 대조하지 않으면 엉뚱한 정답을 고를 수 있다. 예를 들어, 시제를 고려하지 않은 채 문장을 해석하면, 나머지 보기들도 문맥상 어울리는 것처럼 보인다. 부사의 핵심 기능은 동사를 꾸며주는 역할이다. 부사 어휘 문제를 풀 때는 반드시 동사의 시제를 살펴본 후 보기를 대조한다.

어휘 attend 참석하다, 참가하다 tend to ~하는 경향이 있다, ~하기 쉽다 soon 곧, 곧바로 originally 본래의, 원래의

111 If the item ------- ordered is faulty upon delivery, please call the customer service department.
(A) you
(B) your
(C) your own
(D) yourself

당신이 주문했던 제품들이 배송에 문제가 발생했다면, 고객관리부서로 연락 주시기 바랍니다.

해설 [인칭대명사 문제] 블랭크 앞에 목적격 관계대명사(which / that)가 생략되어 있다. 목적격 관계대명사는 일반적으로 생략되므로 먼저 문장 구조를 파악하는 것이 중요하다. 목적격 관계대명사 구문은 <명사(실제 문장의 목적어) + 목적격 관계대명사 + 주어 + 동사>의 어순을 취한다. the item + (목적격 관계대명사) + you ordered; 당신이 주문했던 그 제품

오답주의보 재귀대명사는 의미를 강조하는 부사적 용법으로 가끔 출제가 된다. 목적격 관계대명사 구문을 학습하지 않았다면, 보기 중에 정답 가능한 인칭대명사가 없다고 판단하여 부사 역할을 하는 재귀대명사 (D) yourself를 고를 확률이 높다.

어휘 upon delivery 배송 시 faulty 과실 있는, 불완전한, 결함 있는

112 Premium Pet Store printed the logo design on the ------- bag for advertising new feeds.
(A) promotion
(B) promoted
(C) promoting
(D) promotional

프리미엄 애견점에서는 새로운 사료의 광고를 위해 홍보용 가방에 로고디자인을 새겼다.

해설 [품사 문제] 명사(bag) 앞의 빈칸은 형용사자리다. 보기 중에 형용사는 (D) promotional(홍보의, 판촉의)이다.

오답주의보 기본 형용사와 분사형형용사를 구별하지 못하면 (B) promoted나 (C) promoting을 정답으로 고를 수 있다. 보기에 하나의 어근에서 파생된 형용사들이 여럿일 경우, 의미가 비슷하다면 기본 형용사를 먼저 선택하면 된다.(분사형형용사는 대체 형용사다.)

어휘 feed 사료 promotion 홍보, 승진

113

Thumb Shopping Mall is located on the Greet-Way street
------- the newly renovated apartment complex.
(A) until
(B) opposite
(C) into
(D) among

썸 쇼핑몰은 새롭게 단장한 아파트단지 반대편의 그리트웨이 거리에 위치해 있다.

해설 [단순전치사 문제] 블랭크 뒤에 장소(apartment)가 있으므로 보기 중에 장소전치사인 opposite(반대편)와 into(~ 속으로)를 남긴다. 해석상 '건너편, 반대편, 길 건너' 등의 의미가 어울리므로 (B) opposite를 정답으로 고른다. 유의어로는 in front of(~ 앞에), across(~ 건너) 등이 있다.

오답주의보 장소를 보고 (C) into를 정답으로 고를 가능성이 높다. into(~ 속으로) 역시 장소전치사이긴 하지만, '~로 향하다'를 의미하는 동사와 함께 쓰인다. 예를 들어, expand into China(중국으로 확장하다, 해외 진출을 하다)처럼 사용된다.

어휘 locate 위치시키다, 위치를 정하다 opposite 맞은편의, 마주보고 있는

114

The final decision of the recruitments ------- on the
experiences and personal-job fit by the human resources
department.
(A) are being based
(B) is based
(C) based
(D) will base

채용의 최종 결정은 인사부에서 경력과 개인의 직무 적합도를 기반으로 한다.

해설 [동사 문제] 1단계는 주어와 동사의 수일치부터 시작한다. → 주어는 단수(decision), 복수동사인 are being based를 삭제한다. 2단계는 동사의 수동태/능동태를 판단한다. → 블랭크 뒤가 막혀 있고 주어는 직접 동작을 행할 수 없는 사물주어이므로 수동형 동사가 와야 한다. → 능동형 동사인 based와 will base를 삭제한다. 3단계는 시제 파악, 시제는 현재시제이므로 정답은 (B) is based(~에 근거하다)이다.

오답주의보 주어를 recruitments(채용; 복수명사)로 잘못 파악하면, 복수동사인 (A) are being based를 정답으로 고를 수 있다. 주어는 문장 맨 앞에 있는 final decision(최종 결정: 명사)이다. 평소에 명사구에서 주어를 고르는 연습을 해야 한다.(A of B = B의 A; 주어는 A)

어휘 recruitment 채용, 신규 모집 fit 꼭 맞는, 알맞은 human resources department 인사부, 인력자원부

115

Because of David's sudden resignation, Team Auto is
urgently looking for a local ------- for the replacement.
(A) mechanic
(B) mechanize
(C) mechanized
(D) mechanism

데이비드의 갑작스러운 사임으로 인하여, 팀 오토에서는 그를 대체할 인력으로 지역 자동차 정비공 한 명을 급하게 찾고 있다.

해설 [품사 문제] 관사 끝부분에 있는 블랭크는 명사자리다. 보기 중에 명사는 사람명사인 mechanic(자동차 정비공)과 사물명사인 mechanism(기계장치, 방법)이 있다. 의미상 직원을 찾고 있으므로 (A) mechanic이 정답이다.

오답주의보 명사를 고를 때에는 반드시 사람명사와 사물명사 혹은 단수명사와 복수명사를 고르고 난 후에 해석을 통해 이들을 구별해야 한다. 문맥을 파악하지 않고 (D) mechanism를 정답으로 고르면 채점을 하면서 후회하게 되는 문제다.

어휘 sudden 갑작스러운, 돌연 resignation 사임, 사직 urgently 긴급하게, 급하게 mechanic 자동차 수리공 replacement 교체, 대치

116

The design division manager selected the ------- favored by employees on the online poll.
(A) propose
(B) proposes
(C) proposal
(D) will propose

디자인팀의 매니저는 직원 온라인투표에서 가장 호응이 좋았던 제안(서)을 채택했다.

해설 [품사 문제] 관사 뒤에 오는 명사를 고르는 문제다. 보기 중에 명사는 (C) proposal(제안, 제안서)이다. 이 문제처럼 보기 4개가 모두 동사가 아니라면, 동사 / 부사 / 형용사 / 명사자리를 찾는 문제다.

오답주의보 자칫 동사를 고르는 문제로 생각하기 쉬운 함정도 있지만, 명사를 찾고 나서 propose를 정답으로 고르기도 한다. propose와 proposes는 동사이고 proposal이 사물명사로 쓰인다. 이처럼 –al로 끝나는 명사들을 암기해둘 필요가 있다. 관련 명사로는 approval(허락, 허가), removal(제거, 해고), potential(잠재력), professional(전문가) 등이 있다.

어휘 favored 호의를 갖고 있는, 사랑을 받는 poll 투표, 투표집계

117

A senior architect made the ------- version for Pieta Condo's new architectural project himself because the company needed the revised blueprint.
(A) stated
(B) connected
(C) edited
(D) constructed

회사가 수정된 청사진을 필요로 했기 때문에 선임 건축가가 피에타 콘도의 새로운 건축 프로젝트의 편집본을 직접 만들었다.

해설 [형용사 어휘 문제] 부사절 because(~때문에)를 이용하여 문장의 개연성을 찾아보자. 문맥상 '회사에서 수정본을 원했다. 그래서 건축가가 편집된(수정된) 버전을 만들었다'라는 의미가 적절하므로 정답은 (C) edited(편집된, 수정된)이다.

오답주의보 부사절을 이용하지 않고, 주절의 건축 관련 단어(architect 건축가)를 보고 (D) constructed(건설된)를 정답으로 고르지 않도록 주의한다.

어휘 architectural 건축학의, 건축상의 blueprint 청사진 state 언급하다, 나타내다 edit 편집하다, 수정하다

118

Rising the milk prices will be ------- related to the cost of the dairy products.
(A) direct
(B) direction
(C) directly
(D) directed

우유 가격의 상승은 유제품 가격과 직접적으로 관련되어 있다.

해설 [품사 문제] 완전한 문장 사이 혹은 동사세트 사이에 부사가 온다. 따라서 정답은 (C) directly(직접적으로)이다.

오답주의보 블랭크 앞부분만 보고 수동태 동사인 (D) directed를 고르지 않도록 주의한다. '동사세트 사이에 부사가 온다'는 말은 '수동태구문 또는 현재완료동사 중간에 있는 블랭크는 부사자리'라는 의미이다.(be directly related)

어휘 dairy products 유제품

119

Qualified applicants are ------- to apply for the computer operator position currently open in the Technical Department.
(A) received
(B) demonstrated
(C) encouraged
(D) indicated

자격을 갖춘 지원자들은 기술부서의 현재 공석(지원서를 받고 있는)인 컴퓨터 기사직에 지원하기를 제안합니다.

해설 [동사 어휘 문제] 주어인 지원자들(applicants)이 구직활동을 하도록 요청[제안]받는 상황을 나타내는 구인 문장이다. 따라서 수동태인 (C) encouraged(요청받다, 제안을 받다)가 어울린다.

오답주의보 주장[요구, 제안, 의무]동사가 수동태로 쓰이는 경우, 지원자나 신입사원 등이 주어로 자주 출제된다. 관련 동사로는 advice, recommend, invite, instruct, suggest, require 등이 있다.

어휘 apply for ~을 신청하다, 지원하다 demonstrate 증명하다, 시연하다 encourage 장려하다, 격려하다 indicate 나타내다

120

------- each category's story of the cover letter is generally limited to 800 words, those who apply for the job position comply with the rule.
(A) Although
(B) Even so
(C) Since
(D) Once

자기소개서의 각각의 항목이 일반적으로 800자로 제한되어 있기 때문에 구직을 하는 사람들은 이 규칙을 따르고 있다.

해설 [접속사 / 전치사 / 접속부사 구별 문제] 블랭크 뒤에 문장(절)이 등장하고 주절 역시 완전한 문장이므로 빈칸은 완전한 문장 2개를 이끄는 부사절 접속사자리다. 보기 중에 접속부사인 Even so(그렇기는 하지만)는 삭제하고, 의미상 어울리는 이유접속사인 (C) Since(~이므로, 때문에)가 정답이다.

오답주의보 since(~ 이래로)가 현재완료구문을 이끈다는 것만 알고 있는 수험생들은 처음부터 이것을 소거할 수 있다. since가 부사절 접속사(이유접속사)로 쓰이는 경우는 주절의 현재완료동사가 없거나 since 뒤에 과거형 동사가 없을 때다. <Since + 주어 + 과거 아닌 동사, (주절의) 주어 + 현재완료가 아닌 동사> 공식을 만족시킬 때 since는 because의 유의어로 쓰인다.(예: Since I work hard, the result will be successful. 열심히 했기 때문에, 결과는 성공적일 것이다.)

어휘 cover letter 자기소개서 comply with ~을 따르다, 지키다, 순응하다 even so 그렇기는 하지만 once 일단 ~하면

121

As new employees are becoming ------- with the company's facilities, they are invited to participate in the new hire orientation with an official tour.
(A) satisfied
(B) neighborhood
(C) familiar
(D) lucrative

신입 사원들이 회사 시설에 익숙해지고 있기 때문에 그들은 공식 견학의 일환으로 신규 채용 오리엔테이션에 참여하도록 초대되었다.

해설 [형용사 어휘 문제] 2형식동사 become(~이 되다)의 주격보어인 형용사를 고르는 문제다. with와 함께 쓰이는 형용사는 여러 개가 있지만, familiar with(~을 잘 알고 있다, 숙지하다)가 문맥상 잘 어울린다.

오답주의보 with와 함께 쓰이는 숙어표현이 많기 때문에 끼워 맞추기 식이 아닌 개연성으로 접근하는 것이 중요하다. 어휘력이 부족한 수험생들은 빈칸 뒤의 with 때문에 (A) satisfied(만족하다)를 정답으로 고를 수 있다. 참고로 부사절 접속사로 쓰이는 as(~ 때문에, as가 접속사로 쓰이면 이유를 나타내는 부사절 접속사이다.)와 <familiar with + 정책, 규칙> 등의 경우 숙지해야 할 내용이 목적어로 온다는 것도 기억해두자.

어휘 facility 시설, 설비 participate in 참가하다, 참여하다 lucrative 수지타산이 맞는, 수익성이 좋은

122

The Viewpark Hotel is planning to offer new visitors a(n) ------- which can be used for the upcoming summer vacation.
(A) voucher
(B) guide
(C) admission
(D) gift

뷰파크 호텔은 다가오는 여름 휴가에 사용 가능한 상품권을 신규 고객들에게 제공할 계획이다.

해설 [명사 어휘 문제] 4형식 동사 offer(제공하다)는 '판매자(혹은 회사)가 고객(또는 사원들)에게 혜택이나 업무관련 서비스 등을 제공하다'라는 의미로 자주 출제된다. 본 문제는 offer의 직접목적어로서 적절한 명사 어휘를 묻고 있다. 문맥상 고객들에게 제공할 만한 알맞은 혜택이나 서비스 등을 고르면 된다. 호텔에서 다음 휴가에 사용할 만한 혜택으로 적절한 것은 상품권(voucher)이다. voucher는 discount coupon(할인 상품권)으로 자주 출제된다.

오답주의보 문장의 개연성을 고려하지 않고 (D) gift(선물)을 정답으로 고르지 않도록 주의한다.

어휘 plan to ~할 계획이다, 의도이다 voucher 쿠폰, 증거물 admission 입장

123

Passengers should not pay an extra fee ------- the weight they have entered exceeds the limit.
(A) despite
(B) then
(C) now that
(D) unless

입력하신 무게가 한계를 초과하지 않는다면, 승객들께서는 추가금액을 내지 않으셔도 됩니다.

해설 [접속사 / 전치사 / 접속부사 구별 문제] 블랭크 뒤에 문장(절)이 등장하기 때문에 이유부사절 접속사 now that(~이므로, ~때문에)와 조건의 부사절 접속사 unless(~하지 않는 한, ~이 아니라면)가 정답 후보다. 해석상 '무게를 초과하지 (않는다면), 추가 금액은 없다'라는 의미이므로 정답은 (D) unless다.

오답주의보 unless는 if의 반의어로 '만약 ~가 아니라면'의 뜻이 있다. 기초 수험생들에게는 해석이 까다롭기 때문에 먼저 전체 문장을 해석한 후에 '~가 아니라면'을 뒤에 붙이는 방법으로 연습해본다.

어휘 fee (전문적인) 서비스 요금 exceed 초과하다, 상회하다 then 그때에, 그 시절에(and then 그러고 나서)

124

The Colorado mayor expects that these new manufacturing plants will ------- more job opportunities including many part-time jobs.
(A) generate
(B) assess
(C) restore
(D) follow

콜로라도 시장은 새로운 제조공장들이 많은 시간제 근무를 포함해서 더 많은 직업의 기회들을 만들어 낼 것이라고 기대를 내비쳤다.

해설 [동사 어휘 문제] '더 많은 직업을 생산하다'의 뜻이 어울리므로 (A) generate(발생시키다, 만들어내다)를 정답으로 고른다. expect는 '아직 일어나지 않은 미래의 일을 예측·기대하다'라는 뜻으로 종속절에 미래시제(will이나 should)가 온다. 관련 동사로는 anticipate, predict 등이 있으며, 모두 '(미래의 일을) 예상하다, 기대하다'라는 뜻이 있다.

오답주의보 어휘 문제를 풀 때에는 보기를 읽기 전에, 블랭크에 들어갈 적절한 우리나라 단어를 먼저 생각하자.

어휘 manufacturing 제조업, 제조 assess 평가하다, 사정하다 restore 복구하다

125

The training workshop regarding the customer facing roles will begin ------- at 10:00 A.M. on upcoming Monday.
(A) immediately
(B) periodically
(C) readily
(D) already

고객 응대 역할에 관한 트레이닝 워크숍은 오는 월요일 오전 10시 정각에 (곧바로) 시작될 예정이다.

해설 [부사 어휘 문제] 완전자동사인 begin(시작하다) 뒤에 어울리는 부사를 고르는 문제다. begin이나 start 뒤에 '즉시'라는 뜻을 지닌 immediately, promptly, sharply 등이 오면, 시점표현과 함께 '정시에, 정각에(= on time)'라는 의미를 지닌다.

오답주의보 (B) periodically(정기적으로)와 (C) readily(주로)는 현재형동사와 어울리는 시제부사라는 것도 암기해둔다. 반복적인 의미는 현재형 동사의 단서가 된다.

어휘 role 임무, 역할 periodically 정기적으로, 반복적으로 readily 즉시, 쉽사리

126

Media Mix AD will give your products much exposure to ------- customers in domestic and international markets.
(A) successful
(B) prospective
(C) corresponded
(D) sizable

미디어 믹스 광고회사는 국내외 시장 잠재 고객들에게 당신의 제품들이 더 많이 노출될 수 있게 해줄 것이다.

해설 [형용사 어휘 문제] 주어인 광고회사가 하는 주된 업무를 생각해보면 정답을 고르기가 쉽다. 상품의 노출을 통해 구매를 이끌어내는 것이 목적이라면 대상은 잠재 고객이 될 것이다. (B) prospective(잠재적인)의 유의어로는 potential(가능성이 있는, 잠재적인)이 있다. 구매 이전에 아직 구매하지 않은 상품에 대하여 질문을 하는 '잠재 고객'을 의미하는 어휘로 자주 출제된다.(파트 7에 고객과의 서신에서 빈출)

오답주의보 토익에서 (A) successful(성공적인)이 사람명사 앞에 종종 등장한다. successful은 채용 공고문에서 최종 합격자 혹은 그에 준하는 가능성이 있는 사람을 가리키는 말로, successful candidate는 '최종합격자'라는 뜻이다.

어휘 exposure 노출 domestic 국내의, 자국의, 가정의 prospective 예기되는, 가정의, 잠재의 correspond 대응하다, 상당하다 sizable (크기가) 꽤나 큰

127

The job description in the handbook has specified that full time workers are ------- to receive the benefit package at Unitas Appliance.
(A) eligible
(B) supposed
(C) especial
(D) complete

안내서에 있는 직무 기술서에는 유니타스 가전제품사의 정규직 사원들은 복리후생 혜택을 받을 자격이 있다고 명시되어 있다.

해설 [형용사 어휘 문제] 빈칸에는 2형식문장의 주격보어인 형용사가 온다. 이 문장은 '주어(정규직사원)가 복리혜택을 받을 -------이 있다'라는 의미이다. 빈칸에 들어갈 적절한 단어는 (A) eligible(~할 자격이 있는, 가질 수 있는)이다.

오답주의보 (B) supposed는 <be supposed to + 동사원형(~할 예정이다, 하기로 되어 있다)>처럼 to부정사구문으로 쓸 수 있지만, 이 문제에서는 어색한 표현이다. 이 구문은 <be scheduled to + 동사원형>과 같은 의미로 쓰인다. 정답인 eligible은 to부정사구문인 <be eligible to + 동사원형(~할 자격이 있는)> 또는 전치사 for와 함께 쓰일 수 있다는 것도 기억해두자.(be eligible for + 명사)

어휘 specify 열거하다, 명시하다 eligible 자격이 있는, 적임의 supposed 예정된, 상상된, 가정의

128

The Latte apartments are equipped ------- spacious parking lots and all the modern amenities for the valuable tenants.
(A) down
(B) near
(C) for
(D) with

라테아파트는 소중한 세입자들을 위하여 널찍한 주차공간과 현대식 편의시설 등을 갖추고 있습니다.

해설 [단순전치사 문제] be equipped(~을 갖추고 있다)는 전치사 with와 함께 쓰여 공간에 필요한 것들을 갖춰져 있음을 나타낸다. 부동산 광고나 시설의 장점 등을 묘사할 때 자주 등장한다.

오답주의보 블랭크 뒤에 장소표현(주차공간)이 등장해서 장소전치사인 (A) down(~ 밑으로)이나 (B) near(~ 근처에)를 정답으로 고를 확률이 높다. 평소에 풍부한 어휘학습이 선행되어야 be equipped with 같은 세트표현을 정답으로 고를 수 있다.

어휘 equip ~에 갖추다, 설비하다 spacious (주로 장소 앞에서) 넓찍한, 쾌적한 amenity (잘 갖추어진) 시설, 설비 valuable 소중한, 귀중한, 가치 있는

129

Most of the clients have responded ------- to the new recycle project due to the donation plan.
(A) favor
(B) favorably
(C) favorite
(D) favorable

기부 계획으로 인하여 대부분의 고객들은 새로운 재활용 프로젝트에 대하여 긍정적으로 반응했다.

해설 [품사 문제] 완전한 문장 사이에 있는 빈칸은 부사자리다. 평소에 respond to(~에 응답하다, 대응하다)를 알고 있다면 쉽게 풀 수 있는 문제, 정답은 (B) favorably(호의적으로, 긍정적으로)이다.

오답주의보 빈칸을 자칫 동사의 목적어자리로 착각해서 명사인 (A) favor(호의, 친절한 행동)를 정답으로 고를 수 있다.

어휘 respond to ~에 응답하다 donation 기부, 기부금 favorite (가장) 좋아하는, 마음에 드는 favorable 호의를 보이는, 찬성의

130

This year's job fair ------- by Lexon Auto Company is being held in the Olympic Convention Hall.
(A) hosted
(B) made
(C) delayed
(D) postponed

렉슨 오토사가 주최한 이번 년도 취업박람회는 올림픽 컨벤션 홀에서 열릴 예정이다.

해설 [준동사(분사) 어휘 문제] 블랭크 앞에 있는 명사(job fair 취업박람회)를 뒤에서 수식하는 단어를 찾는 문제. 명사를 뒤에서 꾸며주는 과거분사(p.p; -ed)는 수동으로 해석된다. This year's job fair hosted by Lexon Auto Company 렉슨 오토사에 의해 주최된 올해의 취업박람회 → 렉슨 오토사가 주최한 이번 년도 취업박람회

오답주의보 (B) made(만들어진)는 제품류(item, product 등)와 어울린다. (C) delayed와 (D) postponed는 '연기된, 시간이 늦어진'의 의미로 부정적인 묘사에 어울린다.

어휘 host 주최하다, 주인 노릇을 하다 postpone 연기하다, 미루다

ACTUAL TEST 01 ACTUAL TEST 02 ACTUAL TEST 03 ACTUAL TEST 04 ACTUAL TEST 05

Questions 131-134 refer to the following notice.

To: Aqua Building Tenants
 	
We ------- some problems during the installation of the new
    131.
internet wiring system. -------, please pay particular attention to
    132.
the situation.
 	
Especially, to prevent electric shock, those who were affected
by the power outages should use friction tape. It can ------- the
    133.
degradation of power from the source.
 	
According to the examination report, the old wires caused a(n)
------- in the system. Now that the professional technicians
134.
currently conduct a thorough inspection, we are not going to let
it happen again.
 	
If you already received this message from us, just ignore this
notice.
 	
From Administration Department
	아쿠아 빌딩 세입자들에게
	
	새로운 인터넷 연결시스템을 설치하는 동안 약간의 문제점들을 발견했습니다. 어젯밤 정전사태는 또 다른 위험한 상황을 야기할 수 있으므로 현 상황에 주의를 기울여주시기 바랍니다.
	
	특히, 감전을 막기 위하여, 어제 정전을 겪은 세대들은 전선 절연용 테이프를 사용해주시기 바랍니다. 이것은 전력 저하를 피할 수 있는 방법입니다.
	
	조사보고서에 따르면, 오래된 낡은 전선이 시스템 오류를 유발했습니다. 전문 기술자들이 현재 철저한 조사 작업을 하고 있으므로, 다시 이러한 일은 없을 것이라고 약속드립니다.
	
	혹시, 이미 이 메시지를 받았다면, 이 공지를 무시하시기 바랍니다.
	
	관리부로부터

어휘 pay attention to ~에 관심(주의)을 기울이다 power outage 감전, 전기 충격 friction 마찰, 불화 degradation 지위를 내림, 격하 conduct (특정 활동)을 수행하다 through 철저한, 꼼꼼한 ignore 무시하다 detect 발견하다, 알아내다 remedy 치료, 치유

131
(A) **have detected**
(B) will detect
(C) detect
(D) to detect

해설 시제의 단서를 찾기보다는 동사의 뜻(detect 발견하다, 알아내다)을 파악한 후 문맥상 적절한 시점을 찾는다. 다음 문단의 those who were affected by the power outages(정전사태로 인해 영향을 받았던 사람들)를 통해 과거시점이라는 것을 알 수 있다. 따라서 과거시점을 나타내는 현재완료형인 (A) have detected가 정답이다.

132

(A) Because last night's power failure can also lead to many dangerous conditions,
(B) Since we offer a variety of advantage options including the discount coupon,
(C) Because you can get in touch with the technicians later this week,
(D) Now that the upcoming development seminar is approaching,

해설 우선 초반 문단(첫 문단과 두 번째 문단의 초반)의 해석을 통해, 빌딩의 전력에 문제가 발생했다는 것을 알 수 있다. 그리고 지문의 첫 문장에서 problem(문제점)이 등장하기 때문에 이어지는 문장에서는 부정적인 내용이 나온다는 것을 예상할 수 있다. <앞 문장에서 문제점 언급 + ------- + 뒷 문장에서 정전 및 감전의 위험성 언급>을 종합해보면, (A)가 적절하다.(어젯밤 정전사태는 또 다른 위험한 상황을 야기할 수 있으므로)

오답주의보 (A)가 정답이지만, 신유형 문제는 오답을 삭제·소거하는 방식이 훨씬 효율적이다. (B) discount coupon(할인쿠폰), (D) seminar(세미나) 등은 문맥과는 어울리지 않는 어휘들이다.

133

(A) inform
(B) avoid
(C) result in
(D) deal with

해설 동사 어휘 문제, 앞 문장에서 감전을 예방할 수 있는 방법을 말해주고 있다.(use a friction tape 절연용 테이프를 사용하라) 따라서 정답은 (B) avoid(피하다, 예방하다)이다.

134

(A) extension
(B) delay
(C) remedy
(D) malfunction

해설 지문의 결론 부분이다. 보고서의 내용은 시스템 오류의 이유와 결과에 관한 것이다. the old wires caused a(n) ------- in the system(오래된 낡은 전선이 시스템의 -------를 일으켰다)에서 개연성을 생각해본다면, (D) malfunction(고장, 불량)이 잘 어울린다.

Vieta Insurance Co.

To: All employees

From: Shandy Chambliss, Personnel Department

Date: March 22. 10:14

Subject: Congratulations!

I'm very pleased to announce that Olson Doherty, the current senior sales representative, will be promoted to the head of the sales team, ------- April 1.
135.

He started out as a sales clerk at Mirae Insurance before joining our company 7 years ago. After the probation period here, he ------- the innovative sales strategies for the last 3 years as a
136.
managerial position. He has accomplished much in his -------
137.
short career.

-------. How? His office will remain at its present location on the
138.
15th floor.

비에타 보험회사

받는 사람: 모든 사원들에게

보낸 사람: 샌디 챔블리스, 인사부

날짜: 3월 22일, 오전 10시 14분

제목: 축하합니다!

현재 영업부 팀장인 올슨 도허티 씨가 4월 1일부터 영업부 부장으로 승진하게 된다는 것을 발표하게 되어 무척 기쁘게 생각합니다.

그는 7년 전에 우리 회사에 입사하기 전에 미래보험회사에서 영업사원으로 일을 시작했습니다. 이곳에서 수습과정을 거친 후에, 매니저로서 3년 동안 그만의 혁신적인 영업전략들을 발전시켜 나갔습니다. 비교적 짧은 경력에도 불구하고 그는 많은 것들을 이루어냈습니다.

도허티 씨에게 승진 축하 소식을 전해주세요. 어떻게 하냐고요? 그의 사무실은 지금과 같은 15층에 있을 것입니다.

어휘 representative 영업사원, 대리인 Insurance 보험 probation 수습, 수습기간 accomplish 성취하다, 이루다 remain 남아 있다, 없어지지 않고 있다 process 처리하다, 진행하다 accordingly 따라서, 그러므로 approximately 대략, 약

135
(A) effect
(B) effective
(C) effectively
(D) effected

해설 보기를 통해 품사 문제임을 알 수 있다. 명사 앞의 블랭크는 형용사자리인데, 이 표현은 관용구문으로 생각하고 암기해두어야 한다.(effective + 시점; 효력 발생 시기) 비슷한 표현으로는 <starting on [beginning, as of] + 시점(그때부터 시작하여, 그때부터)> 등이 있다.

136
(A) has processed
(B) is processing
(C) will process
(D) have been processing

해설 도허티 씨의 과거 이력을 말하는 문단이다. 과거와 가장 가까운 시제가 정답이다. 또한 문장 후반부에 <for + 지난 기간(~하는 동안)> 역시 현재완료형을 나타내는 단서가 된다. 비슷한 표현으로는 <over the last + 기간>, <in the past + 기간> 등이 있다.

137
(A) actively
(B) relatively
(C) accordingly
(D) approximately

해설 파트 5의 부사 어휘 문제는 한 문장 내에서 의미를 찾으면 되지만, 파트 6에서는 문장들의 흐름(앞뒤 문장과의 맥락)을 비교하여 개연성을 찾아야 한다. 도허티 씨의 성공적인 경력을 소개하면서 7년 전에 이 회사에 입사했고 3년 동안 매니저로 일을 했다는 내용이 나온다. 이를 통해 비교적 짧은 기간 동안 업무 성과를 이루었음을 알 수 있다. 문맥상 (B) relatively(비교적)가 잘 어울린다.

138
(A) The human resources manager still receive applications for this position.
(B) Please pass on your congratulations to him on his promotion.
(C) His office will be renovated soon.
(D) The celebration will be rescheduled due to undergoing the renovation.

해설 도허티 씨의 승진을 축하해달라는 내용으로 결론을 맺고 있다. 이메일을 받은 대상이 모든 사원이라는 점과 블랭크 뒤에 사무실 장소를 언급한 것으로 보아, 승진 축하 메시지를 그에게 전해달라는 내용이 어울린다.

오답주의보 파트 6의 문장 집어넣기 문제는 정답이 세부적인 내용으로 나오는 경우가 많기 때문에 정답을 고를 때 흐름상 어울리지 않는 보기부터 삭제하는 것이 포인트다. 승진 축하메시지가 주요 맥락이라면, (A)의 지원서를 받는 내용이나 (D)의 시간 변경 및 보수 공사 관련 표현은 어울리지 않는다. 블랭크 뒤에서 사무실 정보를 언급하고 있기는 하지만 보수공사(renovation)와는 관련이 없으므로 (C) 도 역시 삭제한다.

Questions 139-142 refer to the following e-mail.

To: Bratt Santos<santosbr@hotmail.com>

From: Jino Garret<jjino@besttourmagazine.com>

Date: 22 May

Subject: Summer Special Article & Picture

Attachment: Agreement 77ex_

Dear Bratt,

I received your valuable document ------- our summer project
139.
last week. Actually, we want to run a special feature on hot

vacation places. ------- reviewing your articles and a variety
140.
of photos, our editing team decided to accept your story for

publication in Best Tour Magazine's next issue.

-------. If you have any concerns or questions about that, please
141.
contact our chief editor Janet Noel at any time to discuss the

terms and conditions.

If you accept our offer, your article will be published in our July

-------.
142.

Sincerely,

Jino Garret, CEO, Best Tour Magazine

받는 사람: 브렛 산토스<santosbr@hotmail.com>

보낸 사람: 지노 가렛<jjino@besttourmagazine.com>

날짜: 5월 22일

제목: 여름 특집 기사 및 사진

첨부파일: 계약서 77ex_

브렛 씨에게,

지난주, 저는 여름 프로젝트에 관한 당신의 소중한 기사를 받았습니다. 실제로, 우리는 인기 있는 휴가 장소에 관한 여름 특집 기사를 내고 싶었거든요. 그래서 당신의 기사와 다양한 사진들을 검토한 후에, 저희 편집부에서 베스트 투어 매거진의 다음 호에 기사를 실기로 결정했습니다.

먼저, 원고료 및 저작권 등록에 관한 세부 사항들이 설명되어 있는 첨부파일을 확인해주세요. 만약, 이와 관련하여 질문이나 문의사항이 있으면, 저희 편집장인 자넷 노엘 씨에게 언제든 연락하셔서 계약 조항들에 관해 논의하시기 바랍니다.

저희의 제안을 받아들이신다면, 당신의 기사는 7월호에 실릴 예정입니다.

감사합니다.

지노 가렛, 베스트 투어 매거진 회장

어휘 feature 특징, 특색 issue ~호, 이슈거리 regarding ~에 관한 provision 예비, 준비

139
(A) regard
(B) regards
(C) regarded
(D) regarding

> **해설** 품사 문제처럼 보이지만, 실제로는 (D)가 전치사인 것을 아는지 물어보는 어휘 문제다. (D) regarding(~에 관한)은 전치사로서 미팅이나 정보, 문제점, 기사 등의 단어 뒤에 주제를 나타내고자 할 때 사용된다.(예: the problems regarding the late fee 연체료에 관한 문제점들) 유의어로는 concerning, about, pertaining to, as to 등이 있다.

140
(A) However
(B) For instance
(C) After
(D) By

> **해설** 전형적인 전치사/접속사/접속부사를 구별하는 문제다. 빈칸이 부사자리가 아니기 때문에 접속부사인 (A) However(그러나)와 (B) For instance(예를 들어)부터 삭제한다. 자칫 블랭크 뒤에 있는 -ing를 동명사로 착각하여 (D) By(~에 의하여)를 정답으로 고를 수 있다. 이 문장은 부사절 접속사의 축약구문이다. 부사절의 주어는 주절의 주어(editing team 편집부)와 같고 능동의 의미를 지니므로 -ing로 축약시켰다. 해석상으로도 '검토한 이후 결정했다'가 어울리므로 정답은 (C)이다.

141
(A) First of all, please see the enclosed file which detailed the contents of the contract including the payment and copyright registration.
(B) The original receipts should be submitted to the payroll department for the prompt reimbursement.
(C) As a premium subscriber of our magazine, you are eligible to receive a 10 percent coupon.
(D) In order to register for the subscription, please visit the website. www.besttourmagazine.com/signup.

> **해설** 파트 6, 7에서 이메일이나 편지 같은 서신류의 문제를 풀 때는 첨부파일이 정답의 단서가 되기도 한다. 제목 밑에 있는 첨부파일은 agreement(계약서)이며 계약에 관한 문서를 동봉했다는 것을 알 수 있다. 또한, 블랭크 뒤의 문장(terms and conditions 계약서의 조항)을 통해 앞 문장에도 계약서 관련 내용이 등장한다는 것을 짐작할 수 있다.
>
> **오답주의보** 정답을 고르기 전에 흐름상 어울리지 않는 보기부터 삭제하자. 지문의 주제 맥락이 여름 특집 관련 기사의 원고 투고 결과와 계약이다. (B)의 영수증 언급이나 (C)의 구독자(subscriber)의 할인 등은 어울리지 않으므로 삭제한다. (D) 역시 원고의 게재와는 거리가 먼 정기구독의 등록 방법을 말하고 있으므로 정답이 아니다. (C)와 (D)는 받는 사람이 고객인 경우에 어울리는 문장이다.

142
(A) feature
(B) provision
(C) appointment
(D) issue

> **해설** (D) issue가 명사로 쓰이는 경우 '~호(예를 들어, 잡지의 7월호)'를 뜻하고 동사로 쓰이는 경우 '발행하다'의 의미를 갖는다. issue는 출판 관련 표현으로 자주 쓰인다.

From: customerrelation@Benezitfurnishing.com

To: Min-Soo, Kimss@naver.com

Date: July 3

Subject: Compensation

Dear, A valuable customer

We are sorry to hear that the desk-chair set #172 you ------- **143.**
from Benezit's online store arrived with a break. The cause of
this accident comes from carelessness of the delivery.

-------. To receive a full refund, please return damaged item
144.
with the original receipt and be sure to check the warranty card.
Alternatively, Benezit Furnishing can ------- the product and **145.**
return it to you right away.

-------, we will provide a free cushion and a discount voucher to
146.
you by way of apology. I look forward to seeing you again.

I apologize again for this inconvenience.

Sincerely,

Customer Service Department, Benezit Furnishing

보낸 사람: customerrelation@Benezit-
furnishing.com

받는 사람: 민수, Kimss@naver.com

날짜: 7월 3일

제목: 보상

소중한 고객께

베네지트 온라인몰에서 고객께서 주문하셨
던 책상-의자 세트 #172가 손상된 채로 배
송되어 죄송스럽게 생각합니다. 이 사고의
원인은 배송 부주의 때문인 것 같습니다.

배송 사고로 인해 고객께 불편함을 끼쳐드
려 깊이 사과드리며, 그러한 의미로 보상을
해드리고자 합니다. 혹시 전액 환불을 원하
시면 영수증 원본과 해당 불량 물품을 보내
주시고, 보증서도 확인해주세요. 만약 교환
을 원하신다면, 베네지트 퍼니싱에서는 제
품을 교체하여 보내드릴 수 있습니다.

뿐만 아니라, 사과의 의미로 고객께 무료 쿠
션 한 개와 할인쿠폰을 보내드리겠습니다.
다음에 또 뵐 수 있기를 기대하겠습니다.

이런 불편을 끼쳐드려 다시 한번 사과드립
니다.

진심을 담아,

고객관리부서. 베네지트 퍼니싱

어휘 carelessness 부주의, 경솔 warranty 보증, 담보 alternatively 그 대신에, 대안책으로 apology 사죄, 사과 inconvenience 불편, 부자유

143
(A) order
(B) was ordered
(C) will order
(D) ordered

해설 동사 시제를 고르는 문제다. 파트 6의 동사 시제 문제는 문장에서 시제의 단서를 찾기보다는 문맥 흐름상 시간을 따져보는 것이 핵심이다. 주제 맥락(뒤 문장)이 배송 사고 때문에 고객에게 사과를 한다는 내용이므로 order(주문하다)의 동사시제는 과거다. 이 문장은 목적격 관계대명사가 생략된 문장이므로 능동태 과거형동사인 (D) ordered가 정답이다.(the item + (목적격 관계대명사 생략) + you ordered 당신이 주문했던 그 제품)

144
(A) The sales figures are expected to increase substantially.
(B) We apologize for any embarrassment this may have caused so we would like to offer you a compensation.
(C) The upgraded compensation system includes an incentive.
(D) In an effort to reserve the item, you have to submit your photo ID card to us.

해설 지문의 제목이 compensation(보상)이라는 점과 지문 후반부에서 보상 차원으로 할인쿠폰 등을 제시한 점을 고려할 때, 사과와 함께 보상을 언급하는 (B)가 정답이다.

오답주의보 정답을 고르기 전에 흐름상 어울리지 않는 보기부터 삭제하자. 지문의 주제 맥락이 배송 사고에 대한 사과문이다. (A)의 판매 수치 상승이나 (C)의 인센티브(보너스) 제도에 관한 언급 등은 고객이 아닌 사원들에게 말하는 내용이므로 오답이다. (D) 역시 고객을 대상으로 쓸 수 있는 문장이긴 하지만 제품의 예약(reserve)은 문맥상 어울리지 않는다.

145
(A) deliver
(B) organize
(C) remind
(D) replace

해설 앞 문장과 문단의 내용을 종합해보면, 환불과 교환 그리고 보상 등을 순차적으로 언급하고 있다. 따라서 (D) replace(교환하다, 대체하다)가 정답이다.

146
(A) In addition to
(B) Moreover
(C) Therefore
(D) Because

해설 전치사 / 접속사 / 접속부사 구별 문제다. 블랭크 바로 뒤에 쉼표가 등장하면, 블랭크는 접속부사(앞 문장과 뒤 문장을 연결해주는 부사)자리다. 보기 중에 접속부사는 (B) Moreover(더더욱, 뿐만 아니라)와 (C) Therefore(그러므로)이다. 해석상 추가적인 보상정보를 언급하고 있으므로 (B) Moreover를 정답으로 고른다. (A) In addition to는 전치사 to가 빠진 경우에만 접속부사로 사용할 수 있다.

101

Because the competition for seeking jobs will be strong, the applicants are focused on ------- writing their resume and cover-letter.
(A) creative
(B) creation
(C) created
(D) creatively

구직 경쟁이 날로 심해지기 때문에 지원자들은 이력서와 자기소개서를 창의적으로 쓰는 것에 집중하고 있다.

해설 [품사 문제] 블랭크는 동명사 앞에 있는 부사자리므로 정답은 (D) creatively(창의적으로)이다.

오답주의보 전치사 바로 뒤에 블랭크가 있다고 해서 명사인 (B) creation(창의력)를 고르지 않도록 주의한다. 블랭크 앞뒤를 잘 살핀 후에 자리를 찾는다. 블랭크는 완전한 문장 사이에 오거나 동사(혹은 준동사)를 앞에서 수식하는 부사자리다.

어휘 seek 찾다, 구인하다 focus on 집중하다

102

After receiving users' complaints about the making a reservation, Totally Catering plans to ------- the booking system.
(A) revise
(B) dispose
(C) continue
(D) recognize

고객들로부터 예약과 관련된 많은 불만사항들을 받고 난 후에, 토탈리 케이터링(출장 외식업체)은 예약 시스템을 변경할 계획을 세웠다.

해설 [to부정사자리인 동사 어휘 문제] 어휘 문제의 경우 부사절이나 부사구가 있다면, 이를 정답의 단서로 활용하는 것이 포인트다. After 뒤에 –ing를 이용한 부사절 축약구문이 있으므로 주절의 주어(Totally Catering)가 부사절에 생략되었다는 것을 알 수 있다. '예약에 관한 고객들의 불만을 받고 난 후에, 회사는 예약 시스템을 ------- 하기로 했다'는 내용이다. 고객 불만에 대응하여, 예약 시스템을 수정하고 업그레이드시킨다는 내용이 자연스럽기 때문에 정답은 (A) revise(수정하다, 고치다)다.

어휘 complaint 불만, 불평 booking 예약, 장부 기입 revise 수정하다, 교정하다 dispose 배치하다, 처분하다 recognize 알아보다, 인지하다

103

------- may happen, the customer relation manager will directly replace the defective products.
(A) Notwithstanding
(B) Whatever
(C) Instead
(D) Otherwise

무슨 일이 있어도, 불량품에 대해서는 고객관리부 매니저가 직접 교환해드립니다.

해설 [전치사 / 접속사 / 접속부사 구별 문제] 블랭크 뒤에 문장(절)이 나오므로 전치사인 (A) Notwithstanding(~인 반면에, 그럼에도 불구하고)과 접속부사인 (C) Instead(대신에), (D) Otherwise(그렇지 않다면)를 삭제한다. 보기 중에 유일하게 접속사로 사용 가능한 것은 복합관계대명사인 (B) Whatever(무엇이든지)이다. 관계대명사도 접속사라는 것을 알아두면 정답을 쉽게 고를 수 있다.

오답주의보 instead는 접속부사지만 전치사 of와 함께 쓰면 전치사로 사용된다. instead는 A instead of B(B 대신에 A) 형태로 자주 등장한다.

어휘 replace 교체하다, 바꾸다 defective 결함이 있는, 불량의 notwithstanding 그럼에도 불구하고, 반면에 instead 대신에, 대신 otherwise 그렇지 않으면, 다른 방법으로

104

The administration department hope to amend the ------- concerning the dress code next week due to the hot weather.
(A) **details**
(B) detailed
(C) detailing
(D) will detail

관리부에서는 더운 날씨로 인하여 복장 규정에 관한 세부 사항을 다음 주에 수정하기를 원한다.

해설 [품사 문제] 관사 뒤의 블랭크는 명사자리다. 얼핏 보면 명사가 없는 것처럼 보이지만, (A) details(세부 사항)는 동사와 명사로 쓰인다.

오답주의보 보기 4개가 모두 동사로 나열되지 않았다면, 자리찾기(동사 / 부사 / 형용사 / 명사)부터 시작해야 한다. 보기에 과거형 동사(detailed)와 미래형 동사(will detail)가 있기 때문에 next week라는 시제부사를 단서로 자칫 잘못하여 will detail를 정답으로 고를 수 있다. 또, 블랭크 뒤에 있는 concerning(~에 관한)은 전치사라는 것도 기억해둔다.

어휘 administration 관리, 경영 amend 수정하다, 개정하다 dress code 복장 규정

105

Economic analysts ------- predicted that the recent recession will recover soon owing to an easy-money policy by the government.
(A) cautious
(B) **cautiously**
(C) caution
(D) cautions

경제분석가들은 정부의 금융 완화정책으로 인해, 최근의 불경기가 곧 회복될 것이라고 조심스럽게 예측했다.

해설 [품사 문제] 동사 앞의 블랭크는 부사자리다. 완전한 문장 사이에 들어가는 품사는 부사이므로 (B) cautiously(조심스럽게)를 정답으로 고른다.

오답주의보 동사 앞에 주어(명사)가 올 수 있지만, 이미 블랭크 앞에 주어인 사람명사 analyst(분석가)가 있기 때문에 완전한 문장이다. 완전한 문장 사이에는 부사가 들어간다.

어휘 analyst 분석가, 통계전문가 predict 예측하다, 예견하다, 내다보다 recession 불경기, 퇴거, 후퇴 recover 회복하다, 되찾다 easy-money policy 금융완화정책

106

Ericton Supplies will take a security measure to prevent distributing ------- toner cartridges from the illegal enterprises.
(A) courteous
(B) elaborate
(C) **counterfeit**
(D) outstanding

에릭튼 서플라이즈는 불법업체로부터 가짜 토너 카트리지가 유통되는 것을 막기 위해 안전조치를 취할 계획이다

해설 [형용사 어휘 문제] 부사절[구]이 없어도 개연성이 높은 보기를 고르는 것이 포인트. 주어인 회사가 안전조치를 취하는 이유를 to 부정사구문을 통해 설명하고 있다. 문맥상 '------- 토너 카트리지가 유통되는 것을 예방하고 막기 위하여 안전조치를 취하는 것'이므로, 블랭크에는 불법이나 불량 등의 부정적인 단어가 들어가야 한다. 정답은 (C) counterfeit(위조의, 모조의).

오답주의보 일반적으로 토익 광고문에서 제품(item, product)의 장점을 소개하는 스토리가 많다는 이유로 (D) outstanding(뛰어난, 눈에 띄는)을 정답으로 고를 수 있다. (B) elaborate(정교한, 정성을 들인)와 (D) outstanding(뛰어난)은 긍정적인 스토리와 어울린다.

어휘 measure 조치, 방법 distribute 유통하다, 배포하다 illegal 불법적인, 법에 어긋나는 courteous 예의바른, 정중한 elaborate 정교한, 공들인 counterfeit 모조의, 가짜의, 위조의 outstanding 뛰어난, 눈에 띄는

ACTUAL TEST 01 ACTUAL TEST 02 ACTUAL TEST 03 ACTUAL TEST 04 ACTUAL TEST 05

107

Thanks to the precise arrangement and humorous lyrics, Nikki Sixx Band's new title song ------- popular and lucrative.
(A) becomes
(B) proceeds
(C) completes
(D) suspends

정교한 편곡과 재미있는 가사 덕분에, 니키 식스 밴드의 새로운 타이틀곡은 많은 인기와 수익을 내고 있다.

[해설] [동사 어휘 문제] 블랭크 뒤의 단어가 명사가 아닌 형용사인 것으로 미루어 보아, 블랭크는 2형식문장의 주격보어자리라는 것을 알 수 있다. 보기 중에 2형식동사는 (A) becomes(~이 되다)이다.

[오답주의보] 단순한 해석이 아닌 2형식동사의 쓰임(예: 주격보어)을 알아야 정답을 고를 수 있다. 블랭크 뒤에 형용사가 주격보어로 올 수 있는 2형식동사는 become(~이 되다), remain(~한 상태로 남아 있다), seem(~인 상태인 것 같다) 등이 있다.(주어 + 2형식동사(be, become, remain, seem) + 형용사)

[어휘] precise 정교한, 정확한 lyric 시, 가사(노래) proceed 앞으로 나아가다, 전진하다 suspend 중지하다, 매달다

108

The Motely Hotel will provide the unlimited beer service to all guests ------- a low price during the foundation day of the hotel.
(A) in
(B) to
(C) at
(D) along

머틀리 호텔은 창립기념일 동안 모든 투숙객들에게 낮은 가격으로 무제한 맥주 서비스를 제공할 계획이다.

[해설] [단순전치사 문제] 보기의 전치사들은 모두 장소전치사로 쓰일 수 있다. 전치사 at은 어느 특정 지점에서 물건이나 사람이 머무는(혹은 놓이는) 상황을 나타낼 때 사용되지만, 뒤에 돈이나 숫자가 붙어 수량을 나타내는 척도의 표현으로도 쓰인다.(예: at a good price, purchase at $20 등)

[오답주의보] 전치사의 특징을 정확하게 학습하지 않으면 (A) in을 정답으로 고를 수 있다. in이 장소전치사일 경우 '~ 안에(공간)'로 해석되며, 굳이 돈과 함께 쓰인다면 in the budget(예산 안에서)처럼 쓰인다.

[어휘] unlimited beer service 무제한 맥주 서비스 foundation day 창립(건국)기념일 at a low price 낮은 가격으로

109

In an effort to expand its market share, Koyote Apparel decided to reduce the excessive ------- on men's suit sales over the next 2 years.
(A) reliance
(B) rely
(C) reliant
(D) relied

시장 점유율을 확장시키기 위한 노력의 일환으로, 코요테 어패럴(의류회사)은 향후 2년 동안 남성복 판매의 지나친 의존도를 줄여나가기로 결정했다.

[해설] [품사 문제] 관사 the의 끝부분에 나오는 명사를 고르는 문제다. 보기 중에서 명사는 -ance로 끝나는 (A) reliance(의존, 의존도)다.

[오답주의보] 실전문제를 학습하지 않은 채, 어휘 암기에만 집중했을 경우 (B) rely(의존하다; 동사)나 (C) reliant(의존하는; 형용사)를 정답으로 고를 수 있다. 단어의 어근이 같고 접미어가 다른 문제들은 품사 문제다. 품사 문제는 블랭크가 문장에서 어떤 자리(동사 / 부사 / 형용사 / 명사)를 차지하는지를 파악한 후 보기 중에 정답을 고른다.

[어휘] expand 확장하다, 해외진출하다(+ into) apparel 의상, 의류 rely on 의존하다, ~에 따라 다르다 excessive 과도한, 과대의

110

The plans to promote Tree Mobile's new smart-phone by the celebrity endorsement will commence in ------- with a major entertainment company.
(A) instruction
(B) cooperation
(C) preference
(D) survey

유명인 광고를 통한 트리 모바일의 새로운 스마트폰의 홍보는 대형 연예기획사와 함께 시작할 계획이다.

해설 [명사 어휘 문제] 문장 전반부의 Tree Mobile이라는 회사가 블랭크 뒤에 있는 다른 회사(연예기획사)와 함께 일한다는 의미이므로 (B) cooperation(협력, 협동)을 정답으로 고른다. 블랭크 뒤에 있는 with(~와 함께) 역시 정답의 단서가 된다.

오답주의보 어휘 문제는 문장 전체의 흐름과 의미를 따져 개연성을 찾는 것이 핵심이다. 이 문제에서는 유명인 광고(celebrity endorsement)나 신제품(new smart-phone) 등의 단편적인 단어에 집중하면, 인기의 척도를 의미하는 (C) preference(선호도)를 선택할 수 있다.

어휘 celebrity 유명인 endorsement 배서, 보증, 승인 commence 시작하다, 개시하다 cooperation 협력, 협동 preference 선호도

111

Metro Meat is the only ------- that always offers residents a fresh meat from a local cattle farm.
(A) distribution
(B) distributes
(C) distributed
(D) distributor

메트로 미트는 지역 농장으로부터 항상 신선한 고기를 지역 거주자들에게 제공하는 유일한 유통업체이다.

해설 [품사 문제] 관사 the의 끝부분에 위치하는 명사자리를 묻는 문제다. 보기 중에 명사는 distribution(유통)과 distributor(유통업체)이다. 주어가 사람(회사)인 2형식문장이기 때문에 정답은 (D) distributor이다.(회사 = 유통업체)

오답주의보 명사를 고를 때에는 항상 사람명사와 사물명사를 후보로 남긴 후에, 해석과 문법을 통해 정답을 선택하는 습관을 갖도록 한다. 그렇지 않으면, 사물명사인 (A) distribution를 정답으로 고를 수 있다. 또한, 블랭크 뒤에 있는 that은 주격 관계대명사 who 대신 쓰인 관계대명사다. 명사절로 착각하여 동사를 고르지 않도록 주의한다.

어휘 resident 거주자, 거류민 distributor 유통업체, 유통업자(사람명사) cattle 소, 축우

112

------- submitting a reference letter from a former professor, job seekers should fill out an application form and send it to the personnel department.
(A) In order to
(B) Unless
(C) In addition to
(D) Whichever

구직자들은 예전 교수님으로부터의 추천서를 포함하여, 이력서를 작성한 후 인사부로 제출해야 한다.

해설 [전치사 / 접속사 / 접속부사 구별 문제] 블랭크 바로 뒤에 동명사(submitting 제출하는 것)가 있기 때문에 접속사나 부사 대신 전치사를 고른다. 동명사도 일종의 명사이므로 전치사의 목적어로 쓰인다. 보기 중에 전치사는 (C) In addition to(게다가, ~뿐 아니라)이다.

오답주의보 (A) In order to(~하기 위하여)는 뒤에는 동사원형이 와야 하므로 삭제, (B) Unless와 (D) Whichever는 접속사로 뒤에 문장(절)이 와야 하므로 오답이다. 그렇다면 자연스럽게 <전치사+(동)명사>구조를 취하는 (C) In addition to가 남는다.

어휘 reference letter 추천서, 참고할 만한 서류 former 이전의 fill out (빈칸을) 채우다, 작성하다 personnel department 인사부, 인력자원부 unless 만약 ~이 아니라면 whichever 어느 것이든

113

The quarterly report revealed that neither the TV commercial nor the online SNS marketing ------- the original sales expectation.
(A) indicates
(B) prohibits
(C) exceeds
(D) assigns

분기별 보고서에 따르면 TV광고와 온라인 SNS마케팅 모두 본래의 판매 목표치를 넘어서지 못한 것으로 드러났다.

해설 [동사 어휘 문제] 주어와 목적어와의 개연성을 통해 정답을 골라보자. '분기별 보고서에 따르면, 광고 전략이 판매 목표치를 (~했다)'로 해석된다. 여기에 알맞은 동사는 (C) exceeds(넘어서다, 초과하다)이다.

오답주의보 주어(분기별 보고서) 때문에 (A) indicates(나타내다)를 정답으로 고를 가능성이 있다. indicate와 같은 동사의 주어로는 '보고서, 조사 작업' 등이 오고 that절을 목적절로 취한다. 관련 동사로는 reveal, state, mention 등이 있다.

어휘 reveal 나타내다, 폭로하다 prohibit 금지하다 exceed 초과하다, 상회하다 assign (업무)를 할당하다, 배분하다

114

All tenants are advised that ------- agreements should be signed after reviewing the terms.
(A) rent
(B) rental
(C) rentable
(D) rents

모든 세입자들은 세부조항들을 검토한 후에 임대계약서에 서명해야 합니다.

해설 [품사 문제] 명사 앞에 올 수 있는 품사는 형용사와 명사(복합명사)다. 보기 중에 형용사인 rentable(임대할 수 있는)은 의미가 어색하고 '임대계약(rental agreement)'의 뜻을 가진 (B) rental이 적절하다. rental은 명사로서 '임대, 임차, 임대료'의 의미를 지닌다.

오답주의보 명사 앞의 블랭크를 형용사자리로 판단하여 (C) rentable를 정답으로 고를 수 있다. 실제로 대부분의 토익 문제는 명사 앞에 형용사가 오는 경우가 90프로 이상이지만, 가끔 복합명사를 묻는 문제가 출제되기도 한다.(예: safety regulation 안전규칙)

어휘 tenant 세입자, 임차인 agreement 계약서(= contract)

115

Oxford Landscaping was ------- in 1981 and has continually become a market leader in the related industry.
(A) relocated
(B) transferred
(C) established
(D) launched

옥스퍼드 조경업체는 1981년에 설립되었고 관련 업체의 선두주자로 꾸준히 성장해오고 있다.

해설 [동사 어휘 문제] 수동태구문의 어휘 문제로 접근하면 쉽게 풀린다. 블랭크 뒤에 있는 설립년도(1981년)와 어울리는 것은 (C) established(설립되다)다.

오답주의보 블랭크 뒤의 과거 표현으로 정답의 개연성을 찾는다. (A) relocated(다시 위치시키다, 이전하다)와 (B) transferred(전근되다, 이전되다)는 장소전치사와 어울린다.(예: 회사 + was transferred to + 장소)

어휘 landscape 풍경, 경치 related 관련된, 연관된 relocate 다시 위치시키다, 이전하다 transfer 전근 가다, 이사하다 establish 설립하다, 세우다 launch 출시하다, 진수시키다

116

Because the verification procedure about the research findings has not been ------- examined, they should not be discussed at the press conference.
(A) equally
(B) formerly
(C) sharply
(D) thoroughly

연구 결과물들에 관한 검증절차가 철저하게 검토되지 않았기 때문에 기자회견에서 그것들이 논의되지 않을 것입니다.

해설 [부사 어휘 문제] 동사세트 사이에 있는 부사는 동사와의 어울림이 중요하다. 이 문제에서는 주어인 the verification procedure (검증 절차)가 어떻게 examine(검토하다, 조사하다)되어야 할지를 묻고 있다. 문맥상 (D) thoroughly(철저하게, 꼼꼼하게)가 어울린다.

오답주의보 토익 시험에서 부사 어휘 문제는 시제부사를 물어보는 문제가 자주 출제된다. 부사는 동사를 수식하는 것이 핵심 기능이지만, 부사가 모두 시제를 꾸며주는 것은 아니다. 보기 중에 시제부사는 (B) formerly(예전에, 처음에)다. formerly는 과거형과 어울리며 현재완료형과는 어울리지 않는다는 것도 기억해두자.

어휘 verification 확인, 입증, 검증 finding (연구, 조사 등의) 결과물 examine 시험하다, 조사하다 press conference 기자회견 sharply 확, 꽤 크게(= dramatically) thoroughly 철저하게, 면밀하게

117

------- the considerable popularity of the new novel by Susan Williams, the amount of pre-sale will be probably ranked at number one.
(A) In case
(B) Given
(C) Either
(D) As long as

수잔 윌리엄스가 쓴 새로운 소설의 엄청난 인기를 고려하면, 선주문 판매량은 아마 1위를 차지할 것이다.

해설 [전치사 / 접속사 / 접속부사 구별 문제] 블랭크 뒤에 명사(구)가 있기 때문에 전치사가 정답이다. 보기 중에 전치사는 (B) Given(~을 고려하면)이다. Given은 that과 함께 조건을 나타내는 부사절 접속사로 쓰인다.(given that + 문장; ~을 고려하면)

오답주의보 이런 유형의 문제는 먼저 블랭크 뒤의 문장 구조를 파악하고 문법적으로 접근해야 한다. 뒤에 문장이 있다면 부사절 접속사인 (A) In case(~인 경우에 대비해서)와 (D) As long as(~하는 한)를 고르고, 뒤에 or, nor, and 등과 같은 등위접속사가 있다면 상관접속사인 (C) Either(~둘 중 하나; A or B)를 쓴다. 이 문제처럼 블랭크 뒤에 명사가 있으면 전치사를 정답으로 고른다.

어휘 considerable 상당한, 엄청난 popularity 인기, 명성 rank 자리를 차지하다, 순위에 들다

118

By the time the Japanese delegation to the UN conference in Washington arrived at the convention hall, the key presentation -------.
(A) had not started
(B) will have not started
(C) will not start
(D) has not started

워싱턴 컨벤션 홀에서 열리는 UN 정상회의에 일본 대표단이 도착할 때까지, 주요 발표는 시작하지 않았다.

해설 [동사 시제 문제] 수일치(주어-동사)와 태(수동/능동)보다는 시제를 파악해야 하는 문제다. 접속사인 By the time(~ 때까지)의 주절에는 had not started(had + p.p.)와 will have not started(will have +p.p.)가 올 수 있다. By the time(부사절)의 시제(과거 또는 현재)에 따라 주절의 시제가 달라진다. By the time의 동사가 arrived(도착했다; 과거)이고, 주절에는 과거시점까지 했던 행동을 표현해야 하므로 정답은 과거완료인 (A) had not started이다.

오답주의보 By the time이 있다고 해서 무조건 (B) will have not started를 고르지 않도록 주의한다. By the time 뒤에 동사가 과거면 주절에는 과거완료(had + p.p.), 부사절의 동사가 현재 또는 현재완료면 주절에는 미래완료(will have+ p.p.)가 정답이라는 것을 공식처럼 기억해두자.

ACTUAL TEST 01 / ACTUAL TEST 02 / ACTUAL TEST 03 / ACTUAL TEST 04 / ACTUAL TEST 05

119

Ms. Donington has ------- as a marketing executive at Hublotatory in the last 10 years.
(A) hired
(B) promoted
(C) served
(D) provided

도닝턴 씨는 지난 10년 동안 위블로토리의 마케팅 중역으로 근무해오고 있다.

해설 [동사 어휘 문제] 보기 모두 인사(personnel)와 관련된 동사들이다. 지난 10년 동안 마케팅 중역으로서의 행동을 나타내는 동사가 어울리므로 (C) served(근무하다, 복무하다)를 정답으로 고른다. <serve as + 직책(해당 직책으로 근무하다)>도 기억해두자.

오답주의보 블랭크 뒤의 직업명을 보고 (A) hired(고용되다)를 정답으로 고를 수 있다. hired는 채용 공고문 혹은 합격자 발표 등의 내용과 어울리며, 특히 '지난 10년 동안(in the last 10 years)'이라는 표현과는 어울리지 않는다. 어휘 문제는 문법 문제와 달리 블랭크 앞뒤만 보고 판단할 수 없으며, 문장 전체에서 개연성을 찾아야 한다는 것을 잊지 말자!

어휘 executive 회사 중역, 이사 provide 제공하다(= offer, 토익에서는 주로 판매자가 고객에게 혜택이나 서비스를 제공할 때 쓰임)

120

Each head of departments will ------- a survey form to all employees to collect opinions pertaining to the new item's design.
(A) distribute
(B) demonstrate
(C) take place
(D) require

신제품 디자인에 관한 의견을 묻기 위하여 각 부서의 부장님들이 설문지를 사원들에게 직접 배포할 것입니다.

해설 [동사 어휘 문제] 설문지(survey form)를 목적어로 취하면서 방향전치사인 to(~에게)와 어울리는 동사는 (A) distribute(배포하다, 유통하다)이다.

오답주의보 LC파트에서 자주 출제되는 주장동사인 (D) require를 정답으로 고를 확률이 높다. 주어인 회사 중역들이 사원들에게 명령 또는 권유를 주장할(require) 수 있지만, 사물목적어인 설문지(survey form)는 주장동사의 대상으로 적합하지 않다.

어휘 pertaining to ~에 관한 take place 개최하다, 열다 require 주장하다, 요구하다

121

This year's winner of Employee of the Montres Tech is Mr. Capelli who was recognized for creating a very efficient payroll system on -------.
(A) he
(B) his
(C) his own
(D) himself

몽트르 테크사의 올해의 사원상은 혁신적인 급여시스템을 직접 만들어서 각광을 받았던 카펠리 씨에게 돌아갔다.

해설 [인칭대명사 문제] 전치사 on 뒤에 단독 블랭크가 있다. <소유격 + own>은 '스스로, 혼자 힘으로'라는 뜻을 지닌 관용표현이다. 같은 뜻을 가진 표현으로는 <by(for) + oneself>가 있다.

오답주의보 해석상 (D) himself를 정답으로 고를 수 있다. himself가 '스스로'라는 의미로 사용되려면, 앞에 전치사 by나 for가 있어야 한다. 또한, 이처럼 정답이 쉽게 보이지 않는 인칭대명사 문제를 풀 때는 블랭크 뒤에 동사나 명사가 없기 때문에 he(주격)나 his(소유격)를 삭제·소거하면서 정답에 접근해보자.

어휘 recognize 알아내다, 인지하다 efficient 효과적인, 효율적인 payroll 월급, 급여

122

------- for the Edmonton Trade Fair have already been sent to all members.
(A) Invite
(B) Invitation
(C) Invitations
(D) Invited

에드먼턴 무역박람회를 위한 초대장들은 이미 모든 회원들에게 발송되었다

해설 **[품사 문제]** 빈칸은 명사자리로, 단수명사인 (B) Invitation과 복수명사인 (C) Invitations를 구별하는 문제이다. 주어의 단수/복수 구별은 동사와의 수일치를 통해 해결할 수 있다. 동사가 복수동사인 have이므로 정답은 (C) Invitations이다.

오답주의보 명사문법문제는 자리를 찾고 반드시 단수와 복수 혹은 사람과 사물을 남긴 후에 정답을 고르는 습관을 들이도록 한다. 그렇지 않으면 Invitation을 오답으로 고를 수 있다.

어휘 invitation 초대장 trade fair 무역박람회

123

Colorado Electronics always offers the variety of information such as customer's reviews, some of which is helpful for ------- your devices.
(A) choosing
(B) commuting
(C) repairing
(D) extending

콜로라도 일렉트로닉스는 항상 고객들의 후기와 같은 다양한 정보를 제공하는데 이것은 기기구매를 결정할 때에 많은 도움이 된다.

해설 **[동명사 어휘 문제]** 이 문장을 읽을 사람이 고객이라는 것에 초점을 맞추면, 선택하다(choosing)가 어울린다는 것을 쉽게 알 수 있다. 이처럼 어휘 문제의 핵심은 문장의 의미를 통해 단서를 찾는 것이다.

어휘 customer review 고객 후기 device 장치, 기기 repair 수리하다, 고치다

124

The ------- about the performance evaluation's ratings can be downloaded on the company web site.
(A) issues
(B) progress
(C) operation
(D) explanations

수행능력평가에 관한 설명들은 회사 웹사이트에서 다운로드하실 수 있습니다.

해설 **[명사 어휘 문제]** 동사의 뜻과 함께 해석으로 접근하는 것이 핵심이다. 웹사이트에서 다운로드할 수 있는 내용으로 어울리는 주어 명사는 (D) explanations(설명, 설명서)이다.

어휘 explanation 설명 issue 문제점, 호(출판물의 7월호, 8월호) progress 진전, 진척

125

The expense report for the prompt reimbursement should be submitted to the accountant no ------- than Friday, July 22.
(A) late
(B) later
(C) latest
(D) lately

빠른 상환을 위해 비용보고서는 늦어도 7월 22일 금요일까지 회계부서로 제출되어야 합니다.

해설 [품사 문제] no later than(늦어도 ~까지)이라는 어휘를 암기하고 있다면, 쉽게 풀 수 있는 문제이다. 뒤에 시점이 온다는 것도 기억해둔다.

오답주의보 (A) late와 (D) lately(주로 현재완료 동사와 함께 쓰임)는 모두 부사로 사용될 수 있음에 주의한다.

어휘 expense 비용 prompt 즉각적인

126

------- funding for the bio chemical project has been approved, Dr. Fernado will launch out into a series of experiments shortly.
(A) Along
(B) Even
(C) Once
(D) Unless

일단 생화학 프로젝트를 위한 자금 지원이 승인된다면, 페르나도 박사는 곧바로 여러 실험들에 착수할 것이다.

해설 [전치사 / 접속사 / 접속부사 구별 문제] 블랭크 뒤에 문장(절)이 있으므로 보기 중에 접속사인 Once(일단 ~하면)와 Unless(만약 ~가 아니라면)를 남긴다. 의미상 if와 같은 조건부사절 접속사가 어울리므로 (C) Once를 정답으로 고른다.

오답주의보 블랭크 바로 뒤에 -ing로 끝나는 단어를 동명사로 착각하여 장소전치사인 (A) Along(~를 따라서)을 고르지 않도록 주의한다. 이런 유형의 문제는 보기에 복수의 부사절 접속사가 있기 때문에 해석으로 구별해야 하는 경우가 빈번하다. 어휘의 정확한 뜻을 암기해 두는 것이 무엇보다 중요하다.

어휘 funding 자금 모금, 자금 조달 approve 승인하다, 허가하다 a series of 일련의, 연속적인 experiment 실험, 시험, 시도 along (거리, 장소)를 따라서 even 심지어 unless 만약 ~가 아니라면

127

The building management required that all visitors park their car in the basement garage ------- using the parking lot A.
(A) in the event of
(B) instead of
(C) behind
(D) during

건물 관리부에서는 모든 방문객들이 주차장 A를 이용하는 대신 지하 주차장에 주차할 것을 권유하고 있습니다.

해설 블랭크 뒤에 동사(use)가 있는 것으로 보아 일반전치사는 모두 오답이라는 것을 알 수 있다. 보기 중에서 (B) instead of(~ 대신에)는 A instead of B(A 대신 B)로 사용할 수 있다. 즉, 이 문장은 <동사원형(park) + 지하 주차장 + (instead of) + 동사원형(use) + 주차장 A> 구조를 취한다.

오답주의보 블랭크 뒤에 동사가 있기 때문에 목적어로 명사만을 취하는 일반전치사는 정답이 될 수 없다. 장소명사인 주차장을 보고 장소전치사인 (C) behind(~ 뒤에)를 고를 확률이 높다.

어휘 garage 차고, 주차장 in the event of ~하는 경우에는 instead of ~ 대신에 behind (장소) ~ 뒤에, 뒤편에 during ~하는 동안

128

Buyers should read the return policy ------- when they want to exchange or refund.
(A) careful
(B) carefully
(C) care
(D) careless

구매자들은 교환이나 환불을 원할 때, 반드시 환불정책을 주의 깊게 읽어야 한다.

해설 [품사 문제] 빈칸은 완전한 문장 뒤에서 동사를 꾸며주는 부사자리다. 보기 중에 부사는 (B) carefully(주의 깊게, 면밀하게)다.

오답주의보 관사(the) 때문에 명사인 (C) care를 정답으로 골라서는 안 된다. 이 표현을 하나의 명사구(the return policy care)로 보기에는 어색하다. 완전한 문장(주어 + 동사 + 목적어) 뒤의 빈칸은 부사자리이고 명사(the return policy)가 동사(read)의 목적어인지를 판단하면 부사가 정답이라는 것을 알 수 있다.

어휘 return policy 환불정책(return과 refund는 비슷한 의미로 쓰임) exchange 교환하다, 주고받다

129

Trinad Incorporated plans to carry out its expansion project by ------- the manufacturing factory in China.
(A) add
(B) adding
(C) added
(D) adds

트리나드사는 중국에 제조공장을 건설함으로써 해외 진출 프로젝트를 시행할 계획이다.

해설 [품사 문제] 전치사 by 뒤에 들어갈 수 있는 품사를 고르는 문제다. by 뒤에는 명사 혹은 동명사가 올 수 있고, 일반적으로 동명사와 함께 '~함에 의하여'의 뜻으로 사용된다.

오답주의보 블랭크를 형용사자리로 착각하여 (C) added를 고르지 않도록 한다. 블랭크 뒤에 관사가 있기 때문에 형용사나 명사는 올 수 없다. 이처럼 관사를 포함한 목적어가 뒤에 있을 때는 블랭크가 동사 혹은 동명사자리라는 것도 기억해두자.

어휘 carry out ~을 시행하다, 하다 expansion 확장, 해외 진출

130

After Blancpain Journal's interns ------- extensive training, and then they became better as a whole.
(A) underwent
(B) stimulated
(C) agreed
(D) confirmed

블랑팡 저널의 인턴들은 광범위한 훈련을 거친 후에 전체적으로 더 나아졌다.

해설 [동사 어휘 문제] 문맥상 '인턴들이 트레이닝을 경험하다(undergo)'라는 의미다.

오답주의보 undergo를 단순히 '(고통, 어려움)을 겪다'로 암기했을 것이다. 하지만, 토익에서 말하는 undergo는 renovation(보수공사), training(훈련), probation period(수습기간) 등이 업무 내에서 이루어지는 '경험상의 어려움'을 뜻한다.

어휘 whole 전부의, 모든 undergo (어려움)을 겪다, 경험하다 stimulate 자극하다, 활발하게 하다 confirm 확인하다, 확실히 하다

PART 6

Questions 131-134 refer to the following notice.

Important Notice	중요 공지
Please note that we generally are not responsible for damages or losses from shipping. Therefore, we ------- recommend that **131.** those who purchase our laptops and desktops enroll in one of the shipping companies in ------- with us. **132.**	저희는 일반적으로 배송 중에 발생한 손실 이나 파손에 관하여 책임지지 않는다는 것 에 주의하세요. 그러므로, 저희의 노트북과 데스크탑 컴퓨터를 구매하실 때에는 저희 와 제휴하고 있는 배송업체 중 한 곳에 등 록할 것을 강력히 추천합니다.
You can find their lists and more information on the web site www.musedevice.com. However, if you fail to remember your ID or password, you will have difficulty entering the site.	웹사이트 www.musedevice.com.에서 더 많은 정보와 업체 목록을 찾아볼 수 있습 니다. 하지만 ID나 비밀번호를 잊으셨다면, 해당 사이트에 접속할 수 없을 것입니다.
Don't worry. We can ------- you a temporary personal code for **133.** identification purposes. -------. **134.**	걱정하지 마십시오. 저희가 신분을 증명할 임시 비밀번호를 발급해드릴 것입니다. 그 번호를 복사하셔서 입력하시면 사이트 접 속이 가능합니다.

어휘 generally 주로, 일반적으로 responsible for ~을 책임지다, (담당 업무)를 맡다 shipping 배송, 배달 enroll in 등록하다, 명부에 기재하다 temporary 일시적인, 임시의 observance 준수, 지킴, 따름(= compliance) disrupt 부수다, 찢어 없애다 pay for ~을 포함하 다, ~에 관한 돈을 지불하다

131 (A) strong
(B) strongly
(C) stronger
(D) strongest

해설 보기를 통해 품사를 묻는 문제임을 알 수 있다. 동사 앞의 빈칸에 들어갈 적절한 부사를 고르는 문제로 '배송업체 중 한 곳에 등 록할 것을 강력히 추천합니다'라는 의미가 자연스럽다. 파트 6에서는 첫 번째 문제가 품사 문제라 할지라도 파트 7처럼 문맥을 파악하 면서 정답을 골라야 한다.

132 (A) compliance
(B) satisfaction
(C) observance
(D) partnership

해설 문맥의 흐름을 보면, 손실된 배송품에 책임을 지기 위해서 배송업체는 회사의 제휴업체(partnership)를 선택해줄 것을 추천한 다는 내용이다. 블랭크 뒤에 있는 with를 보고 (A) compliance(따르다, 지키다, 순응하다)를 고르지 않도록 주의한다.

133
(A) disrupt
(B) recommend
(C) issue
(D) pay for

해설 동사 어휘를 고르는 문제, 파트 6에서는 문맥 흐름상 어울리는 단어를 고르는 것이 핵심 포인트다. 아이디나 비밀번호를 잊어버렸을 경우 접속할 수 없다는 내용 파악이 우선이다. 임시 아이디와 비밀번호를 발급해준다고 하므로 (C) issue(발행하다, 발급하다)가 정답이다. issue가 명사로 쓰이면, 매거진이나 신문의 '~호'를 나타내고, 동사로 쓰이면 '발행하다'의 의미를 갖는다.

134
(A) Copying ensures that you enter it correctly.
(B) You have to bring your photo ID card by noon.
(C) Many online banking system use the password-security measure.
(D) Please fill out the safety regulation survey completely.

해설 바로 앞 문장에서 임시 아이디나 비밀번호를 제공한다는 내용이 있으므로 '(A) 그것을 복사해서 정확하게 입력하시오'가 문맥상 어울린다. 실제로 자신이 이용하는 웹사이트의 임시 아이디를 발급받은 경우, 대부분 복잡한 임시 아이디나 비밀번호가 제공된다. 이를 복사해서 입력하는 경우가 많기 때문에 (A)가 정답으로 적절하다.

오답주의보 파트 6의 문장 집어넣기 문제는 정답이 세부적이다. 정답을 고르기 전에 문맥상 어울리지 않는 보기부터 삭제하는 것이 요령이다. 정오까지 신분증을 가져와야 한다는 (B)와 인터넷뱅킹 시스템은 보안 비밀번호 수단을 이용한다는 (C)는 문맥상 어울리지 않는다. 그리고 (D) 고객들에게 설문 조사를 작성해달라는 내용 역시 어색하다.

ACTUAL TEST 01 | ACTUAL TEST 02 | ACTUAL TEST 03 | ACTUAL TEST 04 | ACTUAL TEST 05

109

Notice of Construction Routine maintenance tasks ------- inspecting the bulbs on the **135.** every floor and repairing the malfunctioning air-conditioning system will be conducted ------- the weekend. All employees **136.** should check your office schedules and information on ordering bulbs. By performing appropriate maintenance works, employees can be positively effected in the working environment and they will experience shorter recovery times to get back to the -------. **137.** -------. We will try to minimize the inconvenience as much as we **138.** can. Thank you.	공사 공지 모든 층의 전구(형광등)의 점검과 에어컨디셔닝 시스템 수리 작업들을 포함한 정기 보수작업들이 주말에 걸쳐서 시행될 예정입니다. 모든 직원들은 사무실의 일정과 전구(형광등) 주문 정보들을 반드시 확인해 주시기 바랍니다. 적절한 보수작업들을 통하여, 직원들이 근무환경 속에서 긍정적인 영향을 받을 수 있으며, 신속한 복구로 업무가 정상으로 돌아올 것입니다. 만약 공사에 관한 질문이나 도움이 필요하다면, 매니저에게 연락해주세요. 우리는 최선을 다해 여러분들이 겪을 불편함을 최대한 줄일 수 있도록 노력하겠습니다. 감사합니다.

어휘 notice 공지, 주의, 주목 inspect 조사하다, 검사하다 bulb 전구, 등 repair 수리하다, 고치다(= fix) malfunction 기능 불량, 고장 maintenance 유지, 보수 environment 환경, 주위를 둘러싸는 것 minimize 최소로 하다 near 근처에, 옆에,throughout 내내, ~에 걸쳐서(+ 기간, 장소, 분야) district 지역, 지구, 선거구

135
(A) include
(B) includes
(C) including
(D) included

해설 보기는 품사 문제지만, 블랭크에는 기본 품사(명사, 동사, 형용사, 부사 등)가 올 수 없다. 블랭크 뒤에는 유지·보수작업의 예들을 나열하고 있으므로 정답은 전치사로 쓰이는 (C) including(~을 포함하는)이다.

136
(A) into
(B) near
(C) however
(D) throughout

해설 전치사와 접속부사를 구별하는 문제. 블랭크 뒤에 시간명사(the weekend 주말)가 등장한다. 접속부사인 (C) however(그러나)는 삭제되고 장소전치사인 (A) into(~ 속으로)와 (B) near(~ 근처에, ~ 옆에) 역시 삭제된다. (D) throughout은 기간이나 장소를 목적어로 취하는 전치사로 '~에 걸쳐서, 내내'의 의미를 갖는다.(throughout the weekend 주말에 걸쳐서)

137 (A) normal
(B) basic
(C) service
(D) district

해설 보기를 통해 명사 어휘 문제를 묻는 문제라는 것을 알 수 있다. 지문의 맥락이 사원들에게 보수공사를 공지하는 내용이다. 두 번째 문단은 이번 공사의 목적을 나타내고 있다. 문맥상 신속한 복구를 통해 업무가 다시 정상(normal)으로 돌아갈 거라는 내용이 적절하다.

138 (A) Feel free to contact us to confirm you the status of your shipment.
(B) If you need any assistance or have questions about the renovation, please speak to your manager.
(C) Please store its perishable items in the refrigerator.
(D) This is because the sensors will turn off the microwave oven promptly.

해설 공지문의 마지막 단락에 놓인 문장이다. 지문의 맥락(보수공사에 대한 공지)을 생각하면, '(B) 만약 공사에 관한 질문이나 도움이 필요하다면, 매니저에게 연락해주세요.'가 어울린다.

오답주의보 파트 6의 문장 집어넣기 문제는 정답을 고르기 전에 흐름상 어울리지 않는 보기부터 삭제해야 한다. (A)의 배송상태 확인에 관한 내용이나 (C)의 냉장 보관을 요하는 상하기 쉬운 음식에 대한 언급, 그리고 (D)의 전자레인지에 관한 설명 등은 흐름상 어울리지 않는다.

Questions 139-142 refer to the following memo.

Employee of The Year	올해의 사원상
The Twinkle Appliance would like to ------- all employees to attend an "Employee of The Year" at the banquet hall in the headquarter on December 31. The ------- of this award is to congratulate those who exceed and achieve their own goal. -------. So we prepared this spot. **139.** ... **140.** ... **141.** On the end of the year, everyone who works in Twinkle Appliance can participate in this event and there will be a(n) ------- after the awards presentations. You can receive a free dinner. Will you be gracing us with your presence that day? **142.** Participation is free, but reservation is required. To reserve your table, please contact me right away. Shawn Ray Human Resources Department Twinkle Appliance	트윈클 가전제품사는 12월 31일 본사 연회홀에서 열리는 '올해의 사원상' 시상식에 모든 사원들을 초대하고자 합니다. 이 시상식의 목적은 목표를 초과 달성한 사원들을 축하하고자 하는 자리입니다. 이번 년도의 성공은 모두 그들이 열심히 일해준 덕분입니다. 그래서 이 자리를 마련했습니다. 한 해의 마지막 날, 트윈클 가전제품사에서 일하는 모든 분들은 이벤트에 참석할 수 있으며 시상식 후에 파티가 있을 예정입니다. 만찬을 무료로 즐길 수 있습니다. 그날 오셔서 자리를 빛내주시겠습니까? 참가는 무료이지만 예약은 반드시 해주셔야 합니다. 테이블을 예약하려면, 지금 당장 저에게 연락해주세요. 숀 레이 인사부 트윈클 가전제품

어휘 headquarter 본사(= main office) achieve 이루다, 성취하다 participate in 참가하다, 참여하다 grace 우아, 세련 reserve 예약하다(= book) aim 목적, 목표 installation 설치, 설치작업 optimum 최적조건, 최적화 reception 응접, 접대

139 (A) promote
(B) recommend
(C) invite
(D) announce

해설 보기를 통해 동사 어휘 문제임을 알 수 있다. 지문의 맥락이 사원들에게 시상식 참여를 유도하고 있기 때문에 정답은 (C) invite(초대하다)이다.

140
(A) schedule
(B) aim
(C) possibility
(D) installation

해설 블랭크 뒤의 '목표를 초과 달성한 사원들을 축하하기 위해서(to congratulate those who exceed and achieve their own goal)'가 이번 시상식의 '<u>목적(aim)</u>'이다.

141
(A) Our this year's success can be attributed to their hard work.
(B) The employee was honored by the mayor with a special award.
(C) Please don't use your mobile phone while flying.
(D) As a result, the recipient received $ 50,000 in prize money.

해설 시상식의 목적을 말하고 있는 문단의 결론 부분이다. 사원들에게 감사 인사를 전하는 '(A) 이번 년도의 성공은 모두 그들이 열심히 일해준 덕분입니다.'가 정답으로 어울린다.

오답주의보 (B)는 시장님으로부터 받은 정부의 특별상과는 관련이 없기 때문에 삭제한다. (C) 비행 중 스마트폰을 사용하지 말라는 내용이나 (D)의 5만 달러 상금 수령은 지문과는 관련이 없다.

142
(A) reception
(B) dinner
(C) optimum
(D) competition

해설 새로운 문단에서 사원들에게 이벤트 참가를 권유하고 있으며, 블랭크 뒤에 있는 무료 식사 등을 통해 정답이 (A) reception(환영회, 파티)임을 알 수 있다.

Questions 143-146 refer to the following e-mail.

To: Nick Nelson<nelson@hotmail.com>

From: Subscription Service<customerrelation@healthyfoodnews.com>

Date: 4 October

Subject: Renewal

Dear my valued customer

We ------- to serve you as a premium subscriber for a year.
143.
-------, because the end of the next month is an expiration date.
144.

If you sign up in advance, we will provide advantages to you as a patron.

-------, under the agreement you will sign, you will receive a
145.
free copy of our new fitness magazine "Muscle Development."
Secondly, 20% discount voucher is now available for those who renew the subscription by October 31. In addition, we will send you a free bottle which is just the thing for a thank-you gift.

You can renew ------- by phone or by e-mail. Just call us
146.
today at 02) 394-2984 or e-mail me (customerrelation@ healthyfoodnews.com).

Sincerely,

Adam Lewis, Subscription Service, Healthy Food News

받는 사람: 닉 넬슨〈nelson@hotmail.com〉
보낸 사람: 고객관리부서〈customerrelation @healtyfoodnews.com〉
날짜: 10월 4일
제목: 갱신

소중한 고객께

1년 동안, 귀하를 프리미엄 구독자로 모실 수 있음을 기쁘게 생각합니다. 다음 달 말에 유효기한이 만료되기 때문에 귀하의 정기구독권 갱신을 부탁드리고자 이 글을 쓰게 되었습니다.

미리 등록하시면 후원 구독자인 귀하께 혜택을 제공할 것입니다.

가장 먼저, 서명하신 계약서의 조항에 따라, 귀하는 우리의 새로운 피트니스 매거진인 「근육 발달」 한 권을 무료로 받으실 겁니다. 두 번째로는, 10월 31일까지 등록하실 경우 20프로 할인도 받으실 수 있습니다. 또한, 감사선물로 물통을 무료로 보내드릴 예정입니다.

귀하께서는 전화나 이메일을 통해 선택적으로 갱신할 수 있습니다. 오늘 바로 02) 394-2984로 전화를 하시거나 이메일로 연락을 주시기 바랍니다(customerrelation@ healtyfoodnews.com).

감사합니다.

아담 루이스, 정기구독 서비스, 헬시 푸드 뉴스

어휘 subscriber 구독자, 정기구독자 in advance 미리, 앞서 bottle 병, 물병 therefore 그러므로, 따라서 first of all 우선, 우선적으로 prefer ~을 더 좋아하다(토익에서는 선택의문문 등에서 2개를 비교할 때 자주 쓰인다.)

143
(A) are pleased
(B) pleased
(C) have been pleased
(D) will be pleased

해설 회사에서 고객에게 보내는 첫 인사로 알맞은 표현을 고르는 문제다. 편지나 이메일은 현재시점으로 글을 쓴다는 특징이 있다. 정답은 현재시제를 나타내는 (A) are pleased(~하게 되어 기쁘다)이다.

144
(A) It should be signed by your immediate supervisor before appling for the service,
(B) It is just that I'm writing to remind you to renew your subscription,
(C) It is lower than those of the rival company,
(D) It can be done simply by clicking the "Payment" option on the web site,

해설 글의 제목이 renewal(갱신, 재등록)이고, 블랭크 뒤의 내용이 고객이 지금 등록하면 추가 혜택을 제공한다는 것이므로 '(B) 귀하의 정기 구독권 갱신을 부탁드리고자 이 글을 쓰게 되었습니다.'가 어울린다.

오답주의보 (A)의 직속 상관으로부터의 허가, (D)의 웹사이트에서 '입금'을 클릭하는 내용 등은 지문과는 전혀 관련이 없다.

145
(A) However
(B) Therefore
(C) If not
(D) First of all

해설 블랭크 뒤에 구독자가 구독 갱신 시 받을 혜택들이 나열되어 있다. secondly(두 번째로) 또한 정답의 단서가 된다. 정답은 (D) First of all(우선, 가장 먼저, 무엇보다).

146
(A) whether
(B) either
(C) prefer
(D) which

해설 블랭크 뒤에서 전화 혹은 이메일을 통해 갱신이 가능하다고 하므로 (B) either를 정답으로 고른다.(either A or B; A 또는 B, A나 B 둘 중 하나)

오답주의보 (A) whether 역시 whether A or B(A인지 B인지, ~인지 아닌지)로 쓰이지만, 해석상 선택의 의미가 아니므로 오답이다.

ACTUAL TEST 01 ACTUAL TEST 02 ACTUAL TEST 03 ACTUAL TEST 04 ACTUAL TEST 05

101

------- receive a copy of the expense report, you must complete the request form no later than Tuesday.
(A) Whereas
(B) Beyond
(C) In order to
(D) Upon

비용보고서의 복사본을 받기 위하여, 늦어도 화요일까지 요청서를 작성해야 한다.

해설 [전치사 / 접속사 / 접속부사 구별 문제] 블랭크 뒤에 동사원형이 있기 때문에 to부정사인 (C) In order to(~하기 위하여)를 정답으로 고른다.

오답주의보 양보부사절 접속사인 (A) Whereas(반면에)는 뒤에 완전한 문장을 이끌며, 장소전치사인 (B) Beyond와 (D) Upon은 오답이다.

어휘 expense 비용, 비용금액 compete 완료하다, 마치다 no later than 늦어도 ~까지(+시점) beyond 저쪽에, 넘어서(장소전치사) in order to ~하기 위하여(+ 동사원형), upon ~에, ~으로(전치사 on과 같음)

102

Mr. Herman will temporarily take care of sales manager duties to ------- a vacant position.
(A) fill in for
(B) apply
(C) interrupt
(D) prepare

허먼 씨는 공석인 직책을 대체하기 위하여 영업매니저의 업무를 임시로 맡을 것이다.

해설 [to부정사의 동사 어휘 문제] 블랭크 뒤에 있는 목적어(a vacant position 공석인 직책)와 어울리는 것은 (A) fill in for(~을 대신하다 = replace)다.

오답주의보 job opening(구인)과 관련된 (B) apply를 정답으로 고르지 않도록 주의한다. apply는 for와 함께 쓰여 '~에 지원하다, ~을 신청하다'의 의미를 갖는다. apply to(~에 적용하다)도 암기해두자.

어휘 temporarily 임시로, 일시적으로 take care of 처리하다, 돌보다 duty 임무, 의무 vacant 비어 있는, 공석의 fill in for 대신 일하다, 대신 떠맡다 interrupt 가로막다, 저지하다, 방해하다

103

According to the spokesperson at Trinidard Import, the ------- with Palco Holdings is expected to dominate the market share.
(A) merge
(B) merged
(C) merger
(D) merging

트리니다드 무역회사의 대변인에 따르면, 팔코 홀딩스와의 합병은 시장 점유율을 지배할 것으로 기대된다.

해설 [품사 문제] 빈칸은 관사(the)의 끝부분에 오는 명사자리이므로 보기 중에 명사인 (C) merger(합병)를 정답으로 고른다. 유의어로는 acquisition(인수)이 있다.

오답주의보 (A) merge가 인수·합병 등의 스토리에서 동사 문제로 출제될 때에는 with와 함께 쓰인다(~와 합병하다). acquire(~를 인수하다)는 바로 뒤에 목적어가 온다.

어휘 spokesperson 대변인 dominate 지배하다, 우위를 점하다 market share 시장 점유율 merge with ~와 합병하다(= M&A; merger(s) and acquisition(s) 기업 인수 합병에서 M을 의미)

104

The time record log system is very convenient for part-time workers because their working hours are recorded ------- by the new technology.
(A) automatic
(B) automation
(C) automatically
(D) automate

출퇴근 기록 로그 시스템은 새로운 기술에 의하여 업무시간을 자동적으로 기록해 주기 때문에, 파트타임 근로자들에게 매우 편리하다.

해설 [품사 문제] 완전한 문장 뒤의 빈칸은 부사자리. 보기 중에 부사인 (C) automatically(자동적으로)를 정답으로 고른다. 3형식동사 수동태인 are recorded 뒤에는 부사 이외에 어떤 품사도 올 수 없다.

어휘 convenient 편리한, 편안한, 사용하기 좋은 automatically 자동으로, 자동적으로

105

Every ------- customer is offered a pamphlet concerning the scheduled class information before signing up the lecture.
(A) prospective
(B) nominated
(C) impressed
(D) satisfying

모든 잠재 고객들은 강의를 등록하기 전에 강의시간표와 관련된 소책자를 제공받는다.

해설 [형용사 어휘 문제] 어휘 문제는 기본적으로 문장 전체의 개연성을 파악해야 한다. 강의를 등록하기 전(before signing up the lecture)에 소책자를 받는 사람은 현재의 고객이 아닌 '잠재 고객'이므로 (A) prospective(잠재적인, 유망한)를 정답으로 고른다.

오답주의보 고객 만족이라는 표현 때문에 (D) satisfying을 고르지 않도록 한다. 또한 감정과 관련된 단어가 형용사로 사용되는 경우, 블랭크 뒤가 사람일 때는 -ed, 사물일 때는 -ing를 쓰므로 satisfying은 어울리지 않는다.

어휘 concerning ~에 관한(= regarding) prospective 잠재적인, 잠정적인 nominated (후보로) 지명된, 임명된

106

At the board meeting, the directors will decide ------- to use daylight saving system in the headquarter building.
(A) how
(B) whether
(C) while
(D) since

이사진 회의에서 임원들은 본사 건물에 태양열 에너지 절약시스템을 사용할지 말지 결정할 것이다.

해설 [명사절 접속사와 부사절 접속사 구별 문제] 블랭크 앞에 동사(decide 결정하다)가 있기 때문에 블랭크는 명사 역할을 하는 접속사자리다. 부사절 접속사인 (C) while(~하는 동안, 반면에)과 (D) since(~ 이래로, ~ 때문에)는 탈락, 의미상 어울리는 (B) whether(~인지 아닌지)를 정답으로 고른다.

오답주의보 명사절 접속사 (B) whether는 to부정사를 유일하게 이끌 수 있고, decide와 determine과 같은 '결정하다'의 뜻을 가진 동사들과 함께 쓰인다. (A) how 역시 to부정사와 함께 쓰여, '어떻게 ~할지'로 사용되지만 의미상 어울리지 않는다.

어휘 whether ~인지 아닌지(명사절 접속사) daylight 일광, 낮, 주간

ACTUAL TEST 01　ACTUAL TEST 02　ACTUAL TEST 03　ACTUAL TEST 04　ACTUAL TEST 05

117

107

After researching the expected problems in a most careful manner, Ms. Melnick ------- a detailed report about the chemical manufacturing techniques.
(A) finish
(B) finished
(C) will be finished
(D) has been finished

예상되는 문제점들을 보다 면밀하게 검토한 이후, 멜닉 씨는 화학 제조기술에 관한 상세보고서를 끝마쳤다.

해설 [동사 문제] 동사 문제를 푸는 순서는 1단계: 수일치(주어-동사) → 2단계: 태와 시제 → 3단계: 해석이다. 주어가 3인칭 단수(Ms. Melnick)이므로 복수동사인 (A) finish는 탈락. 블랭크 뒤에 목적어(detailed report)가 있기 때문에 3형식 수동태 동사인 (C) will be finished와 (D) has been finished 역시 탈락된다. 의미상 미래형이 어울릴 것 같지만, (C) will be finished 역시 수동태이므로 뒤에 목적어를 취하지 못한다. 따라서 남는 보기인 (B) finished가 정답이다.

오답주의보 동사 문제를 풀 때 시제의 단서만 보고 정답을 고르면 오답 확률이 높아진다. 먼저 수일치와 태를 확인한 후에 시제의 단서를 찾는다. 그리고 시제일치에 적용되지 않는 시간·조건부사절 접속사인 after가 있다고 해서, 무조건 미래형 동사를 주절에 사용하지 않는다. 이 경우, after 뒤에 동사가 현재형이어야 주절에 미래형 동사를 쓸 수 있다.

어휘 manner 방법, 태도, 예의 chemical 화학의, 화학상의

108

Owing to the negative response to Coffee Friend Drinks, all investigators ------- concerns about the results of the pre-survey.
(A) expressed
(B) announced
(C) issued
(D) explained

커피 프렌드 드링크스의 부정적인 반응 때문에 모든 조사관들은 사전조사 결과에 관해 우려를 표현했다.

해설 [동사 어휘 문제] 보기는 모두 의견 따위를 '나타내다'라는 의미로 사용될 수 있지만, 블랭크 뒤에 감정(예: appreciation, concern 등)과 관련된 단어가 있으면 (A) expressed(표현하다)를 쓴다.

오답주의보 (B) announced(발표하다)와 (C) issued(설명하다)는 '언급하다'의 뜻을 지닌다. 이들은 일반적인 사실들을 목적어로 취하며, 이 문제처럼 감정 관련 어휘를 목적어로 취하지 못한다. 감정을 표현할 때는 express를 쓴다.

어휘 investigator 조사관, 연구자, 수사관 concern 염려, 걱정 express 표현하다 issue 발행하다, 발간하다

109

In order to receive the quick reimbursement, employees have to bring ------- of purchasing task-related items during their business travel.
(A) evidence
(B) evidential
(C) evidentially
(D) evident

신속한 상환을 받기 위하여, 사원들은 반드시 출장 중에 있었던 업무 관련 구매품목의 증거를 제출하여야 한다.

해설 [품사 문제] 블랭크는 동사 bring의 목적어(명사)자리다. 보기 중에 명사는 접미어 –ence로 끝나는 (A) evidence(증거; 사물명사)이다. 유의어로는 proof(증거, 증명)가 있다.

어휘 reimbursement 상환, 환급 task-related 업무와 관련된 business travel 출장, 일에 관련된 여행 evidence 증거, 증빙

110

A recent survey indicated that ------- 70 percent of existing subscribers plan to renew the subscription.
(A) approximate
(B) off
(C) mostly
(D) more than

최근 설문조사에서 현존하는 정기구독자의 70퍼센트 이상이 정기구독을 갱신할 계획이라는 것을 보여줬다.

해설 [부사 어휘 문제] 숫자 앞에 쓸 수 있고, 문맥과도 어울리는 부사를 골라보자. 숫자 앞에서 '~ 이상'의 의미를 갖는 (D) more than(= over)이 정답이다.

오답주의보 숫자 앞에 쓰이는 또 다른 부사로는 '대략, 약'이라는 의미의 approximately, nearly, almost, around 등이 있다. 단어를 정확하게 암기하지 않았다면, (A) approximate를 정답으로 고를 수 있다. approximate는 형용사로 숫자 앞에 사용하려면 –ly형태의 부사가 와야 한다.(approximately)

어휘 indicate 나타내다, 가리키다 existing 현존하는, 현재의 approximate (숫자, 수치 등에) 근접한, 가까운 more than ~이상(= over)

111

If a time-management training workshop ------- register for is full, the receptionist will put you on a waiting list.
(A) you
(B) your
(C) yourself
(D) your own

만약 당신이 등록한 시간관리 워크숍의 정원이 꽉 찼다면, 접수원이 당신의 이름을 대기자 명단에 올릴 것입니다.

해설 [인칭대명사 문제] 블랭크는 목적격 관계대명사의 주어자리이므로 보기 중에 주격인 (A) you를 정답으로 고른다. 참고로 목적격 관계대명사는 문장 내에서 생략된다. 목적격 관계대명사는 선행사가 목적어(명사) 역할을 하며, 관계대명사 다음에 <주어 + 동사>로 연결되고 목적어가 보이지 않으면 목적격 관계대명사 구문이다.

오답주의보 블랭크 뒤에 있는 register(동사)를 명사로 착각하여 소유격인 (B) your를 정답으로 고르기 쉽다. register for(~에 등록하다)는 동사구문이다.

어휘 register for ~에 등록하다 waiting list 대기표, 대기자 명단

112

Now that reliable and cost effective appliances can also be bought on-line, many traditional stores have become -------.
(A) tentative
(B) attentive
(C) popular
(D) obsolete

신뢰할 만하고 비용 효율이 높은 가전제품들을 온라인을 통해서도 구매할 수 있기 때문에, 많은 전통적인 매장들은 점점 없어져 가는 추세이다.

해설 [형용사 어휘 문제] 어휘 문제는 문장 전체에서 개연성을 찾는 것이 우선이다. 온라인 구매가 활성화되면서 오프라인 매장이 점점 쇠퇴해간다는 내용이므로 (D) obsolete(쓸모없어지는, 구식의, 한물간)를 정답으로 고른다.

오답주의보 초급자들에게는 난이도가 높은 문제다. 이러 유형의 문제는 보기의 단어를 모르더라도, 문장 전체의 개연성을 통해 블랭크에 우리나라 말로 어떤 단어가 어울릴지 유추하면서 정답에 접근하자.

어휘 reliable 믿을 만한, 신뢰가 가는 tentative 시험적인, 잠정적인 attentive 주의 깊은, 세심한 obsolete 쓸모없이 된, 폐품이 되어버린

113

------- all candidates for the sales representative position, Ms. Honaldo was the most valuable person.
(A) Yet
(B) In
(C) Of
(D) Since

영업 대표직에 지원한 모든 지원자들 중에 호날두 씨가 가장 적임자였다.

해설 [전치사 / 접속사 / 접속부사 구별 문제] 블랭크 뒤에 명사구(all candidates for the sales ~)가 등장한다. 보기 중에 전치사인 (B) In과 (C) of를 남긴 후에 이들을 구별한다. 최상급(the most valuable person) 표현은 비교 대상이 셋 이상일 때에 사용할 수 있다. of all candidates(모든 지원자들 중에서)는 비교 대상이 모든 사람들을 가리키기 때문에 최상급 표현과 어울린다.

어휘 representative 대표(사람명사), 영업사원 valuable 귀중한, 귀한

114

Unlike the other rival companies, Pandominimum Services offer employees a ------- incentive throughout the year.
(A) competition
(B) compete
(C) competitive
(D) competitively

다른 경쟁사들과 달리, 판도미니멈 서비스 사는 사원들에게 1년 동안 타사에 뒤지지 않는 인센티브를 제공합니다.

해설 [품사 문제] 명사 앞의 블랭크는 형용사자리다. 보기 중에 형용사는 competitively에서 –ly를 삭제한 (C) competitive(경쟁적인, 뒤지지 않는)다. competitive는 '일을 잘하면 잘할수록 더 좋은 대우를 받을 수 있다'는 의미이므로 salary(연봉, 월급), incentive(보너스), benefit(혜택) 등과 어울리는 어휘라는 것도 기억해두자.

오답주의보 블랭크 뒤에 있는 명사 incentive(보너스)를 –ive 형태의 형용사로 착각하여 부사인 (D) competitively를 정답으로 고르기 쉽다.

어휘 unlike ~와 달리 incentive 보너스 competitive 경쟁하는, 경쟁적인, 뒤지지 않는

115

Nobody except the executives can ------- accessing to the confidential data without permission.
(A) include
(B) authorize
(C) debate
(D) borrow

회사 중역들을 제외한 누구도 허락 없이 기밀 문서에 접근할 권한을 부여할 수 없다.

해설 [동사 어휘 문제] 조동사(can) 뒤에 어울리는 동사를 골라보자. 어휘 문제는 블랭크 앞뒤에서 단서를 찾는 품사 문제와는 다르게 문장 전체의 개연성이 중요하다. 특히 동사 어휘는 주어(nobody)와 목적어(accessing to the 기밀문서)와의 관계를 잘 고려해야 한다. 문맥상 (B) authorize(~에게 권한을 주다, 허락하다)가 잘 어울린다.

어휘 except ~은 제외하고 confidential 기밀의, 비밀의 without permission 허락 없이 authorize ~에게 권한을 주다, 허가하다 debate 토론하다, 논쟁하다, borrow 빌리다, 차용하다

116

The flight #125 to Amsterdam ------- until all mechanical problems are resolved well.
(A) will be delayed
(B) delayed
(C) has been delayed
(D) delaying

암스테르담으로 가는 125 비행기는 모든 기계적 결함들이 완전히 해결될 때까지 지연될 것입니다.

해설 [동사와 준동사 구별 문제] 보기 중에 단 하나라도 동사가 아닌 보기가 있다면, 먼저 블랭크가 동사자리인지 아닌지부터 판단해야 한다. 문장에 부사절 접속사 until이 있고 주절 역시 동사가 필요하므로 블랭크는 동사자리다. 먼저 (D) delaying을 삭제한 후, 수일치와 태와 시제를 구별하여 정답을 고른다. 블랭크 뒤가 막혀 있기 때문에 수동태 동사인 (A) will be delayed와 (C) has been delayed 중에서 정답을 고른다. 시간·조건 부사절에서는 동사가 현재형(혹은 현재완료)이면, 주절에 미래형을 쓴다는 시제일치의 예외 법칙이 적용된다. 따라서 정답은 미래 수동형인 (A) will be delayed이다.

오답주의보 시간·조건 부사절 접속사인 if, when, before, after, until, as soon as, once 등은 주절이 미래형이라도, 부사절에는 미래형 대신 현재형 동사 혹은 현재완료형 동사를 사용한다.

어휘 mechanical 기계적인, 기계의 resolve 해결하다, 풀다, 용해하다 delay 연기하다, 지연시키다(= postpone)

117

To comply with the safety regulation, Yellowcap Construction ------- that the protection equipment be equipped at all times.
(A) established
(B) specified
(C) indicated
(D) recommended

안전수칙을 따르기 위하여, 옐로우캡 건설사는 모든 안전장비들이 항상 갖추어져야 할 것을 권고했다.

해설 [동사 어휘 문제] 주장[요구, 제안, 의무]동사들은 that절과 함께 쓰일 때, 명령[권유]의 의미를 가지므로 should를 생략한다. that절의 동사원형인 be동사가 정답의 포인트로 be동사 앞에 should가 생략되었다. 보기 중에 주장동사는 (D) recommended(추천하다, 권고[권장]하다)이다.

오답주의보 해석상 (B) specified(명시하다)와 (C) indicated(지시하다)도 어울리지만, <주장동사 + that절 + 동사원형> 공식을 암기해두면 오답을 피해갈 수 있다. that절의 동사를 물어보는 경우는 that 앞의 동사가 '주장동사'인지 확인하는 습관을 갖도록 한다.

어휘 comply with ~을 따르다, 지키다 regulation 규칙, 수칙 be equipped with ~으로 갖춰져 있다 established 설립된 specified 명시된, 쓰여진

118

Since various products ------- from sports nutrition items to general beverages, consumers can conveniently purchase them through Kingsmall.com.
(A) spread
(B) divide
(C) range
(D) carry

스포츠 영양 보충제부터 일반 음료까지 다양한 제품들이 있기 때문에 고객들은 킹스몰에서 물건들을 편리하게 구매할 수 있다.

해설 [동사 어휘 문제] from A to B(A에서부터 B까지)는 범위를 나타낼 때 사용하는 구문으로 (C) range와 함께 쓰인다.(range from A to B; A에서 B까지 다양하다)

오답주의보 이 문제처럼 어휘 문제라도 개연성이 아닌 특정 표현을 덩어리로 암기해야 쉽게 풀리는 문제들이 있다. 예를 들어, 해석상 (B) divide(나누다)도 어울리는 것 같지만 divide는 전치사 into와 함께 사용된다. 어휘 암기의 폭을 넓혀야 고득점이 가능하다.

어휘 various 다양한 general 일반적인 through ~을 통해 spread 펼치다, 전개하다 divide 나누다, 쪼개다(into)

ACTUAL TEST 01 ACTUAL TEST 02 ACTUAL TEST 03 ACTUAL TEST 04 ACTUAL TEST 05

121

119

The purpose of the mentoring program is to ------- with the tasks for new employees during their first 3 months.
(A) familiarize
(B) familiar
(C) familiarized
(D) familiarly

멘토링 프로그램의 목적은 신입 사원들이 첫 3개월(수습기간)동안, 업무들에 익숙해지기 위함이다.

해설 [품사 문제] to부정사의 명사적 용법으로 쓰인 대표적인 <be + to부정사>구문이다. 일반적으로 주어의 목적이나 목표를 길게 설명할 때 쓰인다. 2형식문장에서 '주격보어로 명사(구)를 사용하여 내용을 길게 설명하려면 to부정사를 사용한다'고 생각하면 이해하기 쉬울 것이다.

오답주의보 초급자들에게는 다소 어려운 문제다. <주어(목적/목표) + be + to부정사(동사원형)>공식을 암기해두자!

어휘 familiarize 친하게 하다, 익숙하게 하다 task 업무, 일(= work)

120

Clients will be charged ------- $100 per day for our landscaping service, depending on the degree of the service difficulty.
(A) approximate
(B) approximation
(C) approximately
(D) approximated

서비스의 난이도에 따라 다르지만, 저희 조경업체를 이용하시는 고객들에게는 대략 하루 100달러의 요금이 청구됩니다.

해설 [품사 문제] 숫자 앞에 쓸 수 있는 부사를 알아두면 정답을 쉽게 고를 수 있다. 숫자 앞에 '대략, 약'이라는 의미로 쓰이는 부사는 approximately, nearly, almost, about, around 등이 있다. 이 문제는 출제 빈도가 높다.

어휘 charge 부과하다, 충전하다 landscaping 조경, 조경업 depend on ~에 의존하다, ~에 따라 다르다 degree 정도, 온도, 학위 approximately 대략, 약

121

A special article about the spending pattern will be released on March ------- of Market Business Magazine.
(A) order
(B) issue
(C) proposal
(D) accommodation

소비 패턴에 관한 특집기사는 마켓 비지니스 매거진의 3월호에 실릴 예정입니다.

해설 [명사 어휘 문제] 개연성을 찾아 문제를 푸는 전형적인 어휘 문제다. article(기사), release(출시하다, 발간하다), magazine(잡지, 출판물) 등과 어울리는 어휘는 (B) issue다.

오답주의보 판매와 관련된 스토리가 많은 토익의 특성상 (A) order(주문, 주문하다)를 정답으로 고를 수 있다. 개연성 파악에 중점을 두고 어휘 문제를 풀어보자.

어휘 pattern 모범, 본보기, 패턴(외래어) proposal 제안, 제안서 accommodation 숙박 시설, 수용

122

Unitas Academy will ------- local residents a free sample booklet to attract more visitors.
(A) offer
(B) merge
(C) accept
(D) approve

유니타스 아카데미는 더 많은 방문객들을 끌어모으기 위하여 지역 주민들에게 무료 샘플을 제공할 계획이다.

해설 [동사 어휘 문제] 토익에서 offer는 고객들에게 혜택을 제공한다는 의미로 자주 등장한다. 방문객(visitor)을 끌어모으기 위하여 지역 주민들에게 혜택 등을 '제공하다'가 어울리므로 정답은 (A) offer가 된다.

오답주의보 특히 사람명사와 사물명사 2개가 연달아 목적어자리에 올 수 있는 4형식 동사는 (A) offer밖에 없다.

어휘 attract 끌어들이다 merge 합병하다 approve 허락하다, 허가하다

123

There are very few ------- apartments in the capital due to the increasing home prices caused by property speculation.
(A) exceptional
(B) outstanding
(C) similar
(D) affordable

부동산 투기로 인해 주택가격이 올랐기 때문에 수도(도시)에는 적당한 가격의 아파트가 거의 없다.

해설 [형용사 어휘 문제] 이유의 부사구인 due to(~ 때문에)를 활용하면 정답을 쉽게 고를 수 있다. 부사구에 부동산 투기(property speculation)나 주택 가격 상승(increasing home prices) 등이 나오기 때문에 주절에도 가격을 의미하는 어휘가 필요할 것이다. 따라서 가격과 관련 있는 (D) affordable(누구나 구매할 수 있는, 적당한 가격의)을 정답으로 고른다.

오답주의보 (A) exceptional과 (B) outstanding는 모두 '뛰어난'의 의미를 지닌 긍정적 어휘. 이러한 단어들은 이유부사구(due to) 뒤에 긍정적인 요소가 있을 때에 고려해볼 수 있다.

어휘 capital 대도시, 수도 property 자산, 부동산 speculation 투기, 사색 exceptional 예외적인, 뛰어난(= outstanding) affordable (가격이) 알맞은, 적당한

124

At the Creation Appliance Exposition, the experienced manager will show you through the ------- of using a new vacuum cleaner made by Diben Korea.
(A) demonstration
(B) demonstrate
(C) demonstrating
(D) demonstrably

크리에이션 가전제품 박람회에서는 노련한 매니저가 디벤코리아의 새 진공청소기를 시연을 통해 소개할 것이다.

해설 [품사 문제] 전형적인 품사 문제로 먼저 자리를 고르고 정답을 찾으면 확률을 높일 수 있다. 보기는 관사의 끝에 걸린 명사자리다. 보기 중에 명사는 (A) demonstration(시연, 시위, 입증)이다.

오답주의보 동명사인 (C) demonstrating도 명사자리에 쓰이긴 하지만 뒤에 목적어가 있는 경우에만 명사자리에 올 수 있다.

어휘 exposition 박람회, 전람회 vacuum cleaner 진공청소기 demonstration 증명, 논증, 시연

125

The head of the accounting department announced that the company will ------- 20% of their workforce due to the restructuring policy.
(A) define
(B) reschedule
(C) dismiss
(D) consist of

회계부서의 이사진은 구조조정 정책으로 인해 전체 인력의 20퍼센트를 해고할 것이라고 발표했다.

해설 [동사 어휘 문제] 블랭크 뒤의 목적어는 인력(workforce)이고 이유의 부사구(due to) 뒤에 부정적 단어인 구조조정(restructuring)이 등장한다. 구조조정이 암시하는 '해고, 축소' 등을 생각하면, '인력을 줄이다, 해고하다'가 어울리므로 (C) dismiss(해고하다)를 정답으로 고른다. 유의어로는 remove(쫓아내다, 해고하다), retrench(긴축하다, 줄이다) 등이 있다.

어휘 workforce 총 노동력, 총 인력 restructuring 구조조정, 재편성 define 규정하다, 한정하다 dismiss 해고하다, 살해하다 consist of ~으로 구성되다, 이루어지다

126

Even if Ms. Priest expressed ------- in the receptionist position at Holland Hotel, she decided not to apply for the official job openings.
(A) interest
(B) interested
(C) interesting
(D) to interest

프리스트 씨는 홀랜드 호텔의 접수직원 자리에 관심을 표명했지만, 공식적인 채용 공고에는 지원하지 않기로 결정했다.

해설 [품사 문제] 빈칸은 express(표현하다, 표명하다)의 목적어자리이므로 명사인 (A) interest(관심, 흥미)가 어울린다. express 뒤에는 감정표현이 목적어로 온다는 것도 알아둔다.

오답주의보 블랭크 뒤에 있는 in을 보고 동사형태인 (B) interested를 정답으로 고르지 않도록 한다. 품사 문제는 자리를 먼저 찾고 정답을 고르는 습관을 들인다. 블랭크는 동사의 목적어(명사)자리다.

어휘 apply for ~에 지원하다 official job opening 공식적인 채용 공고, 공채

127

Due to the lucrative partnership, Red Entertainment is ------- to terminate a mutual contract with K-POP Digital.
(A) willing
(B) reliant
(C) reversible
(D) hesitant

수익성이 좋은 동업자여서 레드 엔터테인먼트는 케이팝 디지털과의 상호 계약을 끝내는 것에 주저하고 있다.

해설 [형용사 어휘 문제] 블랭크 뒤에 to부정사가 있다는 것을 파악하면 정답 고르기가 쉽다. 이유부사구(due to)에서 수익성이 좋은(lucrative) 파트너십 때문에 계약을 끝내는(terminate) 것에 '주저하다'라는 의미가 자연스럽다.

오답주의보 to부정사 때문에 (A) willing(기꺼이 ~하다)을 정답으로 고르기 쉽다. 하지만 willing은 이유부사구와 개연성이 전혀 없다.

어휘 mutual 서로의, 상호간의 reversible 거꾸로 할 수 있는, 뒤집을 수 있는 hesitant 망설이는, 주저하는

128

While Herald Department Store's annual sale is currently open to the public, an upcoming clearance sale will be ------- open for valued customers.
(A) creatively
(B) physically
(C) comfortably
(D) exclusively

헤럴드 백화점의 연례 세일은 현재 대중들에게 개방한 반면, 다가오는 재고정리 세일은 오로지 우수 고객들에게만 개방할 것이다.

해설 [부사 어휘 문제] 어휘 문제의 경우 문장에 부사절 접속사가 있으면 정답에 쉽게 접근할 수 있다. 양보부사절을 이끄는 while구문의 문장 구조는 <While(~ 반면에, 대조적으로) + open to the public(대중들에게 공개)>이고, 주절은 양보부사절과 반대의 의미를 지녀야 한다. 문맥상 '오로지 우수 고객들에게만(exclusively for valued customers)'이 어울린다.
어휘 open to the public 대중들에게 공개하다 clearance sale 재고정리 할인 physically 물리적으로 exclusively 독점적으로, 오로지

129

Vendors ------- have not yet enrolled in next month's New Auto Show should sign up for it immediately on account of its limited booths.
(A) which
(B) they
(C) who
(D) we

다음 달에 있을 새로운 오토쇼에 아직 등록하지 못한 행상인 여러분은 판매부스가 제한적이오니 즉시 등록해주시기 바랍니다.

해설 [인칭대명사와 관계대명사 구별 문제] 블랭크 앞에 vendor(상인, 행상인)라는 선행사(사람명사)가 있고, 블랭크 뒤에 동사(have not yet enrolled)가 있기 때문에 주격 관계대명사인 (C) who가 정답이다.
오답주의보 (B) they나 (D) we를 정답으로 고르지 않도록 한다. 최근의 출제 경향을 보면, 인칭대명사와 관계대명사가 혼합돼서 나오는 경우가 많기 때문에 각각의 문법 특징들에 대해 잘 알아두자. <사람 선행사 + who + 동사> 공식을 암기해두면 정답을 빠르게 찾을 수 있다.
어휘 enroll in ~에 등록하다 immediately 즉시, 곧바로 on account of ~이므로, ~ 때문에(= due to)

130

According to the official announcement, the engineering conference will begin ------- at 10 o'clock tomorrow in the press center.
(A) precisely
(B) precise
(C) precision
(D) preciseness

공식 발표에 따르면, 엔지니어링 회의는 내일 10시 프레스 센터에서 정시에 시작할 것이다.

해설 [품사 문제] 1형식 완전자동사(begin 시작하다) 다음에 있는 블랭크는 부사(precisely)자리다.
오답주의보 토익 시험에 자주 출제되는 완전자동사를 암기하지 않았다면, 블랭크를 동사의 목적어자리로 오인하여 (C) precision(정확, 정밀)나 (D) preciseness(정확성, 정밀성)를 정답으로 고를 수 있다. <완전자동사 + 부사> 공식을 암기해두자!
어휘 According to (내용)에 따르면 precisely 정확하게, 바로

Questions 131-134 refer to the following article.

Last month, Truth Catering, one of the best food company in the country, announced that they will ------- 100% of all ingredients
131.
as organic products. Over the next 3 years, the company plans to be finished completely. These days, ------- people living
132.
in USA are becoming more health-conscious, nutritious and organic meals are the main concern as a well-being lifestyle.

"I hold it my duty to provide good food to people," said Italian President Sylvia Taylor in an interview last month. -------, so it is
133.
going to be an excellent year for the company. According to the recent survey, it has ------- 90 percent customer satisfaction &
134.
expectation rating.

지난달, 현재 국내에서 가장 유명한 음식 업체 중 한 곳인 트루스 케이터링은 모든 음식 재료를 100퍼센트 유기농으로 바꿀 것이라고 발표했다. 트루스 케이터링은 앞으로 3년 동안, 이 계획을 완전히 끝마칠 계획이다. 요즘, 미국 사람들은 건강에 대한 염려와 관심이 점점 증가하면서, 영양과 유기농 식사가 웰빙 라이프로 주요 관심사가 되었다.

"저는 사람들에게 질 좋은 음식을 제공할 의무를 가지고 있습니다."라고 이탈리아 출신의 회장인 실비아 테일러가 지난달 인터뷰에서 말했다. 음식 전문가들 역시 이러한 유기농 음식산업이 좋은 평판을 가져올 것으로 예측했고, 실제로 이 회사(트루스 케이터링) 역시 매우 성공적인 한 해를 보내고 있다. 최근 설문 조사에 따르면, 거의 90 퍼센트 이상의 고객들이 만족도와 기대치에 높은 점수를 부여했다.

어휘 catering 출장외식(뷔페)업체 ingredient 음식 재료 organic 유기농의, 농약을 하지 않은 conscious 의식하고 있는, 알고 있는 be going to ~하려고 하다, ~할 예정이다(+ 동사원형) alter 바꾸다, 교체하다 around 대략, 약

131
(A) alter
(B) meet
(C) order
(D) adjust

해설 문단의 주요 맥락이 '음식 재료를 100퍼센트 유기농으로 바꾼다'는 것이다. 따라서 alter A as B(A를 B로 변경하다, 바꾸다) 표현이 문맥상 자연스럽다.

132
(A) although
(B) however
(C) as
(D) due to

해설 보기를 통해 전치사 / 접속사 / 접속부사를 구별하는 문제임을 알 수 있다. 블랭크 뒤에 완전한 문장이 있으므로 접속부사인 (B) however(그러나)와 전치사인 (D) due to(~때문에)를 삭제한다. 원인과 결과의 문장이므로 이유접속사인 (C) as를 정답으로 고른다.

133
(A) He started working as an intern in the payroll department,
(B) These include sports competitions, dance classes and more,
(C) The policy is specifically designed for those who live in the Italia,
(D) Food industry analysts also predicted that such an organic food industry will bring good reputation,

해설 앞 문장의 '좋은(유기농) 음식을 제공하는 것이 우리의 의무'라는 회사 대표의 말과 뒤 문장의 '이번 년도의 성공적인 회사 실적과 고객 만족' 사이에 들어갈 수 있는 보기를 찾아보자. 문맥상 '(D) 여러 음식 전문가들 역시 유기농 음식산업이 앞으로 좋은 평판을 가져올 줄 것이라고 예측했다.'가 어울린다.

오답주의보 파트 6 문장 집어넣기 문제는 정답이 세부적인 내용으로 나오는 경우가 많기 때문에 정답을 고르기 전에 흐름상 어울리지 않는 보기부터 삭제해야 한다. (B)의 스포츠 대회나 댄스 수업 등의 내용이나 (C)의 이탈리아에 거주하는 사람들을 위한 정책 등은 흐름상 어울리지 않는다.

134
(A) soon
(B) already
(C) around
(D) agreeably

해설 보기 중에 숫자 앞에 쓰이는 '대략, 약'이라는 뜻을 가진 부사는 (C) around다.

오답주의보 around가 장소전치사로 쓰이는 경우 '주변에'의 뜻을 갖지만, 부사로 사용되기도 한다.

To: Hide Yahadaki<hide@naver.com> From: Yohan Blake<blake@koyote.com> Good afternoon! It has been 11 months since your teeth check. I am writing to ------- you that your teeth check-up is **135.** approaching. As you know, most of the dentists recommended that all patients check their teeth and ------- annually. Regular **136.** visit is ------- so please call us to schedule an appointment. **137.** -------. Therefore, the clinic is closed this weekend. We will **138.** reopen at the new location next Monday. We always care about your teeth health. If you have any question, please contact the below number. Sincerely, Yohan Blake Koyote Dental Clinic. 02)837-9928	받는 사람: 히데 야하다키<hide@naver.com> 보내는 사람: 요한 블레이크<blake@koyote.com> 좋은 오후입니다. 귀하께서 마지막으로 치아건강 검진을 받으신 지 11개월이 지났습니다. 매년 정기점검 날짜가 다가와서 알려드리고자 이메일을 보내드립니다. 아시다시피, 대부분의 치과의사들은 치아와 잇몸 검진을 매년 한 차례씩 받는 것을 권고합니다. 그래서 정기적인 방문이 필수입니다. 저희에게 전화하셔서 예약날짜를 잡으시기 바랍니다. 또 하나 중요한 사실은 이번에 저희 병원이 현재 주소의 건너편 새로운 곳으로 이전한다는 것입니다. 그러므로 이번 주말에는 휴진입니다. 다음 주 월요일 새로운 곳에서 다시 문을 열 예정입니다. 저희는 항상 귀하의 치아 건강에 신경 쓰고 있습니다. 질문이 있으시면, 아래의 번호로 연락 주세요. 감사합니다. 요한 블레이크. 교토 치과 클리닉. 02)837-9928

어휘 approach 가까이 가다, 접근하다 patient 환자 contribute 기여하다, 기부하다, 기고하다 allow 허락하다, ~하게 만들어 주다 gums 잇몸 imperative 중요한, 필수적인 fluent 유창한, 능수능란한

135

(A) remind
(B) allow
(C) contribute
(D) order

해설 편지나 이메일 등의 서신류의 초반부에 등장하는 대표적인 구문은 I'm writing to (announce / remind / notify)~이다. to 다음에 동사원형을 사용하여, '~을 말씀드리고자 / 상기시켜드리고자 / 알려드리고자 편지를 씁니다'의 의미를 갖는다. 정답은 (A) remind(상기시키다).

136
(A) law
(B) family
(C) finance
(D) gums

〔해설〕 A and B 병렬[치]구문을 이용한 명사 어휘 문제다. 지문의 맥락과 보내고 받는 사람 등을 살펴보면, 치과에서 환자에게 보낸 이메일이라는 것을 알 수 있다. 따라서 and 앞에 있는 명사(their teeth 그들의 치아)와 어울리는 명사인 (D) gums(잇몸)를 정답으로 고른다.

137
(A) attractive
(B) informative
(C) imperative
(D) fluent

〔해설〕 보기를 통해 형용사 어휘 문제임을 알 수 있다. 파트 6에서 어휘 문제는 앞뒤 문장의 흐름(개연성)과 어울리는 표현을 정답으로 고르는 것이 포인트다. 앞 문장에서 의사들의 권고사항을 인용한 것으로 보아, '정기 점검이 필수적(imperative)'이라는 의미가 적절하다. 유의어로는 essential(필수적인, 본질적인), necessary(필요한, 필연적인) 등이 있다.

138
(A) All signs should be posted on the bulletin board.
(B) During the business hours, only one physician can diagnosis their illness.
(C) Another significant fact is that we will relocate the office to a new place opposite the current address.
(D) However, most of the patients can not vote on their favorite locations.

〔해설〕 블랭크는 문단의 시작 부분으로 뒤에 이어지는 내용을 한 번에 요약하는 문장을 정답으로 고르는 것이 포인트다. 뒤의 내용은 '이번 주말에 휴진, 그리고 다음 주에 새로운 곳에서 다시 문을 연다'이므로 정답은 '(C) 또 하나 중요한 사실은 이번에 저희 병원이 현재 주소의 건너편 새로운 곳으로 이전한다는 것입니다.'이다.

〔오답주의보〕 파트 6의 문장 집어넣기 문제는 정답의 내용이 세부적이다. 문맥상 어울리지 않는 보기부터 삭제하자! (B)의 영업시간에 가능한 진료와 의사에 대한 언급이나 (D)의 좋아하는 장소의 투표 언급 등은 문맥과는 관련이 없다.

An invitation to the TOP Broadcasting Celebration On March 22, TOP TV will celebrate its 20th anniversary. For the past 20 years, we ------- many innovative variety shows, **139.** brave political news, exciting entertainment programs and more. Especially, we were ------- by the mayor with a Best Entertaining **140.** Show Award last year. We will gather here upcoming Saturday to congratulate them for 20th anniversary so we invite you to celebrate with us on Saturday 1 P.M. at the TOP main studio. There will be fantastic events ------- a complimentary meal and meeting with famous **141.** entertainers. -------. **142.** We look forward to seeing you soon. We'll be there. From TOP TV	TOP 방송사 축하행사 초대장 3월 22일, TOP TV는 20주년 기념일을 축하하고자 합니다. 지난 20년 동안, 저희는 많은 혁신적인 버라이어티쇼와 용감한 정치 뉴스, 흥미로운 예능 프로그램들 등을 제작해왔습니다. 특히 작년에는 시장님에게 베스트 예능상을 받았습니다. 20주년을 축하하기 위하여 다가오는 토요일에 모일 계획입니다. 그래서 귀하를 토요일 오후 1시 TOP 메인 스튜디오로 초대합니다. 무료 식사와 유명 예능인들과 만남 등을 포함하여 환상적인 이벤트들이 진행될 예정입니다. 이 이벤트는 모든 대중들에게 공개로 진행하지만, 좌석의 한계로 인해 선등록이 필수라는 점을 기억해주시기 바랍니다. 곧 뵐 수 있기를 고대하며, 그곳에서 뵙겠습니다. TOP TV로부터

여휘 celebrate 축하하다 innovative 혁신적인 political 정치적인 mayor 시장 upcoming 오는

139
(A) created
(B) have created
(C) will create
(D) was created

해설 보기를 통해 시제를 묻는 문제임을 알 수 있다. 블랭크 앞에 있는 For the past 20 years(지난 20년 동안)를 단서로 활용한다. 이 표현은 현재완료형과 어울리므로 (B) have created(만들어 왔다; 과거부터 현재까지)를 정답으로 고른다. <전치사(in, for, over) + 과거기간 = 현재완료형의 단서>라는 공식을 암기해두자.

140

(A) honored
(B) considered
(C) disrupted
(D) startled

해설 동사 어휘를 묻고 있다. 첫 단락의 첫 번째 문장에서 20년 동안 다양한 프로그램을 제작해오고 있는 TOP 방송사의 장점을 소개(자랑)하고 첫 단락 마지막 문장에서 베스트 예능상 수상(Best Award) 경력을 말하고 있다. 보기 중에 장점, 예능상 수상 등과 잘 어울리는 동사는 (A) honored(기념하다, 감사히 받다, 존중하다)이다.

141

(A) include
(B) included
(C) including
(D) will include

해설 동사와 준동사를 구별하는 문제. 문장에 will be라는 정동사가 있으므로 동사인 (A) include와 (D) will include는 삭제되고, 블랭크 뒤에 목적어를 취할 수 있는 (C) including(~을 포함하는)을 정답으로 고른다. 전치사 including은 여러 가지 내용들을 나열할 때 쓴다.

142

(A) The event was originally organized by several celebrities.
(B) **This event is open to the public, but advanced registration is recommended due to the limited seats.**
(C) Be aware that the deadline of the construction project is postponed until next Saturday.
(D) The free meals are being served in the cafeteria.

해설 초대장을 마무리하면서 결론지을 수 있는 내용을 정답으로 고른다. 20주년 기념 이벤트를 소개하면서 이 행사에 귀하를 초대하고 싶다는 내용이다. 따라서 정답은 '(B) 이 이벤트는 모든 대중들에게 공개로 진행하지만, 좌석의 한계로 인해 선등록이 필수라는 점을 기억해주시기 바랍니다.'가 어울린다.

오답주의보 정답을 고르기 전에, 흐름상 어울리지 않는 보기부터 삭제하는 것이 포인트다. (A)는 정답처럼 보이긴 하지만 시제가 맞지 않고(과거형), (C)는 건축 공사의 내용을 말하고 있으므로 문맥상 어울리지 않는다.

Questions 143-146 refer to the following e-mail.

To: Elizabeth Sara<elizabeth@hotmail.com>

From: Clients Relation Department<customers@bestfurniture.com>

Date: Monday, 13 October, 9:22 A.M.

Subject: Your inquiry

Enclosure: coupon-20%

Dear Sara

Thanks for your recent questions and comments on our web site regarding the instruction for the HHIT Convertible Chair set you ordered. -------. ------- we received this problem 3 days **143.** **144.** ago, our editing department immediately revised the problems of the section.

You can find the ------- version of the instruction on the web site **145.** or we can send you an e-mail with a(n) ------- file if you want. **146.** Furthermore, we decided to offer a discount coupon for your future orders as an apology for your inconvenience.

Thank you for your understanding. We hope to see you soon!

Sincerely,

Mohamad Jackson

Clients Relation Department

Best Furniture

받는 사람: 엘리자베스 사라<elizabeth@hotmail.com>
보낸 사람: 고객관리부<customers@bestfurniture.com>
날짜: 월요일, 10월 13일, 오전 9시 22분
제목: 귀하의 질문
첨부파일: 20% 할인 쿠폰

사라 씨께

귀하께서 주문하신 HHIT 컨버터블 의자세트의 설명서에 관하여 웹사이트에 질문과 의견을 남겨주셔서 감사드립니다. 매뉴얼에 몇몇 페이지가 누락되고 잘못 인쇄된 것에 대해 사과드립니다. 저희는 3일 전에 이 문제점을 보고받자마자 편집부서에서 해당 부분을 곧바로 수정했습니다.

귀하께서는 웹사이트에서 최신본을 확인하실 수 있으며 원하신다면, 첨부파일로 보내드리겠습니다. 뿐만 아니라, 귀하의 불편에 대한 사과의 의미로 다음 구매 시에 사용하실 수 있는 할인 쿠폰을 보내드립니다.

이해해주셔서 감사드립니다. 곧 다시 뵙기를 바랍니다!

감사합니다.

모하마드 잭슨
고객관리부
베스트 가구점

어휘 recent 최근의 revise 교정하다 furthermore 게다가 inconvenience 불편

132

143
(A) Make sure that all deliveries are made within 50 hours.
(B) I am sorry about that I could not accept your application this year.
(C) The product is currently out of stock owing to the limited edition.
(D) We are very sorry that a few pages of this manual are missing and misprinting.

[해설] 블랭크 뒤의 문장과 첫 문단에서 3일 전에 고객으로부터 받은 문제점을 언급하고 있다. 블랭크에는 고객에게 사과하는 내용이 들어가야 한다. 따라서 정답은 '(D) 무엇보다 매뉴얼에 몇몇 페이지가 누락되고 잘못 인쇄된 것에 대해 사과드립니다.'이다.
[오답주의보] 파트 6 문장 집어넣기 문제는 정답이 세부적인 내용으로 나오는 경우가 많기 때문에 정답을 고르기 전에 흐름상 어울리지 않는 보기를 삭제한다. (B) 역시 사과문이지만 지원자(applicant)에게 보내는 내용이므로 알맞지 않다. 그리고 (C)의 한정판의 품절이나 (A)의 배송되는 기간을 말하는 것 역시 문맥상 어울리지 않는다.

144
(A) Given
(B) In case
(C) Moreover
(D) As soon as

[해설] 전치사 / 접속사 / 접속부사를 구별하는 문제, 블랭크 뒤에 완전한 2개의 문장이 있기 때문에 부사절 접속사인 (B) In case(~할 경우에 대비하여)와 (D) As soon as(~하자마자)를 남긴다. 해석상 '문제점을 <u>받자마자</u> 편집부에서 즉시 수정에 들어갔다(<u>As soon as</u> we received this problem 3 days ago, our editing department immediately revised the problems)'라는 내용이 어울린다.

145
(A) noted
(B) composed
(C) original
(D) updated

[해설] 첫 문단의 후반부에 '문제되는 부분에 수정 작업을 했다'고 말하므로 문맥상 (D) updated가 어울린다. updated version 최신본

146
(A) attached
(B) purchased
(C) extensive
(D) amazing

[해설] 고객이 원하면 수정된 버전을 첨부파일로 보내주겠다는 내용이므로 정답은 (A) attached(첨부된, 동봉된)다.

 ACTUAL TEST 01 ACTUAL TEST 02 ACTUAL TEST 03 ACTUAL TEST 04 ACTUAL TEST 05

PART 5

101

The next year's Collorado Business Convention ------- to invite Mike O'Hearn, a notable economist on global market trend.
(A) is expected
(B) expected
(C) is expecting
(D) will expect

내년의 콜로라도 비즈니스 컨벤션에는 글로벌 시장 동향에 저명한 경제학자인 마이크 오헌이 초대될 것으로 예상된다.

해설 [동사 문제] 동사 풀이공식 1단계인 수일치(주어-동사)로는 정답을 가릴 수 없다. 2단계인 태와 시제로 판단해보자. 주어가 사물(convention)이고 블랭크 뒤에 목적어가 없다. 따라서 수동태 동사인 (A) is expected(기대된다)가 정답이다.

오답주의보 next year's라는 단서만 보고 능동태 미래형 동사인 (D) will expect를 정답으로 고르지 않도록 한다. 3형식동사의 수동태는 목적어를 취하지 않고 뒤가 막혀 있다는 특징을 생각하면 쉽게 풀린다. 또한, expect, anticipate, predict처럼 '예상하다, 기대하다'의 동사들은 미래의 의미를 갖는다는 것도 기억해두자.(아직 일어나지 않은 일에 대한 예상과 기대)

어휘 notable 저명한, 유명한 expect 예상하다, 기대하다

102

Experts ------- are in charge of the performance review will attend the HR conference in the headquarter.
(A) which
(B) that
(C) they
(D) those

업무 평가를 담당하고 있는 전문가들이 본사에서 열리는 인사부 회의에 참석할 것이다.

해설 [인칭대명사와 관계대명사 구별 문제] 블랭크 앞에 선행사로 사람명사(expert 전문가)가 있고, 블랭크 뒤에 동사(are)가 있다. 이를 통해 블랭크는 주격 관계대명사(who)자리임을 알 수 있다. 보기 중에 who를 대체할 수 있는 관계대명사는 (B) that이다.

오답주의보 that이 명사절 접속사가 아닌 관계대명사로 쓰이는 경우, 주격 관계대명사인 who와 which를 대체할 수 있다.

어휘 experts 전문가들 be in charge of ~(업무)을 담당하다 performance review 업무 평가, 인사 고가 headquarter 본사

103

The current payroll system should be updated to calculate and record employees' working hours -------.
(A) accurate
(B) accurately
(C) accuracy
(D) accurateness

현재의 임금지급 시스템은 직원들의 근무 시간을 정확하게 기록하고 계산하기 위하여 업데이트가 필요하다.

해설 [품사 문제] 블랭크는 완전한 문장 뒤에서 동사를 수식하는 부사자리이므로 (B) accurately(정확하게)가 정답이다.

어휘 payroll 임금지급, 급료총액 accurately 정확하게, 정밀하게

104

The maintenance team has recently ------- a thorough investigation to inspect the defective equipment.
(A) gained
(B) removed
(C) proposed
(D) implemented

유지보수 관리팀은 결함 있는 장비들을 점검하기 위하여 최근 면밀한 조사작업을 시행했다.

해설 [동사 어휘 문제] 블랭크 뒤에 있는 investigation(조사)을 목적어로 취할 수 있는 동사는 (D) implemented(시행하다, 수행하다)이다. implement는 policy(정책)나 program(프로그램)과 같은 단어들을 목적어로 취한다.

어휘 maintenance 유지[보수] 작업 thorough 철저한, 꼼꼼한 investigation 조사, 연구 remove 제거하다, 없애다 propose 제안하다, 요구하다; 주장[요구, 제안, 의무]동사

105

Mr. Belinto will be ------- to be responsible for editing project while the chief editor leaves for business trip to Manhattan.
(A) escalated
(B) instructed
(C) proved
(D) assigned

편집장이 맨해튼으로 출장 가 있는 동안, 벨린토 씨가 편집프로젝트 업무를 담당할 것이다.

해설 [동사 어휘 문제] <assign(업무를 할당하다, 떠맡다) + to부정사>구문은 '업무에 대한 세부적인 내용이나 해당 업무를 맡는 상황'을 나타낼 때 사용한다.

어휘 edit 편집하다, 교정하다 business trip 출장 escalate 단계적으로 확대시키다, 상승시키다 instruct 지시하다, 가르치다, 알려주다 prove 증명하다, 증빙하다 assign (업무)를 할당하다, 배부하다

106

May Heart Foundation is a domestic non-profit ------- that assists over 50 charities around the nation.
(A) organize
(B) organized
(C) organization
(D) organizing

메이 하트 파운데이션은 전국에 50개 이상의 자선 단체를 후원하고 있는 국내 비영리 단체이다.

해설 [품사 문제] 블랭크 뒤에 있는 주격 관계대명사 that의 선행사인 명사를 고르는 문제다. 또한 2형식구문으로 주어인 May Heart Foundation과 동격을 이루는 주격보어 명사자리이기도 하다. 따라서 명사인 (C) organization(단체, 기관, 협회)이 정답이다.

어휘 domestic 국내의, 가정의 non-profit 비영리의, 돈이 목적이 아닌 charity 자선, 자애, 자비 organize 조직하다, 구성하다

ACTUAL TEST 01 ACTUAL TEST 02 ACTUAL TEST 03 ACTUAL TEST 04 ACTUAL TEST 05

107

Please note that the materials on the meeting agendas will be ------- to all attendees at the entrance.
(A) distributed
(B) contributed
(C) fastened
(D) commented

본 회의안건에 관한 자료들은 입구에서 모든 참가자들에게 배포될 것입니다.

해설 [동사 어휘 문제] 주어가 paper(서류, 종이)류인 material(자료)과 agenda(회의안건)이고, 블랭크 뒤에는 방향전치사인 to(~에게)가 있다. 이를 근거로 (A) distributed(배포하다)를 정답으로 고른다. distribute는 '배포하다, 유통하다'의 의미를 갖고 있으며 전치사 to와 함께 쓰여 누구에게 자료들을 나누어주는 상황을 나타낸다.(= pass out, hand out)

오답주의보 (B) contributed를 정답으로 고르지 않도록 주의한다. contribute 역시 전치사 to와 함께 쓰이지만, '기여하다, 기부하다, 투고하다'의 의미를 갖는다.

어휘 material 재료, 감, 요소 agenda 회의 안건 distribute 유통하다, 배포하다 contribute 기부하다, 기여하다 fasten 묶다, 채우다

108

The head of the personnel division required that all applications including the reference letter be submitted ------- 5:00 P.M. on Friday.
(A) in advance
(B) before
(C) prior to
(D) ahead of

인사부장은 추천서를 포함한 모든 지원서들이 금요일 오후 5시 전까지 제출되어야 한다고 요구했다.

해설 [전치사와 부사 구별 문제] 이런 문제 유형은 전치사 / 접속사 / 부사 구별 문제와는 달리, 보기가 모두 같은 뜻(~ 이전에)을 가지고 있기 때문에 각각의 특징들을 고려하여 정답을 골라야 한다. 부사인 (A) in advance(미리, 이전에)는 문장 후미에 쓸 수 있고, (C) prior to(~보다 이전에) 뒤에는 직접적인 시간표현 대신 시간을 의미하는 일반명사가 와야 한다. 또한, (D) ahead of(~ 앞서, 미리)는 schedule이라는 명사와 함께 쓰인다. 시간전치사인 (B) before가 직접적인 시간표현(금요일 오후 5시)과 함께 쓰인다.

어휘 including ~을 포함하는, 포함하여 reference letter 추천서(= recommendation letter) prior to ~ 이전에

109

According to the recent findings released last week, the frequent customers reacted ------- to the company's strict security policy about the password.
(A) favorable
(B) favorite
(C) favorably
(D) favor

지난주에 발표된 최신 연구결과에 따르면, 비밀번호에 관한 회사의 엄격한 안전보호정책에 단골고객들은 긍정적으로 반응했다.

해설 [품사 문제] 자동사 react는 전치사 to와 함께 어울려 '~에 반응하다'의 의미를 갖는다. 완전한 문장 사이에 올 수 있는 부사를 고르는 문제이므로 정답은 (C) favorably(호의적으로, 긍정적으로)다.

오답주의보 react가 자동사라는 것을 모르면 블랭크를 동사의 목적어자리로 오인하여 명사인 (D) favor(호의)를 정답으로 고를 수 있다.

어휘 finding (연구, 조사의) 결과, 발견물 frequent customer 단골고객(= patron) strict 엄격한, 엄한

136

110

Kinko Electronics ------- that buyers read the enclosed booklet carefully before installing the products.
(A) recommends
(B) indicates
(C) postpones
(D) hosts

킨코 일렉트로닉스사는 구매자들에게 제품을 설치하기 전에 첨부된 소책자를 자세하게 읽어볼 것을 추천한다.

해설 [동사 어휘 문제] 주장[요구, 제안, 의무]동사는 that절 뒤에 should가 생략되고 동사원형(read)을 취한다. 보기 중에 주장동사는 (A) recommends(추천하다)이다.

어휘 enclosed 동봉된, 첨부된 booklet 소책자 indicate 나타내다, 가리키다(= state) postpone 연기하다, 미루다 host 개최하다, 주최하다

111

When clients visit the "Not/True" section of our web site, they can find the online instruction ------- in solving any problems they encounter.
(A) help
(B) helpful
(C) helpfully
(D) helped

고객들이 웹사이트의 'Not/True' 섹션에 방문하면, 그들이 마주한 여러 문제들을 해결할 수 있도록 도움이 되는 온라인 설명서를 찾을 수 있다.

해설 [품사 문제] 얼핏 보면, 완전한 문장 뒤에 올 수 있는 부사를 고르는 문제인 것 같지만, 5형식동사인 find의 목적격보어인 형용사를 고르는 문제다. 목적어를 꾸며주는 목적격보어(형용사)는 목적어(명사) 뒤에 위치한다. 따라서 형용사인 (B) helpful(도움이 되는)이 정답이다.

어휘 solve (문제점 등을) 해결하다, 풀다 encounter 우연히 마주치다, 마주하다

112

------- you are relaxing at the luxury hotel or enjoy outdoor activities, like boating, Sunset Tour Agency is best for you.
(A) Either
(B) Whether
(C) Neither
(D) Since

럭셔리한 호텔에 잠시 쉬는 목적이든 보트 타기와 같은 야외활동을 즐기는 목적이든 선셋여행사는 당신에게 최고의 선택입니다.

해설 [접속사 문제] 블랭크 뒤의 or와 어울리는 상관접속사를 고른다. or와 어울리는 상관접속사는 Either(어느 하나)와 Whether(~인지 아닌지)가 있다. 해석상 '둘 중 하나를 선택하는 것'이 아니라 '둘 다를 포함'하기 때문에 정답은 (B) Whether이다.(Whether A or B; A이든 B이든)

오답주의보 뒤에 있는 or를 보고 (A) Either를 정답으로 고르지 않도록 주의한다.(either A or B; A이거나 B, 둘 중 하나)

어휘 activity 활동, 행동, (여러) 활동 범위 is best for ~에 최선이다, ~로 가장 좋다

ACTUAL TEST 01 ACTUAL TEST 02 ACTUAL TEST 03 ACTUAL TEST 04 ACTUAL TEST 05

113

After 5 years of the operation, our facilities ------- thorough inspections to ensure we meet the safety standards.
(A) respected
(B) assessed
(C) underwent
(D) employed

5년을 운영한 후에, 시설은 안전수칙을 확실하게 충족시키기 위해 철저한 검사를 받았다.

해설 [동사 어휘 문제] undergo는 '(어려움)을 겪다'로 쓰이지만, 토익에서는 부정적인 스토리보다는 renovation(보수 공사), 세무나 시설 점검 및 조사(inspection) 등의 단어와 어울려 자주 출제된다. 정답은 undergo의 과거형인 (C) underwent.(스펠링에 주의!)
어휘 operation 운영, 가동, 작업 facility 시설, 설비 ensure ~을 책임지다, 보장하다 meet (타동사) 충족시키다(= fulfill) standard 기준, 표준 assess 평가하다, 사정하다 undergo (어려움)을 겪다.

114

Trust Insurance's ------- on the sick leave are described in the company handbook.
(A) guide
(B) guided
(C) guidelines
(D) to guide

병가에 관한 트러스트 보험사의 지침들은 회사 편람에 기술되어 있다.

해설 [품사 문제] 블랭크는 소유격 다음의 명사자리다. guide(안내) 역시 명사이긴 하지만 뒤에 복수동사(are)가 있기 때문에 수일치가 맞지 않아 오답이다. 복수명사인 (C) guidelines(가이드라인, 지침)를 정답으로 고른다.
오답주의보 명사자리를 찾은 후에 정답을 고를 때는 항상 사람명사와 사물명사 혹은 단수명사와 복수명사를 구별하는 습관을 갖도록 하자. 특히, 주어자리의 명사문제는 동사와의 수일치를 통해 단수명사와 복수명사를 구별하는 문제가 자주 출제된다.
어휘 sick leave 병가, 질병으로 인한 휴가 describe 묘사하다, 기술하다

115

Tours of the manufacturing plant will be allowed ------- the renovation project of Piaget's wings has just been finished.
(A) whereas
(B) behind
(C) such as
(D) once

일단 피아제 부속건물의 보수공사가 끝나는 대로 제조공장의 견학이 허용될 것입니다.

해설 [전치사와 접속사 구별 문제] 블랭크 뒤에 문장(절)이 있기 때문에 장소전치사인 (B) behind(~ 뒤에)와 나열할 때 쓰이는 전치사 (C) such as(~와 같은)를 삭제한다. 해석상 조건접속사가 들어가야 하므로 (D) once(일단 ~하면)가 정답이다. 시제일치의 예외(시간·조건부사절의 동사가 현재[현재완료]형이면, 주절의 동사는 미래형) 법칙도 정답의 단서로 활용한다.
오답주의보 양보부사절 접속사인 (A) whereas(반면에)도 암기해둔다.
어휘 manufacturing plant 제조공장(= factory) <allow + 사람 + to부정사> 사람을 ~하도록 허락하다, 만들어주다

138

116

The prices of seafoods rely ------- on the product's weight and freshness.
(A) large
(B) larger
(C) largest
(D) largely

해산물의 가격은 주로 제품의 무게와 신선도에 따라 다르다.

해설 [품사 문제] rely on(~에 의존하다, ~에 따라 다르다)이라는 동사구를 통해 블랭크는 완전한 문장 사이에 올 수 있는 부사자리라는 것을 알 수 있다. 정답은 (D) largely(주로, 대체로).

오답주의보 보기에 (B) larger(비교급)와 (C) largest(최상급)와 같은 비교구문이 있으면 다시 한 번 비교급을 묻는 문제인지 잘 살펴봐야 한다. 비교구문이 정답인 문제 역시 일반 품사 문제처럼 비교급의 보기가 여러 개 나열되어 있다.

어휘 seafood 해산물, 해산 식품 freshness 신선도, 신선함 largely 주로, 대개

117

The successful quarterly earnings of Canne Auto are ------- with what its shareholders expect from the release of the new hybrid vehicle last year.
(A) familiar
(B) satisfied
(C) consistent
(D) necessary

캔느 오토사의 성공적인 분기 수익은 작년에 출시된 하이브리드 신제품 자동차로 인한 주주들의 성장 기대치와 일치한다.

해설 [형용사 어휘 문제] 블랭크는 주어를 보충해주는 주격보어자리이기 때문에 먼저 주어와의 관계를 살펴봐야 한다. 주어인 성공적인 분기별 수익(The successful quarterly earnings)과 뒤에 이어지는 신제품 출시로 인한 주주들의 성장 기대치와의 개연성을 고려하면, (C) consistent(~와 일치하는 + with)가 잘 어울린다.

오답주의보 블랭크 뒤의 with만 보고 (A) familiar(~을 잘 알고 있는, 친숙한)나 (B) satisfied(~에 만족하는)를 고르지 않도록 주의한다. 이들은 주어인 분기별 수익과는 전혀 관련이 없다. 2형식문장의 주격보어는 주어와 의미가 통해야 한다.

어휘 shareholder 주주(= stockholder) earning 수익, 수입 release 출시(하다), 발행(하다) be familiar with ~을 잘 알고 있는, 잘 숙지하고 있는, 친숙한 necessary 필수적인, 없어서는 안 될

118

Only ------- with their photo identification cards can participate in Mr. Neil's retirement party.
(A) they
(B) that
(C) which
(D) those

사진이 부착된 신분증을 가진 사람들만 닐 씨의 은퇴식에 참석할 수 있습니다.

해설 [인칭대명사와 기타 대명사 구별 문제] those가 문두에 나오거나 대명사로 사용될 때, people로 대체할 수 있다. only those with(~을 갖고 있는 사람들만)를 only people with와 같은 뜻으로 암기해두면 정답을 빠르게 고를 수 있다.

어휘 only those with ~을 가지고 있는 사람들만 participate in 참가하다, 참여하다 retirement 은퇴, 사임

ACTUAL TEST 01 ACTUAL TEST 02 ACTUAL TEST 03 ACTUAL TEST 04 ACTUAL TEST 05

119

As a business publisher, Mr. Zooner ------- contributes articles related to the recent business trend to magazines.
(A) **regularly**
(B) initially
(C) already
(D) shortly

비즈니스 저자로서 주너 씨는 최신 사업경향에 관한 기사들을 정기적으로 잡지에 기고하고 있다.

해설 [부사 어휘 문제] 부사는 기본적으로 동사를 꾸며주는 역할을 하므로 동사의 시제나 의미가 어울려야 한다. 보기는 모두 시제와 어울리는 부사들이다. (A) regularly(정기적으로)는 현재형 동사, (B) initially(처음에는)는 과거형 동사, (C) already(이미)는 현재완료형 동사, (D) shortly(곧, 곧바로)는 미래형 동사와 어울린다. 동사 contribute(기여하다, 기부하다, 기고하다)가 현재형이기 때문에 (A) regularly를 정답으로 고른다.

오답주의보 contribute는 방향전치사 to와 함께 쓰이며 article(기사), document(문서) 등을 목적어로 가질 때, '~에 투고하다, 기고하다'의 의미로 사용된다.

어휘 related to ~와 관련된, 연관된 regularly 정기적으로, 주기적으로 initially 처음에, 최초의 shortly 곧, 곧바로(= soon)

120

At the annual banquet, Newtrax Courier's president praised ------- employee who achieves a goal.
(A) few
(B) all
(C) several
(D) **every**

정기 연회에서 뉴트랙스 배송사의 회장은 목표를 달성한 모든 사원들을 칭찬했다.

해설 [수량형용사 문제] 블랭크 바로 뒤에 단수명사(employee)가 있기 때문에 단수명사와 어울리는 (D) every(모두)를 정답으로 고른다. every와 each는 '모두'를 뜻하며, 단수명사와 어울린다. 나머지 보기들은 복수명사와 어울린다.

오답주의보 (A) few는 '거의 ~없는'이라는 부정의 뜻으로 수량적으로 거의 없음을 의미한다. 복수명사와 어울리고, 원래 개수에서 남아 있는 것이 거의 없을 때 사용한다.

어휘 banquet 연회, 파티 praise 칭찬하다, 칭송하다 achieve 이루다, 성취하다, 달성하다

121

The ------- lawn at Ilroom Veterinary Clinic is designed for protecting pets in case of an accident.
(A) absolute
(B) specific
(C) excited
(D) **vast**

일룸 동물병원의 넓은 잔디는 사고에 대비하여 애완견들을 보호하기 위한 목적으로 설계되었다.

해설 [형용사 어휘 문제] 블랭크 뒤에 있는 장소명사 lawn(잔디)과 어울리는 형용사를 고른다. 장소의 크기를 나타내는 (D) vast(어마어마한 크기의, 넓은, 광활한)가 정답이다.

오답주의보 대략적인 해석으로 (C) excited(흥분되는)를 고르지 않도록 한다. 참고로 excited와 같은 감정유발 단어가 형용사로 사용되는 경우, 뒤에 있는 명사가 사물일 때는 능동형(-ing)을, 사람일 때는 수동형(p.p.)을 고른다.

어휘 Veterinary 수의학의, 가축병치료의 absolute 절대의, 비할 바 없는 specific 특수한, 특유의 vast 광대한, 거대한

122

In his recommendation letter, Mr. Drumond shows that Mr. Stewart's good teamwork with other colleagues is the most valuable -------.
(A) qualify
(B) quality
(C) qualifies
(D) qualified

드루먼드 씨의 추천서에서 스튜어트 씨의 가장 가치 있는 자질은 다른 동료들과의 훌륭한 팀워크라는 것을 보여준다.

해설 [품사 문제] 블랭크는 2형식 주격보어의 명사자리, (B) quality(질, 우수함, 자질)가 정답이다.

어휘 colleague 동료, (직장)동료(= co-worker) valuable 가치 있는, 귀중한

123

A few professionals are encouraged to register for the weekend class ------- the class during the weekdays due to the schedule conflicts.
(A) though
(B) except
(C) regarding
(D) instead of

대부분의 직장인들은 스케줄 조정의 어려움으로 인하여, 주중반보다는 주말반에 등록하도록 권고받는다.

해설 [전치사 어휘 문제] instead(~대신에)는 A instead of B로 사용되고 B보다는 A를 선택할 때 쓰는 표현이다.

어휘 professional 전문적인(형용사), 전문가(명사) encourage 장려하다, 권장하다 during ~하는 동안 conflict 다툼, 투쟁 except ~은 제외하고

124

In order to help users understand the installation, a ------- user manual is ready to assist you 24 hours a day on the web site.
(A) comprehended
(B) comprehensive
(C) comprehensively
(D) comprehension

설치에 관하여 사용자들의 이해를 돕기 위해, 포괄적인 온라인 매뉴얼을 웹사이트에서 24시간 지원합니다.

해설 [품사 문제] 명사(users understand) 앞의 블랭크는 형용사자리다. 보기 중에 형용사는 –ly를 삭제한 (B) comprehensive(포괄적인, 종합적인).

오답주의보 과거분사인 (A) comprehended를 정답으로 고르지 않도록 한다. 의미가 비슷한 형용사가 여러 개 있을 때는 분사형 형용사(-ed, -ing)보다 일반형용사가 우선이다.

어휘 installation 설치(장비, 가구 등) comprehensive 복합적인, 포괄적인

125

Thanks to the help of the professional parcel service, it is now ------- to arrange a speedy delivery to the clients.
(A) possible
(B) tremendous
(C) honorary
(D) essential

전문적인 배송(소포) 서비스 덕분에 지금은 고객들에게 신속한 배송을 해주는 것이 가능해졌다.

해설 [형용사 어휘 문제] 2형식문장의 주격보어를 묻고 있다. 가주어 it이 있으므로 진주어인 to부정사구문(고객들에게 신속한 배송을 해주는 것)과 부사구인 thanks to(~ 덕택에, 때문에)와의 개연성을 살펴본다. 해석상 (A) possible(가능한, 있을 수 있는)이 어울린다.

오답주의보 부사구와의 개연성을 무시한다면, '고객에게 신속한 배송이 <u>중요하다</u>'라고 해석하여 (D) essential(필수적인, 중요한)을 정답으로 고를 수 있다.

어휘 parcel 소포, 꾸러미 tremendous 무서운, 무시무시한 arrange 배열하다, 정리하다 honorary 명예의, 무급의 essential 필수적인, 중요한

126

Every Friday night of the month, a series of ancient exhibits will be open to all visitors ------- 10:00 P.M. at no cost.
(A) until
(B) within
(C) therefore
(D) at

매주 금요일 오후 10시까지, 일련의 고대 전시품들이 모든 고객들에게 무료로 개방될 것이다.

해설 [전치사 / 접속사 / 접속부사 구별 문제] 블랭크 뒤에 시간(시점)표현(10:00 P.M.)이 나오므로 기간전치사인 (B) within(~ 이내에)과 접속부사 (C) therefore(그러므로)를 삭제한다. (A) until(~까지)은 지속적인 의미를 지닐 때 쓰이는 시점전치사다. 문맥상 '10시까지 지속해서 (계속) 문을 열 예정'이라는 의미이므로 (A) until이 정답이다.

오답주의보 (D) at도 시점(정확한 시간)과 어울릴 수 있지만, '~에'로 해석되어 '오후 10시에 무료로 오픈할 것이다'는 의미이므로 문맥상 어울리지 않는다. 동사 open은 지속의 의미를 갖기 때문에 until과 어울린다.

어휘 a series of 일련의, 계속되는 exhibit 전시품 at no cost 무료로 therefore 그러므로

127

Last month, CKS Appliance was highly praised by housewives after the new ------- washing machine was released.
(A) expensive
(B) potential
(C) noiseless
(D) defective

지난달, CKS 가전사가 무음 식기세척기를 새롭게 선보인 이후 주부들로부터 극찬을 받았다.

해설 [형용사 어휘 문제] 주부들로부터 극찬을 받는(was highly praised) 식기세척기(washing machine)가 어떤 단어와 어울리지를 생각하면 정답을 쉽게 고를 수 있다. 따라서 정답은 (C) noiseless(소음이 없는, 무음의), 이처럼 어휘 문제는 문장의 개연성이 핵심이다.

오답주의보 (D) defective(결함이 있는) 역시 appliance(가전제품)나 electronics(전자제품)와 어울려 자주 출제되는 표현이지만, 문장의 스토리가 부정적일 때 어울린다.

어휘 appliance 가전 제품 housewife 가정주부 expensive 비싼, 가격이 높은 potential 잠재적인(형용사), 잠재력(명사)

142

128

When ------- up the new access card at the front desk, employees should present ID card to the security official.
(A) pick
(B) picked
(C) picking
(D) will pick

직원들이 프론트 데스크에서 새로운 출입 카드를 발급받을 때, 반드시 안전요원에게 ID카드를 제시해야 한다.

해설 [동사와 준동사 구별 문제] 이 문장은 부사절 축약구문이다. 부사절 축약구문은 부사절 접속사의 주어가 주절의 주어와 같으면 부사절의 주어는 생략되고, 해당 동사가 능동일 경우 –ing, 수동일 경우 p.p형태로 축약해서 표현하는 것을 말한다. 주절의 주어가 employees(사원들)이고, 블랭크 뒤에 목적어가 있기 때문에, 능동형인 –ing인 (C) picking을 정답으로 고른다.

오답주의보 부사절 축약구문이 익숙하지 않은 초보자들은 해석이 부자연스러울 수 있다. 부사절 축약구문을 해석할 때 주절의 주어를 부사절로 데리고 오면 해석이 쉬워진다.

어휘 present 제시하다(= show) security official 안전요원

129

------- Mr. Montgomary is new to the workforce in the personal training field, his knowledge of sports science is extensive.
(A) Because
(B) Whereas
(C) Upon
(D) In addition

몽고메리 씨는 퍼스널 트레이닝 분야에 이제 막 뛰어든 신인이지만, 운동과학 분야의 지식은 폭이 넓다.

해설 [전치사 / 접속사 / 접속부사 구별 문제] 블랭크 뒤에 문장(절)이 있으므로 전치사인 (C) Upon(전치사 on과 같음)과 접속부사인 (D) In addition(게다가, 추가적으로)을 삭제한다. 남은 부사절 접속사 중에서 해석상 대조를 이루는 양보부사절 접속사 (B) Whereas (반면에, 대조적으로)를 정답으로 고른다.

어휘 workforce 총 노동력[자] knowledge 지식 extensive 광범위한, 넓은 in addition 추가로, 게다가

130

The newly hired store manager ------- attracts local clients by distributing flyers to prospective customers.
(A) he
(B) his
(C) him
(D) himself

새롭게 고용된 상점 매니저는 잠재 고객들에게 전단지를 나눠줌으로써, 현지 고객들을 직접 끌어모으고 있다.

해설 [인칭대명사 문제] 재귀대명사인 –self는 명사 뒤에서 의미를 강조해주는 부사적 용법으로 쓰일 수 있다. 즉, 부사처럼 완전한 문장 사이에 들어갈 수 있는 유일한 인칭대명사가 재귀대명사다.

오답주의보 블랭크 뒤의 동사(attracts)를 보고 주격인 (A) he를 정답으로 고르지 않도록 한다. 블랭크 앞에도 주어인 사람명사(manager)가 있다는 것을 파악하면 he가 오답임을 알 수 있다.

어휘 attract (사람 등을) 끌어들이다 flyer 전단지 prospective client 잠재고객(= potential customer)

Questions 131-134 refer to the following notice.

Notice to Travellers Welcome to Trivia Hotel! It is ------- for the scenic beauty which 　　　　　　　　　　　　**131.** as one of the most beautiful and dynamic accommodations in the United States. However, it has a problem. Because the number of suites in Trivia is very limited, we ------- recommend an advance 　　　　　　　　　　　　　**132.** reservation. It will be held with a 30 percent deposit of total charges and cancellations should be made at least 3 days before the original booking. -------. I'll take you to the hotel first, so you can check in and **133.** drop off your -------. In addition, our hotel has a lounge in which 　　　　　　　**134.** visitors can rest before entering into the room. All hotel guests are welcome to use its facilities.	여행자 안내문 트리비아 호텔에 오신 것을 환영합니다! 이 곳은 미국에서 가장 아름답고 다이내믹한 호텔 중 하나로 경치가 아름다운 곳으로 알려져 있습니다. 하지만, 문제가 있습니다. 트리비아의 객실 수는 매우 제한되어 있기 때문에 사전 예 약을 강력히 추천합니다. 예약은 총 금액의 30퍼센트에 해당하는 보증금으로 이루어 지고 예약 취소는 원래 예약일로부터 늦어 도 3일 전까지입니다. 만약, 셔틀서비스가 필요하면 저희가 공항 에서 픽업해드립니다. 먼저 호텔에 내려서 체크인을 하고 짐을 푸시면 됩니다. 게다가 저희 호텔에는 방문객들이 객실에 들어가 기 전에 잠시 쉴 수 있는 라운지가 있습니 다. 모든 투숙객들은 호텔 시설들을 자유롭 게 이용할 수 있습니다.

어휘 scenic 경치, 풍경 accommodation 숙박 시설, 수용 suite 한 벌, 방 advance reservation 선 예약, 사전 예약 deposit 예약금, 보증금, 예치금 cancellation 취소, 취하 original booking 본 예약, 원래 예약 drop off ~을 내려 놓다, 떨구다 facility 시설, 시설 공간

131
　(A) know
　(B) known
　(C) knowing
　(D) knows

해설 블랭크는 주격보어 역할을 하는 형용사자리다. be known for(~으로 유명한 + 자랑거리)를 암기해 두면 정답을 쉽게 맞출 수 있다. 이와 함께 be known as(~으로 알려진 + 일반명사 / 사실)도 암기해두자.

132
(A) strongly
(B) reluctantly
(C) previously
(D) punctually

해설 동사와 잘 어울리는 부사 어휘를 고르는 문제다. 동사 recommend(추천하다)는 주어의 주관적인 생각을 나타내며, 해석상 '강력히(strongly) 추천하다'라는 의미가 어울린다. (C) previously(이전의, 미리)는 과거형 동사와 어울리는 시제부사, (B) reluctantly(마지못해)는 부정적인 내용과 어울리는 오답이다. (D) punctually(정각에, 엄수하여)는 이 문제와 관련이 전혀 없다.

133
(A) Our shuttle service is not currently available due to the technical problems.
(B) We can send you the revised manual by Monday morning.
(C) If you want to use our shuttle service, we can pick up you at the airport.
(D) Our representative will assign you the most affordable room of the hotel.

해설 새로운 문단의 가장 첫 부분에 들어가는 문장이므로 뒤에 이어지는 스토리가 중요하다. 블랭크 뒤의 내용이 '호텔에 내려주다'이므로 앞 문장에는 '셔틀 버스'나 '픽업' 관련 내용이 나오는 게 자연스럽니다. 따라서 '(C) 만약, 셔틀 서비스를 원하면, 당신을 공항에서 픽업할 수 있다.'가 정답이다.

오답주의보 파트 6 문장 집어넣기 문제는 정답이 세부적인 내용으로 나온다. 정답을 고르기 전에 흐름상 어울리지 않는 보기부터 삭제하자. (A) 셔틀 서비스가 기술 결함으로 이용할 수 없다, (D) 호텔 영업부에서 가장 저렴한 방을 배정해줄 것이다 등은 전체 문맥과 어울리지 않는다.

134
(A) ticket
(B) appointment
(C) baggage
(D) fare

해설 명사 어휘를 고르는 문제. 앞 문장에서 호텔과 공항을 오가는 셔틀버스 서비스를 언급했고, 뒤이어 호텔에 도착해서 체크인을 하고 '당신의 -----을 내려 놓다'라는 내용이므로 블랭크에는 luggage, baggage(짐, 수하물) 등이 어울린다. 따라서 정답은 (C) baggage.

Questions 135-138 refer to the following article.

Sponsorship for the Music School's Instruments New hope is coming to the poor students of MCT (Music Combination Technology) School. Last week, Leon Entertainment, one of the largest local entertainments, announced ------- they will sponsor purchasing instruments for **135.** MCT's students. -------. **136.** "We will allot $ 50,000 to the school for this project and ------- to **137.** continue the support for them," said Planning director of Leon Entertainment, Flex Lewis. The instruments will be available to the students ------- the class hour or performances. **138.** "Now that this helpful sponsorship is here, there is nothing to worry about," said Flex.	음악학교의 악기 구매를 위한 후원 MCI(뮤직 컴비네이션 테크놀로지)의 가난한 학생들에게 새로운 희망이 생겨나고 있다. 지난주 그 지역에서 가장 큰 연예기획사 중 하나인 레옹 엔터테인먼트는 MCI 학생들의 악기 구매를 후원할 것이라고 발표했다. 이 프로젝트는 학생들이 새 악기들을 집에 가져가는 것을 허용할 뿐 아니라 자신의 악기를 수리하는 것까지도 포함하고 있다. "우리는 이 프로젝트를 위해 학교에 5만 달러를 배정할 예정이고 지속적으로 후원하기로 약속했습니다."라고 레온 엔터테인먼트의 기획 책임자인 플렉스 루이스가 말했다. 악기들은 학생들이 수업이나 공연하는 동안 사용 가능할 것이다. 플렉스는 "이제 유익한 후원 시스템이 있으니 학생들은 더 이상 걱정하지 않아도 됩니다."라고 말했다.

어휘 poor 가난한, 빈곤한 sponsor 후원하다, 보증하다 instrument 악기 allot 할당하다, 분배하다 planning director 기획 책임자, 기획 디렉터 available (서비스) 이용 가능한 helpful 도움이 되는, 유익한

135
(A) that
(B) whether
(C) although
(D) however

해설 블랭크는 동사 announce(발표하다)의 목적어(절)를 이끄는 명사절 접속사자리다. 보기 중에 명사절 접속사는 (A) that(~하는 것)과 (B) whether(~인지 아닌지)가 있다. 블랭크 뒤의 내용을 '발표하다'라는 의미이므로 (A) that이 정답이다.

136

(A) This project also includes repairing their own's musical instruments as well as allowing the students to take home the new instruments.
(B) The students heard what their instruments sound like.
(C) This guitar is one of the best-selling models as well as the highest quality model.
(D) The school tour for students is offered 7 days a week throughout the year.

해설 첫 문단의 끝맺음과 어울리는 문장을 찾는다. 앞에서 가난한 학생들에게 악기를 구입해주고 관련 서비스를 제공하는 프로젝트를 언급하고 있다. 문맥상 (A)가 어울리며, 다른 보기들은 문맥과 관련이 없다.

오답주의보 파트 6 문장 집어넣기 문제는 정답이 세부적인 내용으로 나오는 경우가 많기 때문에 정답을 고르기 전에 흐름상 어울리지 않는 보기부터 삭제하는 것이 공략 포인트다. (B) 학생들이 악기 소리를 듣는다, (C) 특정 악기(기타) 언급, (D) 교내 견학(tour) 등은 흐름상 어울리지 않는다.

137

(A) willing
(B) require
(C) promise
(D) devote

해설 문맥의 흐름을 살펴보면, '프로젝트를 위해 5만 달러를 배정할 예정이고 지속적인 후원을 약속했다'는 내용으로 앞으로 있을 미래에 대해 말하고 있다. 보기 중에 미래와 어울리는 동사는 (C) promise이다.(promise to ~을 약속하다, 공약하다) willing to + 동사원형; 기꺼이 ~하다

138

(A) on
(B) within
(C) for
(D) during

해설 기간의 의미를 담고 있지만, 직접적인 기간표현이 없는 '수업 시간과 공연(the class hour or performances)'을 목적어로 취하는 전치사는 (D) during(~ 동안)이다. (C) for도 역시 같은 의미로 쓰이긴 하지만 직접적인 기간표현이 뒤따르는 경우에만 사용 가능하다.(예: for 3 weeks 3주 동안)

Questions 139-142 refer to the following advertisement.

Are you looking for French steak dishes? This Saturday, please come here to celebrate the reopening of Gates of French Dining at Allen avenue. Now it's a very exciting time, reopening after 6 months of renovation and -------. We are entitled to proud of a wide selection of menus and hiring Florence Godiva, representing one of the french chefs. -------. **139.** **140.** You can enjoy ------- French foods and excellent services at this restaurant. And unlike before, we will offer visitors special offers ------- savings points, discount vouchers and more. **141.** **142.** Just call us to make a reservation and receive a free dessert for this Saturday's celebration. Remember that advanced reservations for your fine dining are required.	프랑스 스테이크 요리를 찾으시나요? 이번 주 토요일, 알렌 거리에 있는 프렌치 다이닝 게이트의 재개업 축하 기념식에 와 주세요. 6개월간의 보수 및 확장 공사 후에 다시 문을 열게 되어 지금은 무척 신이 납니다. 우리는 다양한 메뉴와 프랑스 요리를 대표하는 플로렌스 고디바를 고용하여 큰 자부심을 느끼고 있습니다. 그는 다양한 안심과 등심 스테이크 요리가 전문입니다. 귀하는 이 레스토랑에서 훌륭한 서비스를 받으며 제대로 된 프랑스 요리를 드실 수 있습니다. 뿐만 아니라, 이전과는 다르게 적립 포인트와 할인 쿠폰 등 다양한 혜택들도 제공할 계획입니다. 지금 전화로 예약하셔서 토요일 기념행사의 무료 디저트를 맛보세요. 최고의 식사를 위해서는 사전 예약이 필수라는 점을 기억해주세요.

어휘 dining 정찬, 식사(정식) be entitled to ~할 자격이 있다, ~할 권한이 있다 represent 대표하다 unlike ~와 달리, 다르게 voucher 쿠폰, 상품권 expansion 확장, 해외 진출 transfer 전근가다, 이사하다 authentic 진짜의, 제대로 된 perishable 상하기 쉬운, 쉽게 상하는

139 (A) expansion
(B) coupons
(C) transfer
(D) relocation

해설 본문의 개괄적인 내용이 '레스토랑이 영업을 재개한다'는 것이다. 보기 중에 renovation(보수공사)과 어울리는 명사는 (A) expansion(확장, 해외 진출)이다.

140

(A) He has specialized in the variety of steaks from tenderloin and sirloin.
(B) This bistro is nowhere near the taste of the regional cuisine.
(C) For that reason, his menu is based on real Italian cuisine.
(D) All tickets are $ 30 per person for those 18 years of age except for their children.

해설 흐름상 어울리는 문장을 지문에 집어넣는 신유형 문제. 블랭크 앞의 내용이 메뉴의 확장과 프랑스 요리 대가의 고용을 말하고 있다. 그다음의 문장에서는 '그 요리사에 대한 구체적인 설명'이 나오는 게 자연스럽다. 정답은 (A) 그는 다양한 안심과 등심 스테이크 요리가 전문입니다.

오답주의보 (C)는 얼핏 보면 맞는 것 같지만, 현재 다시 개업한 레스토랑은 프랑스 전문 음식점이다. 이탈리아 정통 요리에 기반을 두고 있다는 내용은 어울리지 않는다. (D) 티켓의 가격과 미성년자 출입 금지에 대한 내용 역시 오답.

141

(A) perishable
(B) authentic
(C) fragile
(D) incentive

해설 2번째 문단에서는 레스토랑의 장점을 소개하고 있다. 프랑스 요리를 대표하는 요리사와 훌륭한 서비스, 그리고 '프랑스 요리 (French foods)'와 잘 어울리는 형용사는 (B) authentic(진짜의, 제대로 된)이다.

142

(A) included
(B) such as
(C) for example
(D) now that

해설 (B) such as(~와 같은, 예를 들어)는 예를 들어 나열할 때 쓰는 전치사, (A) included는 including(전치사)으로 써야 such as와 비슷한 의미로 사용할 수 있다.

TBN NEWS: What happened at the Conald Space Apartment? Conald Space Apartment residents ------- complaints to its **143.** management that there are not enough parking lots. After the proposal of second parking space's construction was -------, **144.** they have attended rallies to demonstrate their disappointment. Then, and then only, the management plans to talk with each resident, and listen to what they complained of. -------. **145.** Especially, now that ------- is a chaotic moment for everyone, **146.** they are faced with an urgent need to solve this problem. Is it possible to construct another parking space here? We need to wait and see. David. a reporter of TBN News	TBN NEWS: 코날드 스페이스 아파트에 무 슨 일이 발생했나요? 코날드 스페이스 아파트의 거주자들은 아 파트 관리단에게 부족한 주차공간에 대한 불만을 표출해왔습니다. 두 번째 주차공간 의 건설 계획이 거절된 이후, 그들은 실망감 을 보여주기 위해 시위에 참가해왔습니다. 그제서야, 아파트 관리단은 거주자들과 이 야기를 하고 그들의 불만 사항이 뭔지를 들 을 계획입니다. 다음 주부터, 관리부장은 주 중과 주말의 주차 문제들에 대해 철저히 조 사할 것입니다. 특히 출퇴근 시간에는 모 든 사람들이 혼란스럽기 때문에 그들은 이 문제를 해결해야 하는 시급한 처지에 직면 해 있습니다. 이곳에 다른 주차장 건설이 가능할까요? 좀 더 지켜볼 필요가 있습니다. 이상, TBN News의 데이비드 기자였습니 다.

어휘 resident 거주자, 거주하는 사람(세입자 등) complaint 불만, 불평 proposal 제안, 제안서 rally 집회, 시위, 결집하다, 회복되다 demonstrate 시위하다, 시연하다 chaotic 혼란의, 혼란스러운 urgent 긴급한, 급한

143
    (A) have addressed
    (B) are addressed
    (C) will address
    (D) addressing

해설 파트 6의 동사 문제는 문장에서 시제의 단서를 찾기보다는 문맥과 어울리는 시제를 찾는 것이 중요하다. 블랭크 뒤의 문장을 살펴보자. 두 번째 주차장 건설이 거절된 시점은 과거, 거주자들이 불만을 표출하는(address) 시점은 과거부터 지금까지 지속되고 있다. 때문에 현재완료형인 (A) have addressed가 정답이다. 수동형 동사인 are addressed는 뒤에 목적어(complaints)가 있으므로 오답이다.

144

(A) rejected
(B) informed
(C) concerned
(D) completed

해설 문맥과 어울리는 동사 어휘를 고르는 문제다. 이 문단의 맥락은 주차 공간에 대한 불만 표출이다. '추가적인 주차장 건설 계획이 ----- 된 이후, 지속적인 시위가 이어지고 있다'는 내용이므로 블랭크에 들어갈 알맞은 어휘는 (A) rejected(거절되다)이다. 나머지 보기들은 문맥과는 직접적인 관련이 없다.

145

(A) The deadline for submitting proposals is postponed.
(B) The unmanned camera system for inspecting parking problems has been very popular.
(C) Anyone who wishes to apply for the managerial position should submit the resume to the HR.
(D) As of next week, the director of the management will thoroughly investigate the parking problem on a weekday and weekends.

해설 2번째 문단의 초반부를 보면, 그제서야 아파트 관리단에서 거주자들의 정확한 의견을 듣겠다는 표현이 나오고 + 블랭크 뒤에는 문제점 해결의 시급함이 나온다. 그 사이에 들어갈 내용은 '관리단의 주차 문제점들에 대한 조사'가 어울리므로, (D)가 정답이다.(다음 주부터, 관리부장은 주중과 주말의 주차 문제들에 대해 철저히 조사할 것입니다.) 이런 유형에서는 연결어, 지시어, 대명사 등을 단서로 활용하면 도움이 된다.

오답주의보 (B) 주차 공간의 문제점은 언급했지만, 카메라 시스템의 인기는 문장 앞뒤와 전혀 어울리지 않는다. (C) 직원 채용 공고문 역시 문맥과는 연관성이 없다.

146

(A) installation
(B) business hour
(C) rush hour
(D) convenience

해설 이 문제는 145번의 정답을 맞춰야 풀 수 있는 비교적 고난이도 문제다. 145번에서 주중과 주말의 주차 공간의 문제점에 대해 언급하고 있다. 뒤이어 교통과 관련하여 모든 사람들이 혼란스러워하는 시간이 언제인지를 생각해보면 정답을 유추할 수 있다. 정답은 (C) rush hour(러시아워, 출퇴근 혼잡 시간대).

 ACTUAL TEST 01 ACTUAL TEST 02 ACTUAL TEST 03 ACTUAL TEST 04 ACTUAL TEST 05

101

After the rental agreement is ------- filled out, it should be arriving no later than Friday morning.
(A) complete
(B) completely
(C) completed
(D) completion

임대 계약서가 완전하게 작성된 후, 늦어도 금요일 오전까지 도착해야 합니다.

해설 [품사 문제] 완전한 문장 중간에 올 수 있는 품사를 고르는 문제다. 특히 동사세트 사이에는 부사가 온다는 것을 알면 쉽게 풀린다.(completely 완전하게)
어휘 agreement 계약, 계약서(= contract) fill out 작성하다, 빈칸을 채우다 no later than 늦어도 ~까지

102

Flex Wheeler ------- enthusiastically as a charity event manager to raise money for the poorly fed children.
(A) acted
(B) interpreted
(C) mentioned
(D) dressed

플렉스 휠러는 결식 아동들을 위한 자금을 모으기 위해서 자선 행사 매니저로서 열정적으로 행동했다.

해설 [동사 어휘 문제] 블랭크 바로 뒤에 부사가 있으므로 자동사자리라는 것을 알 수 있다. 그리고 <as + 직책(~로서)> 역시 (A) acted (행동하다)와 어울린다.
어휘 enthusiastically 열렬하게, 열정적으로 charity 자애, 자선, 자비 poorly fed children 결식 아동 interpret 통역하다

103

Although many people considered it -------, the CEO of EZ-Beverage decided to stick with his original plan to build a new factory in China.
(A) impossible
(B) impossibility
(C) impossibleness
(D) impossibly

많은 사람들이 불가능하다고 여길지라도, EZ 음료회사의 회장은 중국에 새로운 공장을 건설하려는 원래 계획을 고수하기로 결정했다.

해설 [품사 문제] 5형식동사 consider(고려하다, deem과 같은 의미)는 목적어(it)와 목적격보어(impossible 형용사)를 취한다.
오답주의보 '완전한 문장 뒤에 부사가 온다'는 법칙 때문에 (D) impossibly를 정답으로 고르지 않도록 주의한다. 3형식문장에서는 목적어 다음에 부사가 올 수 있지만, 이 문제처럼 5형식문장에서는 목적어 뒤에 목적격보어(형용사 및 명사)가 온다.
어휘 consider 고려하다, 생각하다 stick 고수하다, 집착하다 impossible 불가능한, 가능성이 거의 없는

104

------ January 1, new incentive program is scheduled to be implemented to all full-time workers.
(A) Along
(B) According to
(C) Toward
(D) As of

1월 1일부로, 정규직 사원들에게 새로운 인센티브 프로그램이 시행될 예정입니다.

해설 [전치사 어휘 문제] 블랭크 뒤에 시간표현(January 1)이 있기 때문에 장소전치사인 (A) Along(~를 따라서)과 (C) Toward(~향하다)를 삭제한다. (D) As of(~부로)는 시간 표현과 함께 쓰여 미래의 효력 발생시기를 나타낸다. 유의어로는 starting from, beginning 등이 있다.

어휘 implement 수행하다, 필요한 권한을 주다 along (장소를) 따라서 toward (장소를) 향하여 as of ~부로, ~부터 시작하여(+ 시간표현 / 미래시점)

105

Wisdom Holdings has taken significant ------ to reduce the operating costs due to the recent depression.
(A) productivity
(B) revenues
(C) measures
(D) instructions

최근의 불경기 때문에 위스덤 홀딩사는 운영비를 줄이기 위해 중요한 조치를 취하고 있다.

해설 [명사 어휘 문제] to부정사구를 단서로 알맞은 어휘를 고른다. 운영비를 줄이기 위해 취하는(take) 것은 (C) measures(조치, 방법, 정책 등)이다. measure를 policy(정책, 방침)으로 대체할 수 있다.

어휘 significant 중요한, 상당한 operating cost 운영 비용 depressionn 우울, 불경기 revenue 수익, 수입 mesures 조치, 방법

106

After the board of directors ------ the applications, a new financial advisor will be selected.
(A) reviewing
(B) had reviewed
(C) reviewed
(D) has been reviewing

이사진들이 지원서들을 검토한 후에 새로운 재정 자문가를 선발할 것이다.

해설 [동사와 준동사 구별 문제] 부사절 접속사인 after가 문두에 있기 때문에 블랭크는 동사자리다. 분사인 (A) reviewing이 가장 먼저 탈락된다. After절과 같은 시간·조건부사절의 경우, 주절에 미래형(will be selected)이 나오더라도 부사절에는 현재형이나 현재완료형을 쓴다.(시제일치 예외) 따라서 현재완료 진행형인 (D) has been reviewing(검토해오고 있다, 검토하다)을 정답으로 고른다.

어휘 the board of directors 이사, 이사진 financial advisor 재정 자문가, 금융 고문관 review 검토하다, 살피다

107

Articles about the weird fashion trend will be published in the next month's ------- of Commercial Style Magazine.
(A) broadcast
(B) equipment
(C) issue
(D) requirement

커머셜 스타일 매거진의 다음 달 호에서는 최신 유행하는 독특한 패션에 관한 기사들이 실릴 예정이다.

해설 [명사 어휘 문제] article(기사)이나 magazine(잡지) 같은 출판 관련 단어가 나오면, (C) issue라는 명사를 사용하여 '~호(예: March issue 3월호)'라고 표현한다.

어휘 weird 이상한, 독특한 trend 경향, 유행 publish 출판하다, 출간하다 equipment 장비 (중장비), 기기

108

The instruction manual of the Best Mart's air conditioning was revised due to the repetitive ------- by consumers.
(A) complain
(B) complained
(C) complaints
(D) to complain

베스트 마트의 에어컨 설치 매뉴얼은 고객들의 반복적인 불만 때문에 수정되었다.

해설 [품사 문제] 전치사 끝부분의 블랭크는 명사자리다. 보기 중에 명사는 (C) complaints(불만, 불만 사항)이다.

오답주의보 동사인 (A) complain(불평하다, 항의하다)을 정답으로 고르지 않도록 주의한다. 품사가 헷갈리는 경우에는 complain에 –ed를 붙인 형태가 과거형 동사(혹은 분사)인 complained이고 to부정사인 to complain에서 to 다음이 동사원형이라는 점을 역이용하면 complain이 동사, complaints가 명사라는 것을 알 수 있다.

어휘 instruction manual 설명서, 지침서 revise 수정하다, 고치다 repetitive 반복적인, 되풀이하는

109

------- Mr. Stallone joined our company 15 years ago, he has served as a critic at Permanent Publishing.
(A) Since
(B) By the time
(C) On account of
(D) Provided that

스탈론 씨는 우리 회사에 처음 발을 들인 15년 전부터 지금까지 퍼머넌트 출판사의 비평가로 근무하고 있다.

해설 [전치사 / 접속사 / 접속부사 구별 문제] 우선, 블랭크 뒤가 완전한 문장이기 때문에 이유전치사인 (C) On account of(~이므로)부터 삭제한다. 부사절의 동사시제가 과거(joined), 주절의 동사시제가 현재완료(has served)라는 것과 해석상 '~이래로부터'라는 의미가 적절하기 때문에 (A) Since를 정답으로 고른다.

어휘 critic 비평가 on account of ~ 때문에(= due to, owing to), ~이므로 provided that 만약 ~라면(= if)

110

Employees of the purchasing department order office supplies on Fridays, so please let ------- know no later than Thursday morning.
(A) they
(B) them
(C) her
(D) him

구매부서 직원들은 매주 금요일마다 사무용 비품들을 구매하므로 늦어도 목요일 오전까지는 그들에게 알려주세요.

해설 [대명사 문제] 블랭크는 사역동사 let의 목적어자리다. 인칭대명사는 앞에 나온 명사를 뒤에서 대신 받는다. 해석상 '~에게 알려 달라'는 내용이므로 앞 부분에서 사람명사를 찾는다. employees(사원들)를 뒤에서 대신 받은 목적격 인칭대명사인 (B) them(그들)을 정답으로 고른다.

어휘 purchasing department 구매부서 office supplies 사무용 비품, 문구류 no later than 늦어도 ~까지는

111

Due to his ------- performance evaluation, the executives appointed Mr. Cremont to the head of marketing.
(A) distinguished
(B) unanimous
(C) satisfied
(D) consistent

크레몬트 씨는 업무평가가 뛰어났기 때문에 회사 중역들은 그를 마케팅 부장으로 임명했다.

해설 [형용사 어휘 문제] 부사구 due to(~ 때문에)가 주절의 원인이 된다. 즉, 주절의 내용을 파악하면 정답의 개연성을 찾을 수 있다. 마케팅 부장으로 임명된 이유가 '그의 ~한 업무평가 때문'이므로 정답은 (A) distinguished(뛰어난, 확실하게 구별되는)이다.

오답주의보 satisfy와 같은 감정유발 동사의 분사형은 뒤에 사물명사가 오면 -ing, 사람명사가 오면 -ed를 쓴다.(예: satisfying story 만족할 만한 스토리, satisfied customer 만족한 고객)

어휘 performance evaluation 수행[능력]평가 executive 회사 중역, 임원 distinguish 구별하다, 분별하다 unanimous 만장일치의, 모두가 동의하는 consistent 일치하는, 조화된

112

Weather forecasters cautiously predict that the heavy snow ------- serious problems in Miami.
(A) caused
(B) will cause
(C) has caused
(D) cause

기상예보관들은 폭설이 마이애미에 심각한 문제들을 유발할 것이라고 조심스럽게 예보했다.

해설 [동사 문제] 명사절 접속사인 that에 걸린 동사를 파악하려면, that절 앞에 있는 동사(predict)에 주목해야 한다. predict(예측하다, 예보하다)는 아직 일어나지 않은 미래에 대한 예상이나 기대를 나타낸다. 따라서 that절의 동사는 미래형인 (B) will cause(~을 야기할 것이다)가 적절하다. 비슷한 동사로는 anticipate(예상하다), expect(기대하다), hope(바라다) 등이 있다.

어휘 weather forecaster 기상 캐스터, 날씨 예보관 cautiously 조심스럽게

ACTUAL TEST 01 ACTUAL TEST 02 ACTUAL TEST 03 ACTUAL TEST 04 ACTUAL TEST 05

113

Because Ms. Garcia has been employed by Dmitry Law ------- the past 20 years, the company will host the grand celebration for her retirement.
(A) until
(B) over
(C) whether
(D) as well as

가르시아 씨는 드미트리 로펌에서 지난 20년 동안 근무를 했기 때문에, 회사는 그녀의 은퇴를 기념하는 성대한 행사를 주최할 것이다.

해설 [전치사 / 접속사 / 접속부사 구별 문제] 블랭크 뒤에 기간표현(the past 20 years)이 있으므로 보기 중에 (A) until(~까지)과 (B) over(~ 동안)를 남긴다. 전치사 until은 기간이 아닌 시점표현 앞에 위치하며, over는 기간표현과 어울린다. over는 현재완료구문에서 시제부사를 묻는 문제로 자주 출제된다.
어휘 <over the past + 기간> 지난 ~년 동안(현재완료와 어울림) host 개최하다, 열다 retirement 은퇴, 사임

114

The Square Complex's ------- indicated that all visitors are advised to pick up the pass at the security desk.
(A) policy
(B) application
(C) concern
(D) voucher

스퀘어 복합단지의 정책에 따르면 모든 방문객들은 보안 데스크에서 출입증을 가져가도록 권유하고 있다.

해설 [명사 어휘 문제] 해석상 '복합 단지의 -----은 모든 방문객들에게 출입증을 가져갈 것을 지시했다'이므로 보기 중 정책, 방침(policy)이 가장 잘 어울린다.
어휘 complex 복합 단지, 복합 건물 are advised to ~할 것을 권유[충고]받다 policy 정책, concern 염려, 걱정, 주된 관심사, voucher 쿠폰

115

During the trial period, new interns will be assessed by the each department's manager to evaluate -------.
(A) production
(B) criticism
(C) suitability
(D) interest

수습기간 동안, 새로운 인턴들은 각 부서의 매니저들로부터 적합성을 평가받을 것이다.

해설 [명사 어휘 문제] to부정사의 목적어자리에 들어갈 명사 어휘를 묻고 있다. 수습 기간(trial period) 동안 인턴이 매니저에게 평가받는 항목은 '적합성(suitability)'일 것이다. 나머지 보기는 평가 항목과는 관련이 없다.
어휘 evaluate 평가하다, 점수를 매기다 criticism 비평, 비판 suitability 적합성, 적합도

116

The general enterprise is consist of a ------- group of workers who were employed by the fair process.
(A) diversify
(B) diversely
(C) diversity
(D) diverse

일반적인 기업은 공정한 과정에 의해 고용된 다양한 그룹의 사원들로 구성되어 있다.

해설 [품사 문제] 명사(group of workers) 앞의 블랭크는 형용사자리다.(관사 + 형용사 + 명사) 보기 중에 형용사는 -ly를 삭제한 (D) diverse(다양한)다.

어휘 consist of ~으로 이루어지다 fair 공정한, 기회가 균등한 diverse 다양한, 여러

117

Only ------- with an original receipt can apply for the full refund or exchange except for the discounted products.
(A) they
(B) those
(C) who
(D) which

오직 영수증 원본을 소지한 고객들만 할인 품목을 제외한 것들의 환불이나 교환을 신청하실 수 있습니다.

해설 [대명사 문제] 문장의 동사가 apply for(~을 신청하다)이므로 주어는 사람명사다. 보기 중에서 단독으로 사람명사로 쓸 수 있는 것은 (B) those(사람들)뿐이다. those가 문두에 나오면 사람복수명사로 쓰인다.

어휘 receipt 영수증 refund 환불 exchange 교환

118

If you have to commute into the Urban Street during rush hours, we strongly ------- you to take the bus or the train.
(A) appraise
(B) consider
(C) rent
(D) encourage

출퇴근 시간에 어반도로를 통근해야 한다면, 버스나 기차와 같은 대중교통을 이용할 것을 강력하게 추천합니다.

해설 [동사 어휘 문제] 부사 strongly(강력하게)와 어울리며, 출퇴근 시간에 대중교통을 이용할 것을 '추천'하는 내용이므로 정답은 주장[요구, 제안, 의무]동사인 (D) encourage(장려하다, 요구하다, 추천하다)다.

오답주의보 토익에 나오는 주장동사류는 이 문제처럼 상사가 직원에게 추천·명령·권유하는 스토리를 갖는다. 토익에 자주 출제되는 주장동사류는 ask, advise, require, request, recommend, remind, suggest, encourage, invite, instruct, propose 등이 있다.

어휘 commute 통근하다, 통학하다 strongly 강력하게, 주관이 강하게 appraise 평가하다, 인식하다 encourage 장려하다, 제안[요구]하다

119

It is ------- that start-up companies comply with the government's pollution policy.
(A) **necessary**
(B) necessarily
(C) necessity
(D) necessitate

신생 기업들은 정부의 오염정책을 따르는 것이 필수적이다.

해설 [품사 문제] 블랭크는 2형식구문의 주격보어인 형용사자리다. 보기 중에 형용사는 –ry로 끝나는 (A) necessary(필수적인, 중요한)다. 이 구문은 주장동사와 마찬가지로 당위성이나 명령의 의미를 포함하므로 that절에 동사원형을 쓴다.(should 생략) necessary 와 비슷한 형용사로는 important(중요한), imperative(반드시 해야 하는), vital(필수적인) 등이 있다.

어휘 necessary 중요한, 필수불가결한 comply with ~을 따르다, 준수하다 pollution 오염, 환경파괴

120

Tension Cuisine carries a wide ------- of dishes including all vegetarian menus and 10 different side dishes for affordable prices.
(A) select
(B) **selection**
(C) selected
(D) to select

텐션 큐진은 채식주의자들을 위한 모든 메뉴뿐 아니라, 10가지 반찬들을 저렴한 가격에 즐길 수 있는 다양한 선택을 제공한다.

해설 [품사 문제] 블랭크는 관사의 끝부분인 명사자리(동사의 목적어)다. 보기 중에 명사는 (B) selection(선택)이다. '혜택 등을 제공하다'라는 문장에는 할인(discount), 무료(free), 물품(item) 등이 자주 등장한다.

어휘 carry 옮기다, 나르다, 이르게 하다 vegetarian 채식주의자 affordable (누구나) 구매할 수 있는, 저렴한

121

According to the Nivea's representative, its long ------- new cosmetic, Wrinkle Care Lotion, will be released in June.
(A) featured
(B) noticeable
(C) **awaited**
(D) preferred

니베아의 영업대표에 따르면, 오래 기다리던 신제품 '주름 개선 로션'이 6월에 출시될 거라고 한다.

해설 [형용사 어휘 문제] 부사구와 주절의 내용이 신제품 출시에 대해 말하고 있다. 문맥상 '오래 기다리던(long awaited)'이 자연스럽다.

어휘 representative 대표자, 영업사원 feature 특징으로 하다, 특색으로 하다 noticeable 눈에 띄는, 이목을 끄는 cosmetic 화장품

122

All defective items can not be refunded ------- the original
receipt is accompanied for the proof of purchase.
(A) if
(B) until
(C) unless
(D) once

영수증이 원본이 구매 증거로 첨부되지 않으면, 모든 불량품들이 환불되지 않는다.

해설 [부사절 접속사 어휘 문제] 보기는 모두 부사절 접속사이기 때문에 해석을 통해 정답을 골라야 한다. 주절의 내용이 '환불되지 않는다', 부사절의 내용이 '영수증이 첨부된다'이다. 이 두 문장을 자연스럽게 연결해주는 접속사는 '~가 아니라면'의 뜻을 지닌 (C) unless다. unless는 if의 반의어로 if not으로 해석하면 된다.

어휘 defective 결함이 있는, 불량의 accompany 수반하다, 동반하다 prrof 증거, 증빙 once 일단 ~하면

123

Under the ------- of the car rental contract, users are
responsible for any damage when they act carelessly.
(A) signs
(B) comments
(C) engines
(D) terms

자동차 임대 계약서의 조항들에 따르면, (차를) 부주의하게 다뤄 생긴 손상에 대해 고객들은 책임을 져야 한다.

해설 [명사 어휘 문제] 전치사 under(~하에) 뒤에 자동차 임대 계약서가 있으므로 계약서의 '조항'을 의미하는 (D) terms가 잘 어울린다. terms의 유의어로는 conditions(계약 조건)가 있다.

오답주의보 블랭크 뒤의 계약서라는 단어만 보고 (A) signs(서명)를 정답으로 고르지 않도록 주의한다.

어휘 be responsible for ~을 책임지는, ~을 담당하는 damage 손상, 훼손 carelessly 부주의하게, 주의를 기울이지 않고 terms (계약서의) 조건

124

Dr. Raynold will address a presentation on ------- attract
potential clients at the Business Sales Conference.
(A) instead of
(B) how to
(C) except for
(D) in order to

영업 판매 컨퍼런스에서 레이놀드 박사는 잠재고객들을 끌어들이는 방법에 관한 프레젠테이션을 할 것이다.

해설 [전치사와 to부정사 구별 문제] 블랭크 뒤에 동사원형(attract 끌어들이다)이 있기 때문에 to부정사로 쓸 수 있는 (B) how to(~하는 방법)와 (D) in order to(~하기 위하여)를 남긴다. 문맥상 '잠재 고객들을 끌어들이는 방법(how to attract potential clients)이' 자연스럽다.

오답주의보 블랭크 뒤에 있는 동사원형(attract)을 보고 (D) in order to를 정답으로 고르지 않도록 주의한다. 블랭크 앞의 전치사 on(~에 관한)의 유의어는 regarding, concerning, pertaining to 등이 있다. 이들은 <how + to부정사>와 함께 주제의 내용을 설명하는 구문으로 자주 쓰인다.(예: 미팅 + on how + to동사원형; ~하는 방법에 관한 미팅)

어휘 address 이야기하다, 연설하다 potential client 잠재고객 how to ~하는 방법(+동사원형) in order to ~하기 위하여(+동사원형)

125

Overseas employees are pleased with their dormitory due to the ------- furnished unit.
(A) full
(B) fully
(C) fuller
(D) fullest

해외에서 온 사원들은 가구가 완벽하게 비치된 기숙사를 제공받아 기뻐했다.

해설 [품사 문제] 블랭크는 형용사를 꾸며주는 부사자리다. 접미어 –ly로 끝나는 (B) fully(완전하게, 충분히)가 정답이다.

어휘 oversea 바다 건너, 해외의 relocation 이사, 이전 are pleased with ~ 때문에 기쁘다 dormitory 기숙사, 숙소 furnished 가구가 비치된

126

We express the appreciation to the WNK Federation for their ------- donation to our charity organization.
(A) generous
(B) prosperous
(C) innovative
(D) financial

저희 자선단체에 후한 기부를 해주신 WNK 협회에 무한한 감사를 표합니다.

해설 [형용사 어휘 문제] '자선단체에 -----한 기부(donation)를 해줘서 감사하다'는 내용이다. 문맥상 어울리는 형용사는 (A) generous (후한, 관대한)다. '후한 기부'라는 뜻의 generous donation, generous contribution 등은 출제 빈도가 높다.

어휘 appreciation 감사 federation 협회, 단체 docation 기부, 기부금(= contribution) charity organization 자선단체

127

After the 3 years of the negotiation, the government finally approved the proposal about the renovation project of the ------- apartments in the district.
(A) old
(B) older
(C) oldest
(D) olden

3년의 협상 끝에, 정부는 그 지역에서 가장 낡은 아파트의 재건축 프로젝트 제안을 결국 승인했다.

해설 [비교급 문제] 보기 중에 단 하나라도 비교구문이 있으면, 그것부터 먼저 확인하는 습관을 갖도록 하자. 정답이 비교구문(원급, 비교급, 최상급)이라도 보기는 일반 품사 문제처럼 나오기 때문이다. 블랭크 앞에 정관사가 있고 문장 말미에 셋 이상의 비교를 나타내는 단서인 in district(그 지역에서; 최소 수백, 수천의 비교 대상이 있음)가 있다. 최상급인 (C) oldest(가장 오래된, 가장 낡은)를 정답으로 고른다. 최상급의 단서는 among(셋 이상 사이에), of all(모든 것 들 중에서) 등이 있다.

오답주의보 보기 중에 비교구문이 있을 때 반드시 확인하는 습관을 들이자. 블랭크를 명사 앞에 오는 형용사자리로 오인하여 (A) old 를 정답으로 고를 수 있다.

어휘 negotiation 협상, 협의 government 정부 renovation 재건축 finally 드디어, 결국 proposal 제안, 제안서

128

Thank you for ------- me to speak at City Council's facilities meeting as a keynote presenter.
(A) allow
(B) allowing
(C) allowed
(D) allows

시 의회의 시설 관련 회의에서 저를 기조 연설자로 허락해주셔서 감사드립니다.

해설 [품사 문제] 블랭크 앞에 전치사가 있기 때문에 블랭크는 명사자리다. 문장 구조상 목적어를 취할 수 있는 동명사인 (B) allowing 이 정답이다. 동명사는 명사자리에 위치하지만, 동사의 성질을 가지고 있기 때문에 뒤에 목적어가 올 수 있다.(예: for filling out the form 양식서 작성에 관한)

어휘 <allow + 목적어 + to부정사> 목적어가 ~할 수 있도록 만들어주다[허락하다] keynote presenter 기조 연설자, 주 연설자

129

Due to the off season, the most of the ocean side accommodations are ------- offering reasonable package products to attract more visitors.
(A) previously
(B) routinely
(C) soon
(D) currently

비수기여서 바다 근처에 있는 대부분의 호텔들은 더 많은 고객들을 유치하기 위하여 합리적인 패키지 상품들을 제공하고 있다.

해설 [부사 어휘 문제] 부사를 삭제해도 문장의 의미 전달에는 큰 영향을 미치지 않는다. 부사는 주로 동사를 꾸며주는 역할을 하기 때문에 동사(시제)와 밀접한 관련을 갖는다. 이 문제에서는 동사의 시제가 현재진행형(are offering)이고 여기에 어울리는 시제부사는 (D) currently(현재, 지금)다.

오답주의보 (A) previously(이전에)는 과거형 동사, (B) routinely(반복적으로)는 현재형 동사(반복적인 습관을 나타냄), (C) soon (곧, 곧바로)은 미래형 동사와 어울린다.

어휘 off season 비수기, 성수기 아닌 기간 accommodation 숙박 시설, 수용 attract (고객, 관광객 등을) 끌어들이다

130

If products you ordered for are out of stock, please write your name and contact information on a waiting list for the ------- notice to you.
(A) substantial
(B) automatic
(C) progressive
(D) cautious

만약 귀하께서 주문하신 상품들이 매진된다면, 자동 알림을 위해 대기자 명단에 성함 및 연락처를 적어주세요.

해설 [형용사 어휘 문제] 주문한 상품이 품절되는 경우, 이를 자동적으로 알려주는 서비스를 제공하기 위해 이름과 연락처를 적어달라는 내용이다. 주절에서 이름 및 연락처를 언급한 것으로 보아 문맥상 '자동(적인) 알림'이 어울린다. 따라서 (B) automatic(자동적인)이 정답이다.

어휘 out of stock 품절, 매진 substantial 실질적인, 실제상의 progressive 전진하는, 진보적인

161

PART 6

Questions 131-134 refer to the following notice.

WBA Health Conference

Notice to Attendees!

You ------- for the WBA Heath Conference in Nairobi, Kenya and
131.
we received your admission payment of 300 euros yesterday
completely.

We request that you reserve the hotel ------- the conference
132.
hall as soon as possible for the limited accommodation. If you
have any concern regarding this issue, feel free to contact Mr.
Derickson in the relocation department. -------.
133.

The reporters like you will spend one night and two days at
the hotel from May 12 to 13, ------- various events including
134.
interviewing celebrities as well as the conference. During this
period, we will provide complimentary lunches from 12 to 1 P.M.

Thank you and I am looking forward to seeing you soon.

WBA 건강 컨퍼런스
참석자들에게 알립니다!

여러분은 케냐 나이로비에서 열리는 WBA
건강 컨퍼런스에 등록하셨고 저희는 어제
참가비 300유로를 완벽하게 수령했습니다.

숙소가 별로 없기 때문에 가능한 빨리
회의장 근처의 호텔을 예약해주실 것을 요
청드립니다. 이와 관련한 질문이 있으면 저
희 현지 전문가인 데릭슨 씨에게 연락을 주
세요. 항공편 및 숙박 시설에 관한 업무를
그(내선번호 244)가 담당하고 있기 때문에
더 빨리 처리될 것입니다.

여러분과 같은 기자들은 5월 12일~13일, 1
박 2일 일정으로 머물고 회의뿐 아니라 유
명인들의 인터뷰와 같은 다양한 이벤트에
참여할 것입니다. 이 기간 동안, 오후 12시
부터 1시까지 점심을 무료로 제공할 예정
입니다.

감사드리며, 곧 볼 수 있기를 기대합니다.

어휘 admission payment 입장료 completely 완전하게, 완벽하게 as soon as ~하자마자(시간·조건부사절 접속사) celebrity 유명인, 연예인 complimentary 무료의, 공짜의 take part in ~에 참가하다, 참여하다

131
(A) register
(B) will register
(C) registering
(D) have registered

해설 보기를 통해 동사 문제임을 알 수 있다. 본동사를 묻는 문제이므로 준동사(동명사)인 (C) registering을 가장 먼저 삭제한다. 이 문장은 등록을 마친 참가자들에게 보내는 공지문으로 현재완료형인 (D) have registered(등록했다)가 정답이다. 파트 6의 동사 문제는 제목 및 맥락 파악을 통해 시제 단서를 찾는다.

132
(A) near
(B) next
(C) into
(D) until

해설 문맥상 '숙박 시설이 별로 없기 때문에 회의장 근처에 있는 호텔 예약을 권유한다'가 어울린다. 정답은 (A) near(~근처에).

오답주의보 next를 정답으로 고르지 않도록 한다. next는 형용사(다음의), 부사(그 다음), 명사(다음 사람[것])로 쓰이고, 장소전치사(~ 근처에, ~ 옆에)로 쓰려면 next to로 표현한다.

133
(A) Because our airport transfers and accommodations are handled by him (extension 244), it will be faster way.
(B) The shuttle service is available in front of the hotel at no cost.
(C) The cost of the renovated project exceeded the original estimate.
(D) By reducing the unnecessary operating cost, we can solve this issue.

해설 해당 문단의 끝부분에 들어간 문장 넣기 문제는 문단을 결론짓는 내용을 고른다. 첫 번째 문장은 회의 참가자들에게 근처에 있는 호텔 예약을 권유하는 내용이고, 두 번째 문장은 이와 관련된 질문이 있으면 데릭슨 씨에게 연락하라는 내용이다. 정답 문장으로는 그의 담당 업무를 설명하는 내용이 자연스럽다. 따라서 '항공편 및 숙박 시설에 관한 업무를 그(내선번호 244)가 담당하고 있기 때문에 더 빨리 처리될 것입니다.'라고 말한 (A)가 정답이다.

오답주의보 (C)의 건설 프로젝트의 비용, (D)의 불필요한 운영 비용을 줄이기 등의 내용은 어울리지 않는다. (B) 호텔과 공항을 오가는 셔틀버스는 데릭슨 씨의 담당 업무와는 관련이 없다.

134
(A) specializing in
(B) taking part in
(C) dealing with
(D) responding to

해설 동명사 어휘를 고르는 문제. 블랭크 뒤에 있는 인터뷰와 다양한 이벤트를 목적어로 취할 수 있는 동사 어휘를 고른다. 보기 중에 (B) taking part in(~에 참가하다, 참여하다)이 잘 어울린다. 이와 같은 뜻을 가진 어휘는 attend, participate in 등이 있다.

Questions 135-138 refer to the following advertisement.

Job Opening for a Trainer Flex Gym is now looking for a senior-level personal trainer to join our playing coach team. The applicants should be a public & personal trainer with ------- for preparation of the customer **135.** care and a variety of nutrition (or diet) programs. Appropriate certificates such as CAC (Coach Academy Certificate) are also required. -------. **136.** We offer competitive salaries and excellent benefits ------- the **137.** specific evaluation. Our incentive program is well known for the attractive compensation ------- the field. **138.** Don't hesitate to send your resume and other relevant documents. (personnel@flexgym.com)	트레이너 구인 플렉스 짐에서는 플레잉 코치팀에 합류할 경력 있는 트레이너 한 분을 찾고 있습니다. 지원자들은 고객관리 및 영양(혹은 다이어트) 프로그램 제작 등의 경력을 갖춘 공공 또는 개인 트레이너여야 합니다. CAC(코치 아카데미 자격증)과 같은 적절한 자격증을 요구합니다. 게다가, 각종 운동 대회 입상자들은 유리합니다. 저희는 특정 평가에 따라 타사에 뒤지지 않은 임금과 우수한 복리 혜택을 제공하고 있습니다. 저희 회사의 인센티브 제도는 업계에서 매력적인 보상으로 잘 알려져 있습니다. 주저하지 말고 이력서와 관련 서류들을 보내주세요.(personnel@flexgym.com)

어휘 applicant 지원자, 후보자 preparation 준비, 예비 appropriate 적절한, 알맞은 competitive 경쟁적인 is well known for ~으로 잘 알려져 있다 salary 월급, 봉급 compensation 보상, 보충 relevant 관련 있는, 연관 있는 throughout ~ 내내, ~에 걸쳐서(+장소, 기간, 분야)

135
(A) experience
(B) interest
(C) information
(D) responsibility

해설 문단의 초반부에 경력 있는 트레이너(senior level trainer)를 찾고 있다는 내용이 나온다. 지원자들의 자격 요건 중에 특정 항목들의 '경력'을 요구하고 있으므로 (A) experience(경력)를 정답으로 고른다.

136
(A) He has been playing in amateur baseball league since he was 12 years old.
(B) Furthermore, candidates who have won any previous sports competitions have an advantage.
(C) Therefore, I am impressed with your educational background and qualifications among the candidates.
(D) The revised applications should be submitted no later than this Friday.

해설 첫 번째 문단은 경력 있는 트레이너를 모집 중이고 그에 따른 자격 요건을 기술하고 있다. 이어지는 정답 문장에는 자격 요건과 관련된 내용이 들어갈 것이다. 접속부사 furthermore(더군다나, 게다가)와 함께 추가 요건을 나타내는 (B)가 정답이다.(게다가, 각종 운동 대회 입상자들은 유리합니다.)

오답주의보 (A) 아마추어 야구 선수 (C) 지원자의 인상적인 학력 등은 흐름상 어울리지 않으므로 삭제한다. (D) 이 지문은 특정한 누군가와 주고받은 내용이 아니기 때문에 수정된(revised) 지원서를 다시 보내라는 내용은 연관성이 없다.

137
(A) have depended
(B) depends
(C) depending on
(D) will depend

해설 동사와 준동사를 구별하는 문제다. 문장에 이미 offer(제공하다)라는 동사가 있으므로 블랭크에는 동사가 올 수 없다. 따라서 경쟁적인 연봉과 우수한 복리혜택(competitive salaries and excellent benefits)을 뒤에서 꾸며주는 준동사가 정답이다.(depending ~에 따라, ~에 의존하여)

138
(A) pertaining to
(B) without
(C) throughout
(D) onto

해설 블랭크 뒤에 있는 field(분야)와 어울리는 전치사는 throughout(~에 걸쳐서)이다. 참고로 throughout + 기간(throughout the year 1년 내내) / throughout + 장소(throughout the nation 전국에 걸쳐서)가 토익 시험에 자주 출제된다.

Questions 139-142 refer to the following e-mail.

To: Lee Jae-Kyung<leejk@gmail.com>

From: Customer Relation<custom@45ice.com>

Date: 7 February, 10:29

Subject: Invitation

Hi, Ms. Lee. Over the last year, you have continually purchased the products at our store. To show appreciation for your ------- , we would like to invite you to the annual event at 45ICE
139.
main store on 20 February. This is the special sales event for valued customers to enjoy our new product releases ------- , and
140.
membership sales.

------- . Moreover, all visitors can participate in a raffle. Can you
141.
imagine what the raffle prize will be at the event? Hush. It's "a Secret."

This offer cannot be combined with previous discounts or any other ------- .
142.

We hope see you there!

Sincerely,

Jay Park
Customer Relation, 45ICE

받는 사람: 이재경〈leejk@gmail.com〉

보낸 사람: 고객관리부〈custom@45ice.com〉

날짜: 2월 7일, 오전 10시 29분

제목: 초대

안녕하세요. 재경 씨. 귀하는 지난 1년 동안 저희 가게에서 물건을 계속 구매해주셨습니다. 고객의 후원에 감사드리고자, 2월 20일 45ICE 본점에서 개최되는 연례 행사에 초대하려고 합니다. 이번 행사는 오직 우수 고객들을 위한 특별 할인 행사로 신제품을 미리 볼 수 있을 뿐만 아니라 멤버쉽 할인도 받을 수 있습니다.

아이스크림 케이크에 메시지를 새기거나 대형 아이스크림을 주문하는 등등. 고객의 특별한 요구를 충족시키는 고객 맞춤형 아이스크림을 판매할 것입니다. 더군다나 방문하는 모든 고객들은 추첨에 참여할 수 있습니다. 이벤트의 추첨 경품이 뭘까요? 쉿. 비밀입니다!

단, 이 프로모션은 예전 할인쿠폰 혹은 다른 판촉물과 함께 사용할 수 없습니다.

거기서 뵙기를 바랍니다!

진심을 담아

제이 박
고객관리부, 45ICE

어휘 continually 계속해서, 끊임없이 show 보여주다(= present) imagine 상상하다, 마음에 그리다 raffle 추첨, 복권, 제비뽑기 combine 결합하다[되다], 결합시키다 previous 이전의, 예전의

139
(A) reservation
(B) patronage
(C) award
(D) addition

해설 명사 어휘를 고르는 문제. 보낸 사람이 고객관리부이고 받는 사람은 고객이다. 블랭크 뒤의 내용(우수 고객인 당신을 초대한다)을 통해 '당신의 후원(patronage)에 감사드린다'는 의미가 자연스럽다. patronage 후원, 지원, 단골구매

140
(A) in advance
(B) before
(C) prior to
(D) ahead of

해설 보기는 모두 '~ 이전에'라는 같은 뜻을 지닌 부사 / 전치사다. 블랭크 뒤가 막혀 있기 때문에 전치사는 올 수 없다. 완전한 문장 뒤에 있는 블랭크는 부사자리이므로 (A) in advance(~ 이전에, 미리 미리)를 정답으로 고른다.
오답주의보 in advance를 제외한 나머지 보기들은 전치사다. (B) before 뒤에는 시간표현이 올 수 있는데 반해, (C) prior to 뒤에는 직접적인 시간표현은 오지 못하고, 시간을 의미하는 명사만 올 수 있다.(예: departure date 출국날짜) (D) ahead of는 schedule이라는 단어와 어울린다.(ahead of schedule 일정보다 먼저)

141
(A) Our chef usually use carrot juice for flavoring in baking cakes.
(B) It will help customers complete the accounting work more easily.
(C) A certain type of ice cream is out of stock due to the high popularity.
(D) It will sell custom-made ice cream for your special needs such as adding messages on the ice-cream cake or ordering a deluxe size item.

해설 이 문제의 다음 문장은 고객들에게 추첨을 통해 경품을 준다는 내용이다. 이 문제에서도 고객들에게 제공하는 혜택이나 서비스 등의 내용이 나올 것이다. 문맥상 (D)가 정답이다.(대형 아이스크림을 주문하거나 아이스크림 케이크에 메시지를 새기는 등등, 고객의 특별한 요구를 충족시키는 고객 맞춤형 아이스크림을 판매할 것입니다.)
오답주의보 (B)의 회계 서비스에 대한 언급, (C)의 특정 제품의 품절 등은 흐름상 어울리지 않는다.

142
(A) promote
(B) promoted
(C) promoting
(D) promotion

해설 이 문제는 병렬[병치]구문인 A or[and] B를 파악하면 정답 고르기가 쉽다. A와 B에는 같은 품사가 들어가야 한다. 앞에 discount(할인)가 명사이기 때문에 블랭크에도 명사인 (D) promotion(판촉물)이 들어가야 한다.

167

Questions 143-146 refer to the following notice.

8238 Givency Street

Triple Town Apartment

20 July

Dear All tenants

This notice is to alert you that the electricity in the apartment will be ------- at tomorrow 10:00 A.M. due to the regular
143.
maintenance. The project will be completed within approximately 3 hours.

The ------- of the inspection is to accommodate the rising safety
144.
demands for the hot summer season which leads to a spike in the use of air conditioners throughout the nation. -------. I'd
145.
like to introduce you some useful tips & detailed information for using safe electricity during the summer. Please see the -------
146.
file.

Sincerely,

Enclosure

Kevin Levrone

Maintenance manager, Triple Town Apartment (02-940-2939)

8238 지방시 도로
트리플 타운 아파트

7월 20일

모든 세입자들에게

이 공지는 정기 점검으로 인하여 내일 오전 10시에 아파트의 전기 공급이 중단된다는 것을 알리기 위함입니다. 본 점검은 대략 3시간 이내에 완료될 예정입니다.

이번 검사의 목적은 전국적으로 에어콘 사용이 급증하는 여름철에 커져가는 안전 요구에 부응하는 데 있습니다. 그래서 우리는 전기 사용과 배관 그리고 예비전력에 대한 안전 점검을 실시할 예정입니다. 그리고 여름철에 전기를 안전하게 사용하기 위한 상세하고 유용한 팁을 드리고자 합니다. 첨부 파일을 확인해주세요.

감사합니다.

첨부

케빈 레브로니
유지·보수부장, 트리플 타운 아파트(02-940-2939)

어휘 tenant 세입자, 차가인 maintenance 유지, 보수 lead to ~로 이끌다 useful 도움이 되는, 실용적인 enclosure 동봉, 첨부

143
(A) demonstrated
(B) shut down
(C) approved
(D) communicated

해설 이 문장은 내일로 예정된 정기 점검(regular maintenance)에 관한 공지문이다. 정기 점검으로 인해 전기(electricity)가 끊긴다(shut down)는 의미가 자연스럽다.

144
(A) supply
(B) provider
(C) reduction
(D) purpose

해설 주어자리에 어울리는 명사를 고르는 문제. 블랭크 뒤의 <is + to부정사(be to용법)>는 주어의 목적이나 의도를 나타내는 단서가 된다. 문맥상 '이번 검사의 -----은 안전 요구에 부응하기 위함이다'라는 의미이므로 (D) purpose(목적, 목표)이 정답이다.

145
(A) So, we should conduct safety check about the electrical, plumbing inspection and backup power.
(B) The effective strategy of your finance management can be made by Triple Town.
(C) Thus, the unit is still available for those who have live in Givency Street.
(D) These can be consulted by the real estate agent in the Triple Town.

해설 문단 중간에 문장넣기 문제가 나오면, 앞뒤 문장을 반드시 확인해야 한다. 블랭크 앞 문장에서 안전 점검의 목적에 대해 기술하고 있고 뒤 문장 역시 안전 점검에 관한 유용한 정보를 제공한다는 내용이다. 정답 문장 역시 안전 점검과 관련된 세부적인 내용이 나올 것이다. 문맥상 (A)가 정답이다.(그래서 우리는 전기 사용과 배관 그리고 예비전력에 대한 안전 점검을 실시할 예정입니다.)
오답주의보 (B) 재무 경영에 관한 효과적인 전략, (C) 공동 주택의 사용 가능, (D) 공인중개사와의 상담 등은 흐름상 어울리지 않는다.

146
(A) agreeable
(B) attached
(C) including
(D) demanding

해설 앞 문장의 '유용한 정보'를 제공하겠다는 내용과 지문 가장 아래에 '첨부'라는 단어를 통해 '첨부된(attached) 파일'이 정답임을 알 수 있다. 유의어로는 enveloped, attached, sent with, included 등이 있다.

101

The original receipt should be ------- in order to refund or exchange all items purchased in Chavelin's store.
(A) accompanied
(B) distinguished
(C) returned
(D) implemented

채블린 스토어에서 구매한 모든 제품들을 환불 혹은 교환하기 위해서는 반드시 영수증 원본이 동반되어야 합니다.

해설 **[동사 어휘 문제]** 동사 어휘를 고를 때는 가장 먼저 부사절[구]를 통해 문장의 개연성을 찾는다. 문장에서 in order to(~하기 위하여) 뒤에 이어지는 표현과 주어와의 관계를 고려해 관련 어휘를 찾아보자. 영수증 원본(주어)은 물건의 환불 혹은 교환을 위해(부사구) 반드시 필요하다. 이와 관련된 단어인 (A) accompanied(동봉, 동반, 수반되다)를 정답으로 고른다.

오답주의보 (C) returned(반환되다)도 물품을 환불하거나 교환할 때 쓰는 단어이긴 하지만, 주어인 영수증과는 어울리는 않는다.

어휘 original receipt 영수증 원본 distinguish 구별하다, 구분하다 implement 시행하다(정책, 프로그램 등)

102

Pine Smart phone's factory workers are requested to work overtime by next week to ------- the deadline.
(A) advise
(B) recommend
(C) meet
(D) incur

파인 스마트폰의 공장 직원들은 다음 주까지 마감기한을 맞추기 위해 초과 근무를 하도록 요청받았다.

해설 **[동사 어휘 문제]** 어휘 문제의 기본은 부사절[구]를 통해 개연성을 찾는 것이다. 주절에서 초과 근무의 목적을 to부정사구문에서 설명하고 있다. 이를 근거로 적당한 단어를 골라보자. 타동사인 (C) meet는 deadline(마감기한), demand(수요), needs(요구) 등의 단어와 만나서 '~을 충족시키다(= fulfill), 요구에 부응하다'의 의미로 사용된다.

오답주의보 (A) advise와 (B) recommend는 주장[요구, 제안, 의무]동사로 업무상 명령이나 권유를 할 때 사용되며, 이들 동사 뒤에 등장하는 that절에는 should가 생략된 동사원형이 나온다.(주장동사 + that + 주어 + 동사원형) 토익 시험 빈출 동사!

어휘 are requested to ~하도록 요청받다 deadline 마감 날짜 advise 권고하다, 요구하다 incur 초래하다, 빠지다

103

Be sure to describe your experience and history clearly ------- submitting the application to the personnel department.
(A) so
(B) when
(C) since
(D) however

인사부에 지원서를 제출할 때는 경력과 이력을 확실하게 기술해야 합니다.

해설 **[전치사 / 접속사 / 접속부사 구별 문제]** 부사절 접속사구문에서는 부사절의 주어가 주절의 주어와 같으면 주어를 생략하고, 능동이면 -ing, 수동이면 pp(-ed)로 바꿀 수 있는데, 이를 부사절 축약구문이라고 한다. 보기 중에서 부사절 접속사는 (B) when(~할 때)과 (C) since(~ 이래로, ~이므로)가 있다. 주절이 명령문이므로 주어인 you가 생략되었다. 부사절에 you를 넣어 해석해보면, '당신이 인사부에 지원서를 제출할 <u>때(when)</u>'가 어울린다.

오답주의보 부사절 축약구문으로 <When [before, after] + -ing>가 자주 출제되지만, 정확성을 기하기 위해 주절의 주어를 부사절로 가져와서 해석하는 습관을 들이도록 한다.

어휘 describe 묘사하다, 기술하다 clearly 확실하게, 제대로 submit 제출하다, 보고하다 personnel department 인사부 (=human resources department)

104

Once the ------- is conducted by each manager, the results will be reported shortly to the board of directors.
(A) evaluated
(B) evaluating
(C) evaluator
(D) evaluation

일단 각 매니저에 의해 수행평가가 이루어지면, 그 결과는 이사진들에게 즉시 보고될 것이다.

해설 **[품사 문제]** 부사절 접속사(Once) 뒤의 블랭크는 주어자리로 명사가 들어가야 한다. 보기 중에 명사는 (C) evaluator(평가자; 사람명사)와 (D) evaluation(평가, 수행평가; 사물명사)이 있다. 동사 conduct는 '(특정 활동)을 수행하다'는 뜻이므로 (D) evaluation이 잘 어울린다. 부사절 조건접속사인 once는 부사절의 내용이 먼저 이루어지면(조건), 주절의 내용이 뒤따른다는 것을 나타낸다. once는 토익 시험이 좋아하는 대표적인 부사절 조건접속사다.

오답주의보 명사자리를 묻는 품사 문제의 경우, 보기처럼 사람명사와 사물명사 혹은 단수명사와 복수명사를 구별하는 경우가 많다.

어휘 once 일단 ~하면 conduct (특정 활동)을 수행하다 shortly 곧, 곧바로 evaluator 평가자, 평가하는 사람

105

Domes Wine, in business since 1984, is the ------- largest liquor shop in the nation.
(A) second
(B) successful
(C) interesting
(D) available

1984년부터 사업을 하고 있는 도메스 와인사는 전국에서 두 번째로 큰 주류판매점이다.

해설 **[서수사 문제]** 최상급 앞에 들어갈 서수를 묻는 문제로 특히, 파트 3, 4의 도표나 막대그래프 문제에 자주 등장하는 표현이다. 문장 뒤에 있는 <in + 장소[분야]>가 최상급의 단서이다.

오답주의보 형용사에 -er를 붙이면 비교급, -est를 붙이면 최상급이 된다. 즉, 블랭크 뒤에 이미 largest(가장 큰)라는 형용사가 있기 때문에 형용사인 나머지 보기들은 오답이다.

어휘 in business 사업을 하는 liquor 술, 주류 available (서비스 등이) 이용 가능한

106

Kyoto Jean expect a 30% increase next quarter in sales of the ------- released women's clothing line.
(A) ambition
(B) ambitious
(C) ambitiousness
(D) ambitiously

교토 진은 야심차게 출시된 여성 의류의 판매로 다음 분기에 약 30퍼센트 성장을 기대하고 있다.

해설 **[품사 문제]** 품사 문제란 말 그대로 블랭크에 들어갈 적절한 품사(동사, 부사, 형용사, 명사, 준동사 등)를 고르는 문제다. 블랭크는 분사형 형용사(released 출시된) 앞에 있으므로 부사자리다. 따라서 –ly형태의 (D) ambitiously(야심차게)가 정답이다.

오답주의보 -ed로 끝나는 단어는 동사거나 형용사 혹은 준동사이므로, 이들 앞에 있는 블랭크는 부사자리다.(부사 + -ed)

어휘 next quarter 다음 분기 ambition 야망, 목표 ambitiousness 야심만만함, 대망을 품음

107

------- his popularity in the recent public opinion poll, it is possible that Branch Warren will be reelected as a mayor of Maryland.
(A) Given
(B) Even if
(C) In case
(D) Notwithstanding

최근 공개 여론조사에서 나타난 인기를 고려하면, 브렌치 워렌 씨가 메릴랜드 시장으로 재선될 가능성이 있다.

해설 [전치사 / 접속사 / 접속부사 구별 문제] 블랭크 뒤에 명사(구)가 있기 때문에 전치사를 정답으로 고른다. 보기 중에 전치사는 (A) Given(~을 생각하면, 고려하면)와 (D) Notwithstanding(~ 반면에, 그럼에도 불구하고)가 있다. 의미상 (A) Given이 어울린다.

오답주의보 (C) In case(~의 경우를 대비하여)는 부사절 접속사 that을 생략한 형태로 출제된다. 부사절 접속사는 뒤에 완전한 문장을 이끈다.

어휘 popularity 인기, 명성 public 대중, 일반 국민 public opinion poll 공개 여론조사 mayor 시장(공무원) given ~을 고려해 볼 때 notwithstanding 그럼에도 불구하고, 비록 ~이지만, ~인 반면에

108

Ms. Angelmo, a managing director of Celcom, has some ------- matters to meet with clients, and so the training workshop will also be rescheduled.
(A) urgent
(B) urgently
(C) urgency
(D) urge

셀콤의 상무이사인 안젤모 씨는 고객들과 만나야 할 긴급한 문제가 생겼습니다. 그래서 트레이닝 워크숍 일정도 바뀔 예정입니다.

해설 [품사 문제] 블랭크 뒤에 있는 matters(문제점들)는 동사 has의 목적어, matters(명사) 앞의 블랭크는 형용사자리이므로 정답은 (A) urgent(긴급한)다.

오답주의보 형용사를 정답으로 고르기 어렵다면(단어를 모를 때), 부사(urgently)의 접미어인 –ly를 삭제한 형태가 형용사(urgent)라는 공식을 암기해두면 도움이 된다.(형용사 + -ly = 부사)

어휘 managing director 상무이사 reschedule 다시 약속을 잡다, 다른 날짜로 시간을 정하다 urgently 긴급하게, 급하게

109

Asian Game's advertising campaign ------- in a noticeable 65 percent rise in ticket sales in the past 6 months.
(A) results
(B) has resulted
(C) resulted
(D) will result

아시안게임의 광고 캠페인으로 인해, 지난 6개월 동안 티켓 판매가 눈에 띄게 65퍼센트 상승했다.

해설 [동사 문제] 보기 4개 모두 정동사이므로 단계별로 접근하여 정답을 고른다. 동사 문제를 푸는 1단계인 주어-동사의 수일치부터 살펴보자. 문장의 주어는 캠페인(3인칭 단수), 보기 4개 모두 주어와 수일치가 된다. 2단계는 태와 시제 파악이다. 보기 중에 수동태는 없고, 시제의 단서로 <in the past + 기간(과거부터 지금까지. ~하는 동안)>가 있다. 이 표현은 현재완료를 나타내는 중요한 단서다. 따라서 정답은 (B) has resulted, 이와 비슷한 표현으로는 <in, [over, during, for the last (past)] + 기간>이 있다.

오답주의보 블랭크 뒤에 목적어가 없기 때문에 정답을 과거분사인 (C) resulted로 착각할 수 있다. 준동사는 품사 문제에서 동사, 부사, 형용사, 명사 등이 정답으로 적절하지 않을 때, 맨 마지막으로 고려한다.(정답 2순위)

어휘 noticeable 주목할 만한, 눈에 띄는 <in the past + 기간> 지난 ~기간 동안(현재완료의 단서)

172

110

During Tale & Law's foundation day, the legal consulting service ------- the copyright law is open to the public at no cost.
(A) regard
(B) regarded
(C) regarding
(D) regards

테일 & 로의 창립 기념일에 저작권법에 관한 법률 상담서비스를 대중들에게 무료로 제공합니다.

해설 [품사 문제] (C) regarding(~에 관한)이라는 전치사를 알고 있다면, 1초만에 풀 수 있는 문제다. regarding의 유의어로는 concerning, pertaining to, about 등이 있다.

오답주의보 동사 문제로 착각할 여지가 있다. 동사자리를 구별하는 기준인 <접속사 개수 + 1 = 동사의 개수>를 바탕으로 삭제 소거법을 적용시키면 쉽게 풀린다. 이 문장에는 접속사가 없고, is라는 동사가 존재하므로 블랭크는 동사자리가 아니다.

어휘 legal service 법률서비스(로펌의 컨설팅) copyright 저작권 is open to the public 대중들에게 공개되다 regarding ~에 관한(= about)

111

Before Mr. Clark started ------- business, he had closely conducted market research for the coffee industry.
(A) he
(B) his own
(C) him
(D) himself

클락 씨가 자신만의 사업을 시작하기 전에, 커피 사업에 관한 시장 조사를 면밀하게 진행했다.

해설 [인칭대명사 문제] 대명사는 앞에 나온 명사를 뒤에서 대신 받는 역할을 한다. 문장에서 어떤 명사를 대신 받는지 파악하는 것이 중요하다. 블랭크는 명사 앞 소유격자리, 보기 중에 소유격을 대체할 수 있는 표현은 his(소유격) own이다.

오답주의보 소유격 뒤에 own을 붙이면, 소유의 의미를 구체적으로 한정시켜준다. <소유격 + own>은 소유격을 대체하는 표현으로 토익 시험에 자주 출제된다. 대명사의 소유격을 묻는 문제에서 보기 중에 소유격이 없다면, 당황하지 말고 <소유격 + own>을 고르면 된다.

어휘 closely 면밀하게 his own 자신만의

112

In order to be reimbursed -------, please complete the expense report.
(A) quick
(B) quickly
(C) quicker
(D) quickness

신속하게 환불받기 위해서 지출 내역서를 작성해주세요.

해설 [품사 문제] 완전한 문장 뒤의 블랭크는 동사를 수식하는 부사자리다. 이 문장은 3형식의 수동태구문(be + reimbursed)이다. 완전한 문장이므로 블랭크에 목적어가 들어갈 수 없고, 부사(quickly)만 들어갈 수 있다. in order to + 동사원형(~하기 위하여)구문은 반드시 암기해두자.

오답주의보 (C) quicker와 같은 비교급 표현이 일반 품사 문제처럼 출제되기도 한다. 비교표현이 정답인 경우에도 놓치기 쉽다. 보기 중에 비교구문(비교급, 최상급)이 있다면, 우선 이것들부터 살펴보자.

어휘 reimburse 변상하다, 환불하다, 상환하다 expense report 지출 내역서

113

Lovis Cafe will carry on offering patrons a free beverage ------- the renovated store reopens on Sunday.
(A) as soon as
(B) almost
(C) whether
(D) during

새롭게 개조된 상점이 일요일에 영업을 재개하자마자, 로비스 카페는 단골 고객들에게 음료를 무료로 제공할 예정이다.

해설 [전치사 / 접속사 / 접속부사 구별 문제] 블랭크는 완전한 2개의 문장을 연결시켜주는 접속사자리다. 보기 중에 부사절 접속사(시간)인 (A) as soon as(~하자마자)과 명사절 접속사인 (C) whether(~인지 아닌지)가 있다. 문맥상 '~하자마자'가 어울리므로 (A) as soon as을 정답으로 고른다.

오답주의보 블랭크 뒤에 reopen(재개하다)이 자동사라는 것을 모른다면 접속사 대신 전치사를 고를 수 있다. 이런 실수를 하지 않으려면 자동사 암기가 필수이다.

어휘 carry on ~을 수행하다 patron 단골고객, 후원자 beverage 음료수, 음료 renovated store 개조[수리]된 상점 whether ~인지 아닌지

114

It is imperative for ------- to make a good first impression at job interviews.
(A) apply
(B) application
(C) applied
(D) applicants

면접에서 좋은 첫인상을 심어주는 것은 구직자들에게 필수적이다.

해설 [품사 문제] 블랭크는 전치사의 목적어인 명사자리다. 명사를 고를 때는 보기 중에 사람명사와 사물명사 혹은 단수명사와 복수명사를 남긴 후에, 문맥을 통해 정답을 고른다. 보기 중에 사물명사인 (B) application(지원, 지원서)와 사람복수명사인 (D) applicants(지원자들)가 있다. 블랭크는 to부정사의 의미상의 주어자리이기 때문에 사람명사인 (D) applicants가 어울린다.

오답주의보 사람명사가 단수일 경우 그 앞에 관사나 소유격이 없으면, 해석 이전에 문법적 오류에 속한다.

어휘 imperative 반드시 해야 하는, 필수불가결한 first impression 첫인상 apply for ~에 지원하다, 신청하다

115

Loyal Cosmetic's development team often works ------- with the marketing department to learn a customer needs strategy.
(A) collaboration
(B) collaborative
(C) collaborated
(D) collaboratively

로얄 코스메틱의 연구개발팀은 고객요구 전략을 배우기 위하여 마케팅부서와 협업해서 일을 한다.

해설 [품사 문제] 완전자동사인 work 뒤의 블랭크는 부사자리다. 완전자동사는 목적어를 취하지 않고 완전한 문장을 이룬다. 완전자동사 뒤에 명사가 아닌 부사를 고르는 문제가 종종 출제된다.

오답주의보 해당 문제 하나만 암기하면 단편적 학습에 그친다. 토익 시험에 자주 출제되는 완전자동사는 begin(시작하다), commence(시작하다, 개시하다), rise(오르다, 증가하다), increase(상승하다), drop(하락하다), fall(떨어지다) 등이 있다.

어휘 ofter 종종, 가끔 collaboratively 협력적으로, 합작으로 customer needs strategy 고객요구 전략

116

Due to the unexpected cancellation, admission tickets ------- for the Hybrid Auto Exposition are refundable.
(A) purchase
(B) purchased
(C) purchasing
(D) will purchase

예상치 못한 취소 때문에, 하이브리드 오토 엑스포를 위해 구매된 입장권들은 환불이 가능하다.

해설 [동사와 준동사 구별 문제] 동사와 준동사를 구별하는 공식은 <접속사 개수 + 1 = 문장 전체의 동사 개수>이다. 문장에 접속사가 없고 블랭크 뒤에 정동사 are(be동사)가 있다. 즉 블랭크는 동사가 아닌 준동사자리다. 보기 중에 준동사는 (B) purchased(구매된)와 (C) purchasing(구매하는)이다. 티켓은 직접 구매할 수 없을뿐더러 블랭크 뒤에 문장이 막혀 있기 때문에(목적어 없고 전치사구로 연결) 수동형인 (B) purchased가 정답이다.

오답주의보 보기 4개가 모두 정동사가 아닐 경우에는 품사자리부터 찾는다. 동사와 준동사를 구별하는 습관을 갖도록 하자!

어휘 cancellation 취소, 환불 admission tickets 입장권 refundable 환불이 가능한

117

Cotton Department Store's gift certificate ------- its clients to buy all items through either online or offline.
(A) issues
(B) accompanies
(C) allows
(D) provides

코튼백화점의 상품권은 고객들에게 온라인 또는 오프라인을 통해 모든 제품을 구매할 수 있게 해준다.

해설 [동사 어휘 문제] 이 문제는 개별 동사의 의미보다는 <allow + 사람 + to부정사(사람이 ~할 수 있도록 허락하다)>패턴을 묻고 있다.

오답주의보 (D) provides(제공하다)와 같은 수여동사는 전치사 to와 함께 쓰인다. <provide + 사물 + to + 사람(사람에게 사물을 제공하다)> 패턴으로 출제되며, 이때 to는 to부정사가 아닌 방향전치사라는 것에 주의한다.

어휘 gift certificate 상품권 either A or B A와 B 둘 중 하나(선택) issue 발행하다 allow 허락하다, 허가하다

118

Totalhome Grocery is the main ------- of fresh dairy products in the region.
(A) distribution
(B) distributor
(C) distributed
(D) distributing

토탈홈 그로서리는 그 지역에 신선한 유제품을 공급하는 가장 큰 유통업체다.

해설 [품사 문제] 블랭크는 관사 끝부분의 명사자리다. 보기 중에 명사는 사물명사인 (A) distribution(유통, 분배)과 사람명사인 (B) distributor(유통업자[체])가 있다. 주어인 회사(Totalhome Grocery)가 유통업체이므로 (B) distributor가 정답이다.

오답주의보 이 문장은 2형식구문으로, 블랭크는 주어를 보충해주는 주격보어자리다. 주어(회사 이름)와 동격을 이루는 것은 사람명사다.

어휘 dairy product 유제품 region 지역, 장소 distribution 유통, 분배

119

In July, the Santamonica Public Gallery will feature more than 100 masterpieces by the ------- painters.
(A) renowned
(B) affordable
(C) estimated
(D) courteous

7월에, 산타모니카 퍼블릭 갤러리는 유명 화가들의 100점 이상의 명작들을 선보일 예정이다.

해설 [형용사 어휘 문제] 어휘 문제는 품사 문제처럼 블랭크 앞뒤만 보고 판단하는 것이 아니라, 문장 전체 혹은 부사절[구] 등을 이용하여 개연성을 찾는다. '갤러리에서 100점 이상의 명작(masterpiece)을 전시하려면, (어떠한) 화가가 참여할 수 있는지' 생각해보자. 문맥상 '저명한 화가(renowned painters)'들이 잘 어울린다.

오답주의보 보기 중에 (D) courteous(예의 바른)도 사람 앞에 쓰일 수 있지만, 갤러리의 명작 전시와는 개연성이 없다.

어휘 masterpiece 명작 renowned 유명한, 저명한 courteous 예의 바른, 정중한

120

The newly constructed shopping mall is conveniently located ------- walking distance of the residential district.
(A) within
(B) until
(C) as soon as
(D) into

새롭게 건설된 쇼핑몰은 거주 지역으로부터 걸어갈 수 있는 거리에 편리하게 위치해 있다.

해설 [전치사 / 접속사 / 접속부사 구별 문제] 블랭크 뒤에 동명사구가 있기 때문에 전치사인 (A) within(~ 이내에), (B) until(~까지), (D) into(~ 속으로)를 남긴다. until이 전치사로 쓰이면, 뒤에 시점이 나와야 하고 into는 장소전치사이므로 삭제한다. (A) within(~ 내에)은 '편리한 위치'나 '용이한 접근성' 등을 강조한다.(within walking distance 걸어서 갈 수 있는 거리에)

오답주의보 within은 기간이나 장소 혹은 이 문제처럼 walking distance(걸어갈 수 있는 거리) 등 다양한 표현들과 함께 쓰인다.

어휘 conveniently 편리하게, 접근성이 좋게 residential district 거주 지역, 아파트 단지

121

Child Foundation's proposal ------- a dramatic increase in funding for charity events and free education for the broken family.
(A) includes
(B) revolves
(C) appoints
(D) arranges

차일드 파운데이션의 제안서에는 자선행사와 결손가정의 무료 교육을 위한 극적인 자금 증액이 담겨 있다.

해설 [동사어휘 문제] 주어인 제안서와 블랭크 뒤에 이어지는 세부적인 내용을 통해 개연성을 찾는다. 문맥상 '자선행사와 무료 교육을 위한 자금 증액이 담겨 있다(includes)'가 어울린다.

오답주의보 주어가 사물이긴 하지만 무조건 능동태 동사를 삭제해서는 안 된다. 연구와 관련된 사물 주어(survey, findings, study 등)는 describe(묘사하다), indicate(나타내다), detail(세부적으로 표현하다) 등을 능동태로 쓸 수 있다.

어휘 funding 자금, 자금 모금 charity event 자선 행사 broken family 결손가정 revolve 회전하다, 선회하다 appoint 임명하다, 지명하다 arrange 재배열하다, 재배치하다

122

Disel Appliance's discount coupon cannot be used ------- other offers including clearance sales.
(A) in conjunction with
(B) as a result of
(C) such as
(D) while

디젤 가전제품사의 할인 쿠폰은 재고 정리 할인을 포함하여 다른 혜택들과 함께 사용할 수 없다.

해설 [전치사와 접속사 구별 문제] (A) in conjunction with(~와 함께, ~와 호환되는)는 이 문제처럼 '다른 것들과 함께 사용하지 못한다'의 뜻을 지닌다. 토익 시험에 자주 출제되는 표현이다.

오답주의보 (C) such as(~와 같은)는 복수명사 앞에서 예시를 들 때 사용된다.

어휘 including ~을 포함하여 clearance sale 재고정리 할인 in conjunction with ~와 연결하여, ~와 상호호환되는

123

Ms. Havert will ------- a sincere appreciation to colleagues at the Employee of the Year award on next Monday.
(A) assist
(B) announce
(C) express
(D) carry

하버트 씨는 다음 주 월요일, 올해의 사원상 시상식에서 동료들에게 진심 어린 감사를 표명할 것이다.

해설 [동사 어휘 문제] 의미가 비슷한 동사 어휘를 고르는 문제, '진심 어린 감사를 -----하다'에 어울리는 동사는 감정을 표현할 때 쓰는 (C) express(표현하다, 표명하다)다.

오답주의보 announce와 express는 모두 '말하다'의 뜻을 갖고 있지만, announce(발표하다)는 특정 사실을 전달할 때, express는 사람의 감정을 나타낼 때 쓴다.

어휘 sincere 진심의, 진심을 담은 colleague 동료, 직장동료(= co-worker) assist 도움을 주다

124

The microwave ovens purchased at the online discount store are of ------- quality to those of the department store.
(A) equivalence
(B) equivalently
(C) equivalency
(D) equivalent

온라인 할인매장에서 구매한 마이크로웨이브 오븐(전자레인지)들은 백화점의 제품들과 품질이 같다.

해설 [품사 문제] 블랭크는 명사(quality) 앞 형용사자리다. 보기 중에 (D) equivalent(동등한, 맞먹는)가 형용사다.

오답주의보 형용사 고르는 팁! <형용사 + -ly = 부사>라는 공식을 역이용하면 형용사를 쉽게 찾을 수 있다. (B) equivalently는 부사, 접미어 -ly를 삭제한 형태인 (D) equivalent가 형용사다.

어휘 quality 품질, 질 equivalent 동등한, 같은

ACTUAL TEST 06 ACTUAL TEST 07 ACTUAL TEST 08 ACTUAL TEST 09 ACTUAL TEST 10

177

125

The considerable renovation of the old underground shopping center ------- to create over 100 part-time jobs for local residents next year.
(A) expects
(B) will expect
(C) have been expected
(D) is expected

오래된 지하 쇼핑센터의 대대적인 보수공사는 지역 주민들에게 100개 이상의 임시직을 만들 수 있을 것으로 기대된다.

해설 [동사 문제] 보기 4개가 모두 동사일 때는 <1단계 - 수일치, 2단계 - 태와 시제, 3단계 마지막 - 해석>을 통해 정답을 고른다. 먼저, 주어가 단수(renovation)이므로 복수동사인 (C) have been expected는 수일치가 맞지 않아서 제거한다.(1단계) 그리고 블랭크 뒤에는 목적어가 없기 때문에 3형식 수동태인 (D) is expected를 정답으로 고른다. 남아 있는 (A) expects와 (B) will expect는 목적어를 취하는 능동태구문에서만 정답이 될 수 있다.(2단계) 해석상 주어는 사람이 아닌 사물(보수공사)이기 때문에 동작을 직접 행할 수 없는 수동태가 정답임을 알 수 있다.(3단계)

오답주의보 문장에서 next year라는 시간 표현 때문에 (B) will expect를 고르지 않도록 주의한다. 동사 문제는 수일치로 출발하여 태와 시제를 체크하고, 해석을 통해 마지막으로 한 번 더 정답을 확인하자!

어휘 considerable 상당한, 꽤 underground 지하

126

------- wishing to reserve a hotel room during the high demand season can use the advanced booking system.
(A) Those
(B) Whoever
(C) They
(D) What

성수기에 호텔 방을 예약하고 싶은 사람들은 선예약 시스템을 이용할 수 있습니다.

해설 [대명사 문제] 최근 대명사 문제는 인칭대명사와 관계대명사 혹은 기타 대명사가 보기에 혼재되어 등장한다. 먼저, 이 문장의 구조를 살펴보자. 주절은 ------- wishing to ~ the high demand season, 동사는 can use, 목적어는 the advanced booking system이다. wishing(wish의 분사형태, wish 앞에 관계대명사 who 생략됨)은 앞에 있는 블랭크를 꾸며주는 역할을 하며, 블랭크에는 주어 역할을 하는 사람명사가 와야 한다. 문두에 나오는 those는 사람들(people)을 의미하는 that의 특별한 대명사 형태로 기억해두자.

오답주의보 (B) Whoever는 선행사가 포함된 접속사(anyone who = whoever), 뒤에 동사가 와야 한다. (C) They 역시 사람주어(복수)로 쓸 수 있지만 뒤에 동사가 와야 한다.

어휘 wish to ~을 바라다, 원하다(+동사원형) reserve 예약하다(= book) high demand season 성수기

127

There will be a special shuttle service to take tourists ------- this airport and the Calton Hotel.
(A) either
(B) but
(C) between
(D) both

관광객들을 위하여 공항과 칼튼호텔 사이를 오가는 특별 셔틀버스 서비스를 제공할 것입니다.

해설 [등위상관접속사 문제] 블랭크 뒤의 등위접속사인 and와 함께 사용할 수 있는 상관접속사를 고르는 문제다. 문맥상 '공항과 호텔 사이를 오가는 셔틀 버스'가 어울리므로, 정답은 (C) between이다.

오답주의보 문제를 빠르게 풀다가 (D) both를 정답으로 고를 수 있다. 보기 중에 and와 어울리는 상관접속사는 (C) between과 (D) both이다. 형태상으로는 between A and B(~사이에)와 both A and B(A와 B 모두, 둘 다), 모두 가능하지만 해석을 해보면 (C) between이 정답이라는 것을 알 수 있다.

어휘 shuttle service 셔틀버스 서비스

128

According to the spokesperson, the Sundale Academy
------ to offer customers its online class as of next month.
(A) plans
(B) requires
(C) organizes
(D) reminds

대변인에 따르면, 선데일 아카데미는 다음 달부터 고객들에게 온라인강의를 제공할 계획이다.

해설 [동사 어휘 문제] 문맥상 '제공할 <u>계획이다</u>(plans to offer)'가 적절하다. 이 문제는 <plan + to부정사(~할 계획이다)>를 알고 있으면 정답에 쉽게 접근할 수 있다. 이 구문은 미래의 의미를 가지고 있다는 것도 기억해두자.

오답주의보 require와 remind는 모두 주장[요구, 제안, 의무]동사로서 업무상 '명령'이나 '권유'를 나타낸다.

어휘 according to (내용) ~에 따르면 spokesperson 대변인 organize 조직하다, 구성하다 remind 상기시키다, 다시 한 번 강조하다

129

Due to subway fares increasing annually, the citizens
decided to find a(n) ------ means of transportation.
(A) charitable
(B) alternative
(C) satisfied
(D) devoted

매년 오르는 지하철 요금 때문에, 시민들은 대체 가능한 다른 대중 교통수단을 찾기로 결정했다.

해설 [형용사 어휘 문제] 문장의 개연성을 찾는 것이 어휘 문제의 포인트! 부사절[구]가 있는 문장은 이를 활용하면, 쉽게 정답을 고를 수 있다. 부사구(due to)의 내용은 '매년 지하철 요금이 오르기 때문에', 주절의 내용은 이에 따라 '지하철을 대신할 다른 교통수단을 찾는다'는 의미이므로 '<u>대체 가능한</u>(alternative) 교통수단'이 잘 어울린다.

오답주의보 (C) satisfied(만족하는)는 감정유발 단어다. 동사 satisfy가 분사형으로 쓰일 때는 <-ing + 사물 / -p.p. + 사람> 형태를 취한다. satisfying이 문법적으로 맞는 표현이다.(satisfying means 만족스러운 방법)

어휘 fare (버스, 지하철 등) 운임료 citizen 시민, 국민 alternative 대체의, 대체할 만한 devoted 전념하는, 헌신하는

130

Stephanie Interior offers competitive benefits for all
employees including interns ------ its competitors only
provide them to full-time workers.
(A) whereas
(B) because
(C) however
(D) without

경쟁사들이 정규직들에게만 다양한 혜택을 제공하는 반면 스테파니 인테리어사는 인턴을 포함한 모든 사원들에게 경쟁력 있는 혜택을 제공한다.

해설 [전치사 / 접속사 / 접속부사 구별 문제] 블랭크 뒤에 문장(its competitors only provide~)이 나온다. 전치사인 (D) without(~없이)과 접속부사인 (C) however(그러나)는 제외되고, 양보부사절 접속사인 (A) whereas와 이유부사절 접속사인 (B) because를 남긴다. 주절과 부사절의 대조를 이루고 있으므로 (A) whereas(~ 반면에, 대조적으로)를 정답으로 고른다.

오답주의보 양보부사절 접속사를 암기하지 않으면, 자칫 (B) because만 접속사로 보일 수 있다. although나 even if와 같은 양보부사절 접속사는 주절과 부사절의 의미가 상반될 때 정답 확률이 높다. 이 문제 역시 주절에는 '이 회사는 모든 사원들에게', 부사절에는 '다른 회사들은 정규직에게만'으로 대조를 이루고 있다. 이런 경우 양보부사절 접속사를 정답으로 고른다.

어휘 competitive 경쟁력 있는, 뒤지지 않는, 공정한 whereas ~에 반하여(양보부사절 접속사)

Questions 131-134 refer to the following article.

Maple Town Bakery announced that its new customized wedding bakery service will commence ------- next week. **131.** According to the consumer report, local customers wish to purchase ------- wedding cake. **132.**

The survey also revealed that those who pick up their discount voucher at the Texas store are dissatisfied with the restriction of the price range. -------, the store's sales representatives will **133.** revise this certificate package based on the result of the report. -------. **134.**

메이플 타운 베이커리는 새로운 고객 맞춤형 웨딩케이크 서비스를 다음 주부터 개시할 거라고 발표했다. 소비자 보고서에 따르면, 지역 고객들은 그들만의 웨딩 케이크를 구매하기 원한다.

또한, 이 조사에서는 텍사스 상점의 할인 쿠폰을 소지한 고객들이 제품 가격대가 제한되어 불만을 갖고 있는 것으로 드러났다. 그래서, 텍사스 상점의 영업사원들은 연구 결과를 토대로 상품권 패키지를 수정할 것이다. 그들은 이런 문제들에 대해 토론하고 고객들과 상담하고, 그 내용들을 본사에 보고해서 상품권 패키지에 반영할 것이다.

어휘 customize 고객에 맞추다, 고객맞춤형으로 하다 consumer 소비자, 고객 reveal 나타내다, 폭로하다(= indicate, state) dissatisfied 불만이다, 불만족스럽다(satisfy의 부정어, 반대어) restriction 제한, 한계 revise 수정하다, 고치다 representative 영업사원,영업대표사원 their own 그들이 소유한(소유격의 대체 표현) thus 그러므로(접속부사, therefore의 유의어)

131
(A) start
(B) starting
(C) will start
(D) have started

해설 보기에 동사와 준동사가 등장한다. 이 문장에 본동사인 will commence(개시할 것이다)가 있으므로 동사는 올 수 없고 분사인 (B) starting을 정답으로 고른다. <starting + 미래시점>은 '~부로 시작하여'라는 의미로 쓰인다.(starting next week 다음 주부터 시작하여) 또 다른 표현으로는 <beginning[as of] + 시점> 등이 있다.
오답주의보 블랭크가 동사자리인지 아닌지를 파악하지 못하면, 블랭크 뒤의 next week라는 미래시제를 근거로 (C) will start를 정답으로 고를 수 있다.

132
(A) they
(B) their own
(C) them
(D) themselves

해설 기본 인칭대명사 문제, 블랭크는 명사 앞에 오는 소유격자리다. 보기 중에 소유격으로 쓰일 수 있는 것은 (B) their own(그들이 소유한)이다.
오답주의보 소유격을 대체하는 <소유격 + own>을 잘 기억해두자. 보기에 소유격이 없는 것처럼 보일 수 있다. 명사의 의미를 한정시켜주는 own은 소유격을 대체하는 인칭대명사 문제로 토익 시험에 가끔 출제된다.

133

(A) However
(B) Because
(C) Even though
(D) Thus

해설 보기는 접속사와 접속부사를 구별하는 문제라는 것을 알 수 있다. 블랭크는 부사자리이므로, (A) However(그러나)와 (D) Thus(그러므로, 그래서) 중에 해석상 어울리는 (D) Thus를 정답으로 고른다.

134

(A) She promises you that she will not be late to the workshop.
(B) They guarantees that there will not be much traffic.
(C) It will end sharply at 10 A.M.
(D) They will then discuss the issue and consult with each client, and the contents will be reported to the headquarter and apply to the package.

해설 소비자들의 요구들을 담아낸 새로운 서비스의 개시를 알리는 지문의 결론 부분이다. 앞 문장이 고객들의 의견에 따라 패키지 서비스를 수정할 수 있다는 내용으로 답의 단서이다. 따라서 '고객들과 상담하고, 그 내용들을 본사에 보고하여 반영한다'의 의미가 담긴 (D)가 어울린다.

오답주의보 (A)는 3인칭 단수인 She(그녀)를 받을 수 있는 사람이 앞 문장에 없으므로 어울리지 않고, 교통체증을 말하는 (B) 역시 문맥에 어울리지 않는다.

Questions 135-138 refer to the following letter.

June 30	6월 30일
Dear Ms. Garcia	가르시아 씨께
I am happy to announce that we will offer the position of a senior accountant to you. ------- the personnel department reviewed the application including your reference letter, the hiring committee interviewed you last week. Based on all factors, you are the most qualified applicant among more than 1000 candidates. As ------- in the last interview, the ------- portfolio you presented us is much expected to help us maintain the books.	당신에게 회계사 부장직을 제안할 것을 알리게 되어 기쁘게 생각합니다. 처음 인사부에서 당신의 추천서를 포함한 지원서를 검토한 후, 인사위원회는 지난주에 당신을 면접했습니다. 모든 요건들을 바탕으로, 당신은 1,000명 이상의 지원자 중에서 가장 적임자입니다. 지난 면접에서 논의한 대로, 저희에게 제출했던 회계 포트폴리오는 회계장부를 관리하는 데 무척 도움이 될 것으로 기대하고 있습니다.

135.

136.   **137.**

-------. He submitted additional reference letter to us and

138.

strongly recommended you. It was also very impressive.

You can find the enclosed standard contract and then sign and return it to us by next Friday on July 4.

Sincerely,

Enclosure.

Laura Crickson, Human Resources, Loen Financial

언젠가, 당신의 이전 회사였던 인베스트 어카운팅 회장님으로부터 전화를 받았습니다. 그는 추가적인 추천서를 보내시면서, 당신을 강력하게 추천하더군요. 이것 역시 무척 인상적이었습니다.

동봉된 표준 계약서를 확인해보시고, 서명 후 다음 주 금요일인 7월 4일까지 다시 보내주시면 됩니다.

감사합니다.

동봉

로라 크릭슨, 인사부, 로엔 파이낸셜

어휘 reference letter 추천서(=recommendation letter) based on ~을 기초로 두고, ~에 근거하여 factor (일반적인) 요소(음식의 경우는 ingredient) among (셋 이상) ~사이에 more than ~이상(숫자 앞에 쓰일 때에는 비교급 아닌 부사) candidate 후보자, 지원자 portfolio (업무 관련) 샘플, 포트폴리오 strongly recommend 강력하게 추천하다 impressive 감명 깊은, 인상적인

135
(A) Even though
(B) Nonetheless
(C) After
(D) Over

해설 블랭크 뒤에 완전한 문장이 등장하므로 부사절 접속사인 After를 정답으로 고른다. 보기 중에 부사절 접속사는 양보의 의미를 가진 (A) Even though(비록 ~일지라도, 그럼에도 불구하고)와 시간접속사인 (C) After(~한 후)가 있다. 해석상 '지원서를 리뷰하고, 면접을 진행했다'처럼 문장이 순차적으로 이어지므로 After가 어울린다.

136
(A) discussion
(B) discuss
(C) discussing
(D) discussed

해설 품사 문제, <as + pp + in(~에서 ~한대로)>라는 표현을 암기해두면, 정답을 쉽게 고를 수 있다. 이와 유사한 구문으로는 As indicated in the resume(이력서에 명시된 대로), As stated in the job description(직무소개서에 언급된 대로) 등이 있다.

오답주의보 위의 표현을 암기해두지 않으면, 자칫 블랭크를 명사자리로 오인하여 일반명사인 (A) discussion을 고를 수 있다.

137
(A) politics
(B) chemistry
(C) insurance
(D) accounting

해설 파트 6의 어휘 문제는 문장의 개연성 파악이 포인트다. 문맥상 회계사로 최종 합격했다는 것으로 보아 가르시아가 제출했던 것은 회계(accounting) 포트폴리오일 것이다.

138
(A) One day, we received a call from your former employer, the head of Invest Accounting.
(B) Your former supervisor wants to know if we can write a recommendation.
(C) Loen Financial is one of the largest investment companies in the nation.
(D) Employees in the Loen Financial have a responsibility to do the time keeping.

해설 문단이 바뀌면서 새로운 내용이 들어가는 곳이다. 뒤 문장과 연결이 매끄럽고 문단의 세부적인 내용을 요약한 보기를 찾는다. 블랭크 뒤의 문장은 이전 회사의 고용인이 가르시아를 추천한다는 내용이다. 이 문장에서 3인칭 단수 He가 사용된 것으로 보아 정답 문장에서 '직책'이나 '사람 이름' 등이 등장할 가능성이 높다. 의미상 적합한 보기는 (A)이다.(언젠가, 당신의 이전 회사였던 인베스트 어카운팅 회장님으로부터 전화를 받았습니다.)

오답주의보 이런 유형의 문제는 정답을 보기 중에 직접 고르기보다는 문맥상 어울리지 않은 보기부터 삭제·소거하는 방법으로 접근해야 한다. 앞뒤 문장의 문맥을 고려하지 않은 채 블랭크 뒤 문장의 3인칭 단수(He)를 단서로 해서 (B)를 고를 수도 있다. 하지만 추천서를 작성하는 주체가 우리(Loen Financial)가 될 수 없기 때문에 오답이다.

ACTUAL TEST 06 ACTUAL TEST 07 ACTUAL TEST 08 ACTUAL TEST 09 ACTUAL TEST 10

Up to 50% off the regular price

Total Nutrition's Annual Sale For Valued Customers

If you show this coupon at front desk or enter the coupon code on the web site, you can receive a discount (up to 50 percent) on your ------- 139. . The products include all supplements and energy drinks.

1) This offer ends October 20 and is ------- 140. to 1 voucher per person. However, this does not apply to the sale items. We don't allow exchanges or give refunds on these sales merchandise.

2) ------- 141. . According to our policy, the annual discount coupon cannot be combined with any other promotion.

3) If you are a first or prospective client, please offer your contact information to us and fill out the "NEW-COMER" survey on the web site. ------- 142. , you can use this offer by October 20.

정상가에서 최대 50% 할인

우수 고객을 위한 토탈 뉴트리션의 연례 정기세일

이 쿠폰을 프론트 데스크에서 보여주시거나 웹사이트에 쿠폰 코드번호를 입력하면, 고객은 구매하신 제품을 최대 50퍼센트까지 할인받을 수 있습니다. 이 제품들은 모든 보충제와 에너지 음료를 포함합니다.

1) 이 쿠폰의 마감 기한은 10월 20일이며, 1인당 1장의 쿠폰 사용으로 제한합니다. 하지만, 이 쿠폰은 할인 상품에는 적용되지 않습니다. 해당 상품들은 교환이나 환불이 되지 않습니다.

2) 이 할인 쿠폰은 멤버쉽 카드와 함께 사용할 수 없습니다. 저희 정책에 따르면, 연례 할인 쿠폰은 다른 어떤 판촉물과도 중복 사용이 불가합니다.

3) 만약, 신규 혹은 잠재 고객이라면, 저희에게 연락처를 알려주고 웹사이트에서 "NEW-COMER" 설문조사를 작성해주세요. 그렇게 하면, 이 쿠폰을 10월 20일까지 사용할 수 있습니다.

어휘 nutrition 영양, 영양학 enter the code 번호를 입력하다 up to ~까지, 최대 supplement 보충, 보충제 however 그러나, 반면에 (접속부사) apply to ~에 적용하다 merchandise 상품, 물품(= product, item) prospective 잠재적인, 잠정적인 operate 운영하다 otherwise 그렇지 않으면

139 (A) purchase
(B) purchased
(C) to purchase
(D) purchasing

해설 보기는 품사 문제. 소유격 뒤 명사자리다.

140
(A) indicated
(B) updated
(C) limited
(D) operated

해설 쿠폰의 사용기간 마감날짜와 1인당 1장씩이라는 제한사항을 말하고 있으므로 (C) limited가 어울린다.

141
(A) All items are priced down during the period.
(B) The membership card and this coupon cannot be used together.
(C) We can offer you 50% cash discount for clearance sale items.
(D) The project has been moderately successful due to the low margin.

해설 3)번의 쿠폰설명은 블랭크 뒤 내용이 단서이다. 다른 프로모션행사와 중복사용이 불가능하다는 내용이므로 (B)가 어울린다.
오답주의보 (D)번의 프로젝트의 수익성이나 (C)번의 재고정리 세일(clearance sale)등은 지문의 내용과 부합되지 않는다

142
(A) However
(B) If so
(C) For instance
(D) Otherwise

해설 보기는 모두 접속부사인 문제로, 접속부사는 앞문장과 뒷문장을 자연스럽게 연결해주는 의미가 중요하다. 앞의 내용이 조건을 의미하므로, (B) If so(만약 그렇다면)가 어울린다. (A) However(그러나)는 앞뒤의 내용이 반전을 이룰 때 사용하고 (C) For instance(예를 들면)는 뒤에서 부연설명을 추가로 할 때, (D) Otherwise(그렇지 않다면)는 앞의 내용을 부정하는 예시가 뒤에 나올 때 사용된다.

Questions 143-146 refer to the following letter.

Terresa Nicole P.O BOX h-229 Dear Ms. Nicole Thanks for your patronage of the Classic Library in Montano. -------. Instead, as an apology for the inconvenience, I have **143.** enclosed a free admission ticket for the author's reading event ------- stars Dominic Stevenson as a featured speaker. **144.** "The Moon and Stars" is also one of his best selling books, so the event ------- with a reading from the novel. Furthermore, he **145.** will have a question and answer session after his reading. This event will be held on upcoming Saturday at 1:00 P.M. Please accept my ------- and thank you for your understanding. **146.** Sincerely, Donovan Green The Classic Library	테레사 니콜 P.O BOX h-229 니콜 씨께 몬타노 클래식 도서관을 이용해주셔서 감사드립니다. 유감스럽게도, 귀하께서 참석하고자 했던 베스트셀러 작가들의 사인회가 저조한 등록 때문에 취소되었습니다. 그 대신, 사과의 의미로, 도미닉 스티븐슨이 특별 연사로 등장하는 저자 낭송회 무료 티켓을 동봉했습니다. 「The Moon and Stars」 역시 베스트셀러 중 하나이며 그가 직접 소설의 한 부분을 낭독하면서 행사는 시작될 것입니다. 뿐만 아니라, 낭독회 이후에는 질의 응답 시간을 가질 예정입니다. 이번 행사는 다가오는 토요일 오후 1시에 열립니다. 저의 제안을 받아주시길 바랍니다. 이해주셔서 감사합니다. 진심을 담아 도노반 그린 클래식 도서관

어휘 patronage 보조, 후원, 재구매 instead 대신에(접속부사) inconvenience 불편함 admission 입장, 출입 author 저자, 글쓴이 featured speaker 특별연사 upcoming 다가오는(+ 미래 시점) commence 시작하다, 개시하다 invoice 송장, 명세 기입 청구서

143
(A) The recent reports indicated that online book sales have increased.
(B) We have a plan to hold an international book signing for overseas customers.
(C) Unfortunately, the best sellers' book signing you wish to attend has been canceled due to the insufficient enrollment.
(D) Our managers request that sales reports be submitted on time.

해설 신유형 문장넣기 문제는 지문의 전체 맥락과 함께 블랭크 앞뒤 문맥도 잘 파악해야 한다. 블랭크 뒤 문장에 사과(apology)하는 의미에서 티켓을 보내준다고 말한다. 정답 문장에도 역시 고객에게 양해를 구하거나 사과하는 등의 부정적 내용이 들어갈 것으로 예상된다. 문맥상 (C)가 어울린다.(유감스럽게도, 귀하께서 참석하고자 했던 베스트셀러 작가들의 사인회가 저조한 등록 때문에 취소되었습니다.)

오답주의보 사인회라는 내용만을 보고 (B)를 고르지 않도록 주의한다. 뒤 문장(사과의 내용)과 연결되지 않을뿐더러, 해외 고객들(overseas customers)이라는 표현은 개연성이 없다. 이러한 문제를 풀 때에는 정답을 고르기보다 맥락이 어색한 보기부터 삭제·소거해 나간다. 오답부터 삭제하는 게 정답을 쉽게 고를 수 있기 때문이다. 예를 들어, (A)의 '책 판매 관련 내용'이 전혀 어울리지 않는 것처럼 말이다.

144
(A) which
(B) that
(C) instead
(D) provided that

해설 보기는 전치사 / 접속사 / 접속부사 등으로 이루어져 있다. 블랭크 바로 뒤에 동사가 있기 때문에 블랭크는 관계대명사자리다. 선행사는 사물(event), 주격 관계대명사 중 사물 선행사를 주어로 취할 수 있는 것은 (A) which이다. 참고로 that은 관계대명사로 쓰이는 경우 who나 which를 대체할 수 있다.

오답주의보 뒤에 동사가 있기 때문에 부사절 접속사인 (D) provided that(만약 ~라면)을 정답으로 고를 확률이 높다. 부사절 접속사 뒤에는 완전한 문장이 온다. 이 문제처럼 블랭크 뒤에 주어가 없는 경우에는 정답이 될 수 없다.

145
(A) commences
(B) commenced
(C) commencing
(D) will commence

해설 보기를 통해 블랭크가 동사자리라는 것을 쉽게 알 수 있다. 파트 6의 동사문제는 문장 내에 시제 관련 단서(시제부사)를 찾기보다는 앞뒤 문장에서 시간의 흐름을 파악해서 정답을 골라야 한다. 블랭크 뒤의 문장이 미래형(he will have)이므로 아직 행사가 열리지 않았다. 따라서 미래형 동사인 (D) will commence를 정답으로 고른다.

오답주의보 문맥 흐름상 행사를 열리기 전이라면 미래형 동사를, 이미 열렸다면 과거형 동사를 고른다.

146
(A) offer
(B) invoice
(C) book
(D) congratulation

해설 블랭크에 들어갈 적절한 명사를 고르는 문제다. 지문의 초반부에 '사과의 의미로 무료 티켓을 동봉했다'고 말하므로 '이런 제안(offer)을 받아달라'는 의미가 어울린다.

오답주의보 '도서관'이라는 장소 때문에 어림짐작으로 (C) book을 정답으로 고를 수 있다. 파트 6의 어휘 문제는 블랭크 앞뒤보다는 전체 맥락이 어떻게 진행되는지를 파악하는 것이 더 중요하다.

ACTUAL TEST 06 ACTUAL TEST 07 ACTUAL TEST 08 ACTUAL TEST 09 ACTUAL TEST 10

101

If drivers fail to ------- to traffic rules, a fine will be charged to them.
(A) conform
(B) comply
(C) observe
(D) direct

운전자들이 교통법규를 따르지 않는다면, 그들에게 벌금이 부과될 것이다.

해설 [동사 어휘 문제] to부정사인 fail to(~을 실패하다)와 의미가 부합되는 동사를 고르는 문제다. 문맥상 '교통법규를 따르는 것을 실패하다'라는 의미이므로 정답은 (A) conform(따르다, 준수하다)이다.

오답주의보 (B) comply도 같은 뜻으로 쓰이지만 전치사 with와 함께 써야 한다.(comply with) 타동사인 (C) observe(~을 준수하다) 역시 바로 뒤에 목적어가 와야 한다. (A), (B), (C) 모두 '따르다, 지키다'의 뜻을 갖고 있는 동사들이다.

어휘 fail to 실패하다, 위반하다(+ 동사원형) fine 벌금 charge 부과하다 conform (to) ~을 따르다, 지키다 comply (with) ~을 따르다, 순응하다 observe 준수하다, 지키다

102

Building an amusement park in the rural area will result ------- the creation of many part-time jobs.
(A) to
(B) in
(C) of
(D) from

시골 지역에 놀이 공원을 건설하면 많은 파트타임직이 생길 것이다.

해설 [전치사 문제] 단순전치사를 고르는 문제처럼 보이지만, 실제로는 동사세트를 암기해야 풀리는 어휘 문제다. result와 함께 쓰이는 전치사에는 (B) in과 (D) from이 있다. result in은 '~을 초래하다', result from은 '~로부터의 결과다'라는 의미를 갖는다. 해석상 '놀이 공원 때문에 많은 파트타임직이 생긴다'는 의미이므로 result in이 적절하다.

어휘 amusement park 놀이공원, 테마파크 rural 시골의, 지방의 result in 초래하다, ~의 결과를 낳다

103

Every head of the departments wants to ------- the changes to the incentive policy at the annual conference.
(A) concentrate
(B) clarify
(C) seek
(D) obtain

모든 부서의 부장은 연례 회의에서 인센티브 정책의 변화에 대해 명확히 말하고 싶어 한다.

해설 [동사 어휘 문제] 블랭크 뒤는 to부정사의 목적어다. 문맥상 '부장들이 연례 회의(at the annual conference)에서 인센티브 정책에 대해 -----하기를 원한다'라는 의미이므로 (B) clarify(명확하게 하다, 확실하게 말하다)가 어울린다.

어휘 concentrate 집중하다, 포커스를 맞추다 clarify 분명하게 하다, 확실하게 하다 obtain 손에 넣다, 가지다

104
Motor Supplies Co. currently also has three ------- in Seoul, including seven in Tokyo.
(A) locations
(B) location
(C) locate
(D) locates

모터 서플라이즈는 일본에 있는 7개 지사를 포함하여, 현재 한국에도 3개의 지점을 소유하고 있다.

해설 [품사문제] 블랭크는 have동사(갖다)의 목적어 자리다. 따라서 복수명사인 (A) locations(장소들)를 정답으로 고른다. (B) location(단수명사)도 목적어 자리에 올 수 있지만 앞에 숫자를 의미하는 three(3개)가 복수이므로 단수명사는 올 수 없다.
어휘 currently 현재의(주로 현재진행형 동사와 쓰인다) including ~을 포함하여

105
The T.G Gardening has specialized in landscaping the corporate's headquarters ------- 2001.
(A) for
(B) since
(C) while
(D) in

TG 가드닝은 2001년부터 본사의 조경을 전문으로 하고 있다.

해설 [전치사와 접속사 구별 문제] 블랭크 뒤에 시점표현(2001년)이 있으므로 접속사인 (C) while(~하는 동안)은 삭제된다. (B) since(~ 이래로)가 전치사로 쓰이는 경우, 뒤에는 과거시점(2001), 주절에는 현재완료형(has specialized)이 온다.
오답주의보 (A) for(~ 동안) 역시 주절에 현재완료형이 올 수 있지만, 뒤에 기간을 나타내는 표현이 와야 한다.(예: for 3 years) (D) in(~에) 역시 뒤에 기간표현이 와야 정답으로 쓸 수 있다.
어휘 specialize in ~을 전공으로 하다, 전문으로 하다 landscaping 조경

106
Tickets for this year's World Car Show and other related events may be purchased through the online site as well as the ------- box office.
(A) approachable
(B) vacated
(C) traditional
(D) close

이번 년도 세계 자동차 쇼와 관련 행사 티켓들은 전통적인 매표소뿐 아니라 온라인 사이트에서도 구매가 가능합니다.

해설 [형용사 어휘 문제] as well as구문을 통해 정답의 단서를 찾을 수 있다. A as well as B(A뿐 아니라 B 역시) 구문은 A부분을 잘 살펴봐야 한다. 문맥상 '온라인 사이트뿐만 아니라 ----- 매표소에서도'라는 의미이므로 (C) traditional(전통적인)을 정답으로 고른다.
어휘 approachable 가까이 하기 쉬운, 친해지기 쉬운 vacated 비어 있는, 공석의 through ~을 통하여 as well as ~뿐만 아니라, ~도 역시

107

------- the 1990's map, the Mido's main plant was at the intersection of the first avenue and Highway 17.
(A) How to
(B) According to
(C) Along
(D) Due to

1990년대 지도에 따르면, 미도의 주요 공장은 1번가와 17번 고속도로 교차 지점에 위치해 있었다.

해설 [전치사 어휘 문제] 블랭크 뒤에 명사(the 1990's map)가 있으므로 to부정사구인 (A) How to(어떻게 ~할지)와 장소전치사인 (C) Along(~을 따라)을 삭제한다. 전치사인 (B) According to 뒤에는 문서나 대변인의 말 등이 와서 '(내용)에 따르면'이라는 뜻을 갖는다. 이유전치사인 (D) Due to(~ 때문에, ~이므로)는 문맥상 어울리지 않는다.

오답주의보 단순전치사 문제를 풀 때에는 장소전치사와 시간전치사를 이용하면 정답을 찾기가 쉽다. 예를 들어, 이 문제의 경우 블랭크 뒤는 장소표현이 아니므로 장소전치사를 삭제하고, 시간표현도 아니기 때문에 시간전치사를 삭제한다. 토익 시험의 전치사 문제는 보기에 시간·장소전치사가 자주 등장한다.

어휘 how to 어떻게 ~할지, ~하는 방법(+ 동사원형) intersection 교차 지점, 교차로

108

The new production manager has ------- promised to boost all branch offices' profits by 25 percent within a year.
(A) already
(B) soon
(C) routinely
(D) currently

신임 생산관리 책임자는 모든 지점들의 수익을 1년 이내에 25퍼센트까지 올리겠다고 이미 약속했다.

해설 [부사 어휘 문제] 동사와 어울리는 시제부사를 묻고 있다. (A) already(이미)는 현재완료형, (B) soon(곧)은 미래형, (C) routinely (정기적으로)는 현재형, (D) currently(현재의)는 현재형 혹은 현재진행형과 어울린다. 문장의 동사가 현재완료형(has promised)이므로 (A) already를 정답으로 고른다.

어휘 has promised ~을 약속했다 boost 끌어올리다, 올리다 profit 수익, 이익 routinely 일상적으로, 반복적으로

109

The administrative managers in the Hilton Hotel Korea requested a strict ------- regarding the efficiency of the heating system during the winter season.
(A) position
(B) option
(C) evaluation
(D) invitation

힐튼 호텔 코리아의 관리부 매니저들은 겨울 동안 난방 시스템의 효율성에 관한 엄격한 평가를 요구했다.

해설 [명사 어휘 문제] 문장 전체의 의미를 파악하고 개연성을 찾는다. 매니저가 효율성에 관한 '무엇'을 요구했는지와 블랭크 앞의 strict(철저한, 엄격한)라는 형용사가 단서가 된다. 문맥상 난방 시스템의 효율성에 관한 철저한 '평가(evaluation)'가 어울린다.

어휘 administrative 관리의, 관리상의 regarding ~에 관한(전치사) efficiency 효율, 효율성 strict 엄격한, 정확한

110

Throughout the probationary period, all newly hired sales clerks will work ------- with their supervisors having a lot of experience.
(A) hard
(B) nearly
(C) closely
(D) cautiously

수습 기간 동안, 모든 신입 판매직원들은 경험 많은 선배들과 긴밀하게 일할 것입니다.

해설 [부사 어휘 문제] 문장의 개연성을 찾지 않으면 함정에 빠질 확률이 높다. 수습 기간 동안 신입 사원들이 상사와 함께 일한다는 내용으로 블랭크 뒤의 with(~함께)가 정답의 단서다. 그들이 함께 긴밀하게 일을 한다는 의미가 어울리므로 (C) closely가 정답이다.

오답주의보 부사는 동사 수식이 핵심 기능이기는 하지만, 덩어리표현에 의존하면, work <u>hard</u>(열심히 일하다)를 정답으로 고를 수 있다. 어휘 문제는 특히 개연성 파악에 집중해야 오답을 피해갈 수 있다.

어휘 probationary 수습 중인, 시도의 supervisor 직장 상사, 선배(직장) nearly 거의, 대략 closely 면밀하게, 가까이서

111

The CEO recently recognized that neither the vice president ------- the other executives supported this budget agenda.
(A) but
(B) and
(C) nor
(D) while

CEO는 이번 예산안 안건에 대하여 부사장뿐 아니라 다른 회사 중역진들도 환영하지 않는다는 것을 깨달았다.

해설 [등위(상관)접속사 문제] 보기 중에 while을 제외한 나머지가 등위(상관)접속사다. neither가 정답의 단서가 된다. neither는 nor와 함께 쓰여 neither A nor B(A와 B 둘 다 아닌)구문을 만든다. 토익 빈출어휘이므로 반드시 암기해두자.

어휘 recognize 알아보다, 인정[식]하다 neither A nor B; A도 B도 둘 다 아닌 budget 예산, 예산안 agneda (회의) 안건

112

The Cross Corporation is the main provider of office supplies and ------- products in the district.
(A) collaboration
(B) cosmetic
(C) stationery
(D) seafood

크로스 기업은 그 지역 사무용 비품들과 문구류 제품들의 주요 공급업체이다.

해설 [명사 어휘 문제] 2형식 병렬구문의 문장이므로 and 앞의 내용과 연결되는 의미의 단어를 고른다. office supplies(사무용 비품)와 비슷한 의미는 (C) stationery(문구류)이다.

어휘 office supplies 사무용 비품 stationery 문구류, 문방구 제품 cosmetic 화장품

113

Due to the limited budget, the design department decided to create flyers for the recycling program -------.
(A) themselves
(B) they
(C) their
(D) them

제한된 예산 때문에. 디자인부서에서는 재활용 프로그램 전단지를 직접 만들기로 결정했다.

해설 [인칭대명사 문제] 블랭크 뒤가 막혀 있기 때문에 주격인 (B) they(그들은)와 소유격인 (C) their(그들의)는 탈락된다. 이들 뒤에는 동사와 명사가 나와야 하기 때문이다. 정답은 완전한 문장 사이에 들어가서 부사 역할을 하는 (A) themselves(재귀대명사)다.

오답주의보 인칭대명사 중에서 재귀대명사는 의미를 강조해주는 부사적 용법으로 사용할 수 있다.

어휘 flyer 전단지 recycle 재활용하다, 다시 사용하다

114

------- solve its production rates at an all-time low, Coel Beverage company decided to upgrade most of its machinery.
(A) Once
(B) In an effort to
(C) Unless
(D) According to

사상 최저인 생산율을 해결하기 위한 노력의 일환으로 코엘 음료회사는 그들의 기기(장비)들을 업그레이드하기로 결정하였다.

해설 [전치사 / 접속사 / to부정사 구별 문제] 블랭크 바로 뒤에 동사원형이 있기 때문에 to부정사구문인 (B) In an effort to(~하기 위한 노력의 일환으로)가 정답이다.

오답주의보 부사절 접속사인 (A) Once(일단 ~하면)와 (C) Unless(만약 ~가 아니라면) 뒤에는 완전한 문장(주어 + 동사)이 와야 한다. 이 문제는 주어가 빠진 불완전한 형태이므로 부사절 접속사는 오답이다. 전치사인 (D) According to(~에 따르면) 뒤에는 명사가 와야 한다.

어휘 solve 풀다, 해결하다 production rate 생산율, 생산성 at an all-time low 사상 최저인, 지금까지 제일 낮은 수준인 in an effor to ~하기 위한 노력의 일환으로(+ 동사원형) unless 만약 ~ 아니라면(= if의 반대말)

115

Ms. Jang makes sure that all the workers she supervises have a ------- understanding of the safety precautions.
(A) clear
(B) clearly
(C) clears
(D) clearly

장 씨는 그녀가 관리하는 모든 사원들에게 안전 예방수칙을 확실하게 이해하도록 했다.

해설 [품사 문제] 명사(understanding) 앞의 블랭크는 형용사자리다. 보기 중에 형용사는 clearly(부사)에서 –ly를 삭제한 (A) clear(확실한, 깨끗한).

어휘 makes sure that that 이하를 확실하게 하다 supervises 감독하다, 지휘하다 safety precaution 안전 예방책, 안전 예방수칙

116
The accounting department is currently investigating a number of complaints ------- our high-speed internet service.
(A) during
(B) instead of
(C) including
(D) concerning

회계부서는 현재 초고속 인터넷 서비스에 관한 많은 불만사항들을 조사 중이다.

해설 [전치사 문제] (D) concerning(~에 관한)은 전치사, 유의어로는 regarding, about, as to, pertaining to 등이 있다. 보통 '(주제)에 관한 미팅 / 조사 / 문제 / 질문 등이 출제되므로 관련 표현들을 암기해두면 정답을 쉽게 고를 수 있다. 이 문제 역시 '초고속 인터넷 서비스에 관한 불만(complaints concerning our high-speed internet service)'이라는 의미가 어울린다.
어휘 investigate 조사하다, 연구하다 including ~을 포함하여 concerning ~에 관한, ~에 관계된(= pertaining to)

117
Ms. Datoba was honored with the Employee of the Year award for her ------- performance on this ongoing projects.
(A) exemplary
(B) doubtful
(C) informative
(D) dependent

다토바 씨는 진행 중인 프로젝트에서 모범이 되는 실적을 거둬 올해의 사원상을 수상했다.

해설 [형용사 어휘 문제] 문맥상 '다토바 씨가 모범이 되는 성과를 이루어 올해의 사원상을 수상했다'는 내용이므로 보기 중에 (A) exemplary(모범이 되는, 칭찬할 만한)가 잘 어울린다.
어휘 honor 영광을 베풀다, 수여하다 ongoing 현존하는, 진행하는 exemplary 모범이 되는, 칭찬할 만한 doubtful 의심을 품은, 확신이 없는 dependent 의존하는, 의지하는

118
After a four-month delay, Dina Software is ------- ready to launch a sequel to the popular mobile game 'Shot Gun.'
(A) final
(B) finalizing
(C) finally
(D) finalize

디나 소프트웨어는 4개월간의 연기 끝에, 마침내 인기 모바일 게임인 '샷건'의 후속편을 출시할 준비가 되었다.

해설 [품사 문제] be동사와 형용사(ready) 사이는 부사(finally 마침내, 드디어)자리다. 부사는 완전한 문장 사이 혹은 형용사 앞에 온다.
어휘 be ready to ~할 준비가 되어 있다 sequel 계속, 후편 final 마지막의, 최종적인 finalize 마치다, 끝내다

119

The recent survey indicated ------- almost each member of the monitoring group found new soap's floral scent appealing.

(A) that
(B) what
(C) these
(D) whose

최근 조사에 따르면 모니터 그룹의 거의 모든 구성원들이 새로운 비누의 꽃향기가 상당히 매력적이라고 말했다.

[해설] [관계대명사와 대명사, 명사절 접속사 구별 문제] 우선, 블랭크 뒤에 완전한 문장이 있기 때문에 접속사를 골라야 한다. 불완전한 문장을 이끄는 명사절 접속사인 (B) what을 삭제하고, 선행사를 필요로 하는 소유격 관계대명사인 (D) whose도 삭제한다. 동사 indicate(가리키다, 나타내다)의 목적어 역할을 하면서 완전한 문장을 이끄는 명사절 접속사인 (A) that이 정답이다.

[어휘] indicate 나타내다, 가리키다, 간단히 말하다 soap 비누 floral 꽃의, 꽃 같은

120

To comply with safety measures, all residents in the KEB Apartment should ------- the units when the emergency alarm rings.

(A) vacate
(B) predict
(C) incline
(D) eliminate

안전수칙을 따르기 위하여, KEB아파트의 거주자들은 긴급 알람이 울리면 반드시 건물을 비워주시기 바랍니다.

[해설] [동사 어휘 문제] (A) vacate는 '(건물·좌석 등을 다른 사람이 이용할 수 있도록) 비우다'의 의미를 갖는다. 구성 단위 한 개를 나타내는 유닛(unit; 아파트나 호텔의 방)과 함께 쓰인다.

[어휘] to comply with ~을 따르기 위하여 measure 조치, 방법 unit (하나) 단위, 구성 predict 예상하다, 기대하다 incline 기울이다, 경사지게하다 eliminate 제거하다, 배제하다

121

Total Shoes' employees received a ------- training manual which accordingly explains work policies and responsibilities.

(A) disciplined
(B) skilled
(C) projected
(D) detailed

토탈 슈즈사의 사원들은 회사 정책들과 임무들을 설명한 세부적인 훈련 매뉴얼을 받았다.

[해설] [형용사 어휘 문제] 블랭크 뒤의 training manual(훈련 매뉴얼)은 회사 정책이나 담당 업무 등을 상세하게 설명하기 때문에 문맥상 (D) detailed(상세한, 세세한)가 어울린다.

[어휘] accordingly 따라서, 그러므로 responsibility 책임, 임무 discipline 훈련, 훈육

122

Before all applicants submit the attached form to our personnel department, the envelop should be cut ------- along the dotted blue line.
(A) **open**
(B) opens
(C) opener
(D) openly

모든 지원자들이 첨부된 양식서를 저희 인사부로 제출하기 전에, 봉투는 파란색으로 표시된 선을 따라 개봉되어야 합니다.

해설 [품사 문제] 5형식동사(cut)의 목적격보어인 형용사를 고르는 문제다. 이 문장은 능동태의 목적어(envelop 봉투)가 주어로 쓰인 수동태문장이다. 즉, 봉투를 (어떻게) 잘라야 하는지를 묻고 있다. 5형식문장은 목적어 뒤에 부사 대신 목적어를 꾸며주는 목적격보어로 형용사가 온다. 따라서 정답은 형용사인 (A) open(펼쳐져 있는, 열려 있는)이다. 이러한 5형식동사로는 cut 이외에 make, find, keep, consider(= deem, 고려하다) 등이 있다.

어휘 submit 보내다, 제출하다 attached 첨부된, 동봉된 envelop 봉투, 포장지 cut open 개봉하다, 봉투를 뜯다 along ~을 따라서

123

Please note that when the item you ordered are shipped to your address, it will take ------- six to seven days to arrive.
(A) immediately
(B) **approximately**
(C) lately
(D) carefully

고객께서 주문하신 물품이 주소로 배송되기까지 대략 6일에서 7일 정도 걸린다는 것을 알아두시기 바랍니다.

해설 [부사 어휘 문제] 숫자 앞에 쓰이는 부사를 고르는 문제다. 정확한 숫자 혹은 숫자를 의미하는 어휘 앞에는 (B) apporximately를 비롯하여 nearly, roughly, around, almost 등이 오며, 모두 '대략, 약'의 뜻을 지닌다.

어휘 immediately 즉시, 즉각, lately 최근에

124

------- receive their reimbursement quickly, employees should fill out the expense form with original receipts.
(A) **In order to**
(B) So that
(C) Although
(D) Because

직원들은 환급을 빨리 받기 위하여 영수증 원본과 함께 비용 보고서를 작성하셔야 합니다.

해설 [전치사와 접속사 구별 문제] 블랭크 뒤에 동사원형이 있으므로 to부정사구문인 (A) In order to(~하기 위하여)를 정답으로 고른다. 부사절 접속사인 (B) So that(~하기 위하여), (C) Although(반면에, 그럼에도 불구하고), (D) Because(~이므로, ~ 때문에)는 뒤에 완전한 문장이 와야 하므로 오답이다.(예: 주어 + 동사 + 목적어 순)

어휘 reimbursement 상환, 환급 fill out ~을 작성하다, 빈칸을 채우다 expense form 비용보고서 so that ~하기 위하여(부사절 접속사) in order to ~하기 위하여(+ 동사원형)

125

There is noticeable ------- among consumers awaiting the release of the FKH28957 mobile phone.
(A) enthusiasm
(B) enthusiastically
(C) enthusiasts
(D) enthusiastic

FKH28957 모바일 폰의 출시를 기다리는 고객들 사이에는 눈에 띄는 열정이 있다.

해설 [품사 문제] 이 문장은 <there is + 주어명사(~이 있다)>구문으로 블랭크는 형용사(noticeable 눈에 띄는)의 수식을 받는 명사 자리다. 보기 중에 사물명사인 (A) enthusiasm(열정, 정열)과 사람명사인 (C) enthusiasts(애호가, 열정적인 사람, 매니아)가 정답 후보다. there is구문은 뒤에 주어가 복수면 there are ~, 단수면 there is ~를 쓰기 때문에 정답은 단수 사물명사인 (A) enthusiasm 이다.

어휘 noticeable 눈에 띄는, 두드러진 enthusiasm 열정, 열중, 열심 await 기다리다, 대기하다

126

All Right Electronics' engineers ------- not only in repairs but also in maintenance.
(A) invest
(B) specialize
(C) result
(D) indicate

올 라이트 전기회사의 엔지니어들은 수리 뿐 아니라 유지·보수작업도 전문으로 하고 있다.

해설 [동사 어휘 문제] 상관접속사인 not only A but also B(A뿐 아니라 B 역시)구문을 이용하면 정답에 좀 더 쉽게 접근할 수 있다. 그리고 전치사 in과 함께 쓰이는 동사를 고르는 것도 하나의 방법이다. in 뒤의 내용이 담당 업무이므로 specialize in(~을 전공으로 하다, 전문으로 하다)이 잘 어울린다.

어휘 maintenance 유지·보수작업 invest 투자하다, 소비하다 result (~의 결과로) 발생하다 indicate 나타내다, 가르키다

127

As you know that the ------- safety inspections are conducted on Mondays of each month.
(A) absent
(B) probable
(C) routine
(D) eventual

아시다시피 정기 안전점검은 매달 월요일마다 시행되고 있습니다.

해설 [형용사 어휘 문제] 안전점검(safety inspections)과 어울리는 형용사를 고르는 문제다. 반복적인 습관이나 행동은 현재형 동사를 사용한다는 문법을 알고 있으면 정답을 고르기가 쉽다. 문맥상 '----- 안전점검'에 들어갈 적절한 형용사는 (C) routine(정기적인, 일상적인)이다.

어휘 conduct (특정 활동을) 수행하다 absent 부재의, 결석의, 결근의 probable 있을 것 같은 routine 일상적인 eventual 최후의, 종국의

128

Ours-Drink has announced plans to ------- a new flavor's beverage in an effort to appeal to teenagers.
(A) launches
(B) launch
(C) launched
(D) launching

아워스 드링크는 10대 고객들을 끌어들이기 위한 노력의 일환으로 새로운 맛의 음료수를 출시할 계획을 발표했다.

해설 **[품사 문제]** plan to 뒤에는 동사원형(to부정사)이 온다. 동사원형인 (B) launch(출시하다)가 정답이다.

어휘 plan to ~할 계획이다, 의도이다(+ 동사원형) in an effort to ~하기 위한 노력으로(+ 동사원형) launch 출시하다, 내놓다

129

The Bureau of Labor Statistics has requested that the inspectors examine probable problems in the quarterly accounting data more -------.
(A) willingly
(B) hastily
(C) nearly
(D) attentively

통계청에서는 분기별 회계 자료의 예상 가능한 문제점들을 주의 깊게 검토하라고 조사관들에게 요청했다.

해설 **[부사 어휘 문제]** 부사는 완전한 문장 뒤에서 문장 전체 또는 동사를 수식해준다. 문맥상 '조사관들이 회계 자료에서 있을 것 같은 문제점들을 <u>주의 깊게 검토</u>하다'라는 의미이므로 (D) attentively가 정답이다.

어휘 examine 조사하다 quarterly 분기의, 분기별로 willingly 기꺼이 hastily 바삐, 긴급히 nearly 거의 attentively 주의 깊게

130

While Mr. Hadjovic's promotion to chief editor took place two months ago, his former position has ------- to be filled.
(A) hardly
(B) even
(C) like
(D) yet

하조비치는 2달 전에 편집장으로 승진되었지만, 아직 그의 이전 직책은 사람이 채워지지 않았다.

해설 이 문제는 <have <u>yet</u> + to부정사>구문을 사용했다. '아직까지 ~하지 않았다'라는 뜻으로 부정의 의미를 지닌다.

어휘 promotion 승진, 홍보 former position 이전 직책 fill 채우다 hardly 거의 ~않다(= rarely)

PART 6

Questions 131-134 refer to the following notice.

Attention Employees

------ Rodger Dub Coporation, we will introduce a new
131.
business record system next month so new ID and password
will be sent to all employees including interns shortly.

------. While the new timekeeping system is in effect, workers
132.
should continue to enter their new ID and password at arrival
and departure. The new log-in machine will be located ------
133.
the entrance.

The security department will ------ all issues regarding the
134.
procedures, such as issuing your new ID and password and so
on. If you have any questions about this new system, please
feel free to talk to me in my office.

Thank you.

Kai Green
Administration Department

모든 사원에게 알립니다

로저 덥 회사를 대표하여, 우리는 다음 달
에 새로운 업무 기록 시스템을 소개할 예
정입니다. 그래서 새로운 인턴을 포함한 모
든 사원들에게 아이디와 비밀번호를 곧 제
공할 것입니다.

이번 시스템은 타임카드의 역할도 할 것입
니다. 새로운 시간 기록 시스템이 시행되
면 사원들은 출퇴근할 때마다 새로운 아
이디와 비밀번호를 계속 입력해야 합니다.
이 새로운 로그인 기계는 출입구 앞에 배
치될 것입니다.

안전관리부서에서는 새로운 ID와 비밀번호
발급 등과 같은 절차와 관련된 모든 문제들
을 처리할 것입니다. 이 시스템에 관해 질문
이 있으면, 제 사무실에 오셔서 편하게 말
씀해주세요.

감사합니다.

카이 그린
관리부

어휘 introduce 소개하다, 소개시키다 shortly 곧, 곧바로(= soon) password 비밀번호 timekeeping 시간기록, 출퇴근기록 arrival and departure 도착과 출발, 출근과 퇴근 procedure 절차, 과정 such as ~와 같은 on behalf od ~을 대신하여, 대표하여 as to ~에 관한(= regarding) deal with ~을 다루다, ~을 처리하다(= handle)

131
(A) On behalf of
(B) In response to
(C) Due to
(D) Instead of

해설 이 지문은 관리부에서 모든 사원들에게 알리는 공지문이다. 첫 문장은 '새로운 업무 시스템을 회사를 대신해서 소개한다'는 의미
이므로 (A) On behalf of(~을 대표하여, 대신하여)가 정답이다.

132
(A) The new ID card will be picked up at the security office.
(B) The workshop will begin next month.
(C) You can use the system until the subscription expires.
(D) This system will also function as the timecard.

해설 이 문단에서는 새로운 업무 기록 시스템에 대한 역할과 사용법 등을 소개하고 있다. 블랭크 뒤 문장에서 시간 기록(time keeping)과 출퇴근(arrival and departure), 아이디와 비밀번호 입력 등이 나온다. 정답 문장에서도 이와 관련된 내용이 나올 것이다. 정답은 (D) 이번 시스템은 타임카드의 역할도 할 것입니다.

오답주의보 (A) 얼핏 정답처럼 보이지만 '새로운 ID카드를 경비실에서 찾아 올 수 있다'라는 내용은 문맥상 어울리지 않는다. (C)의 정기구독이나 (B)의 트레이닝 워크숍 등은 문맥과는 관련이 없다.

133
(A) during
(B) into
(C) in front of
(D) as to

해설 블랭크 뒤에 장소명사(entrance 정문)가 있다. 보기 중에 장소전치사로 쓸 수 없는 (A) during(~하는 동안)과 (D) as to(~에 관한)를 삭제한다. (B) into(~ 속으로) 역시 장소명사 앞에 쓸 수 있지만 해석상 어울리지 않는다. 정답은 (C) in front of(~ 앞에)이다.

134
(A) estimate
(B) release
(C) invest in
(D) deal with

해설 문맥상 '안전관리부서(The security department)에서 새로운 ID나 비밀번호 발급 등의 모든 문제들을 처리하다'라는 내용이므로 (D) deal with(~을 처리하다, 담당하다)를 정답으로 고른다. 유의어로는 handle, take care of 등이 있다.

ACTUAL TEST 06
ACTUAL TEST 07
ACTUAL TEST 08
ACTUAL TEST 09
ACTUAL TEST 10

Questions 135-138 refer to the following letter.

To: All tenants

From: The superintendent's office in Koran I-space.

Date: August 30

Subject: Installation and Renovation

Since last year, we have received the complaints about our entrance and facilities. ------- the demands, we will start the
135.
repair work from September 15. We are going to renovate the entrance door and ------- pipes on the second floor with their
136.
interior/remodeling project. It will take approximately 2 weeks to complete the project.

The project is supposed to be finished by September 30, and the banks and sports facilities on the second floor will be closed during this period. -------. We would like to provide you all the
137.
services and amenities you need and ready for the comfortable -------.
138.

If you have any questions or concerns about the schedule, please contact the superintendent's office. (02-349-2982)

Jennifer Maron

The superintendent's office, Koran I-space

받는 사람: 모든 세입자

보낸 사람: 코란 아이스페이스. 관리사무소

날짜: 8월 30일

제목: 설치 및 보수작업

작년부터, 저희는 정문과 시설물들에 관한 불만 사항들을 계속 받아왔습니다. 이 요구에 대응하고자, 9월 15일부터 보수 공사를 시작할 계획입니다. 정문을 개조하고 인테리어 / 리모델링 공사와 함께 2층에 있는 파이프를 수리할 것입니다. 이 공사가 끝나려면 약 2주일 정도 걸립니다.

이 공사는 9월 30일에 종료될 것이며, 2층에 있는 은행들과 체육시설들은 이 기간 동안에 휴업할 예정입니다. 따라서, 모든 세입자들은 10월 1일 이후에 은행을 이용할 수 있습니다. 저희들은 여러분에게 필요한 모든 서비스와 편의 시설과 안락한 거주 공간을 제공하려고 합니다.

일정에 관한 문의사항이나 용건이 있으면, 관리사무소로 연락주세요.(02-349-2982)

제니퍼 마론

관리사무소. 코란 아이스페이스

어휘 superintendent 관리자, 책임자 demand 요구, 수요 entrance door 출입문, 입구 approximately 대략, 약(숫자 앞에 주로 쓰임), period 기간 amenity 설비, 생활 편의 시설(호텔 등) comfortable 편안한, 편안한 기분을 주는

135
(A) In order to
(B) In response to
(C) Except for
(D) Before

해설 블랭크 뒤에 명사가 있기 때문에 to부정사구문인 (A) In order to를 삭제한다. 앞 문장에서 '거주자들의 불만 사항이 있었다'는 것으로 보아, '거주자들의 요구<u>에 응했다</u>'는 내용이 어울린다. 따라서 '~에 응하여'라는 의미를 지닌 이유전치사 (B) In response to가 정답이다. except for ~은 제외하고, ~예외로 하고

136
(A) use
(B) rent
(C) purchase
(D) fix

해설 동사 어휘 문제, 블랭크 뒤의 명사(pipe)를 보면, 모두 정답처럼 보인다. 지문의 내용과 제목이 보수(renovation)와 관련되며 블랭크 바로 앞 문장에서 '공사하다(renovate)'라는 동사가 등장한다. 이어지는 뒤 문장에서도 이와 뜻이 비슷한 보기를 고른다. 정답은 (D) fix(수리하다, 고치다), 유의어로는 repair가 있다.

137
(A) Therefore, on-line banking system will be revised for the mechanical problems.
(B) So all tenants can use off line banking service after October 1.
(C) New banking cards will be issued to all of you by September 30.
(D) All tenants should drop by the management office to pick up the detailed relocation information.

해설 앞 문장과 잘 연결되는 보기를 찾는다. 앞 문장은 '공사가 9월 30일에 끝나며 그동안 2층의 은행과 체육시설들은 휴업한다'는 내용이다. 따라서 '은행 업무는 그 이후인 10월 1일부터 가능하다'는 (B)가 정답이다.
오답주의보 (A)의 온라인 뱅킹 시스템의 기계적인 결함, (C)의 새로운 은행 카드 발급, (D)의 모든 입주자들의 이사, 이전(relocation) 등은 흐름상 어울리지 않는다.

138
(A) residence
(B) furniture
(C) accommodation
(D) reinforcement

해설 문맥과 어울리는 적절한 명사를 찾아보자. 보수 공사를 통해 편의 시설을 제공받는 사람들은 빌딩의 거주자들이다. 즉, '사람들에게 안락한 <u>거주 공간을 제공한다</u>'는 의미이므로 (A) residence(거주, 거주지)가 정답이다. reinforcement 보강, 증강

Questions 139-142 refer to the following letter.

To: Derick Lewis

From: World Business Magazine

Date: April 28

Subject: Subscription Expiration

Dear Ms. Lewis

WBM (World Business Magazine) has been a leader now for a year in the industry and we appreciate you as a patron being with us.

I am writing to ------- of your expiration and remind you to **139.**
renew your subscription right away before end of this month for a variety of offers. In addition, you can use it through the internet. If your subscription is -------, "RENEW" on the web site **140.**
and follow the prompts. It's simple, right?

And we are happy to let you know that you will receive benefit from the free gift, 6 months free credit and other -------. **141.**
Especially, If you enroll in the renewal by April 30, you will also get 2 free trial issues about blue ocean businesses and gain a 20% discount coupon to our online magazine for 6 months.

-------. We look forward to serving you again. If you have any **142.**
question, please call our customer service center at any time.

Kate Kamali, Customer service center, World Business Magazine

받는 사람: 데릭 루이스
보낸 사람: 월드 비즈니스 매거진
날짜: 4월 28일
제목: 구독 만료

루이스 씨에게

WBM(월드 비즈니스 매거진)은 지난 1년 동안 이 업계의 선두주자였으며, 우수 구독자로서 저희와 함께해주셔서 감사드립니다.

저는 독자님의 구독 만기가 다가옴에 따라 이번 달 말까지 구독을 갱신하시면 다양한 혜택이 있다는 것을 알려드리려고 메일을 보냅니다. 게다가, 인터넷으로도 구독 갱신을 할 수 있습니다. 구독이 만료되었으면 웹사이트에서 '갱신' 버튼을 누르고 절차에 따라 진행하시면 됩니다. 어때요, 간단하죠?

그리고 무료 선물과 6개월 무이자 할부 등과 같은 다양한 혜택을 받을 수 있다는 것도 알려드립니다. 특히, 4월 30일까지 갱신하시면, 블루오션 비즈니스에 관한 2권의 무료 책과 6개월 동안 온라인 잡지를 20퍼센트 할인받으실 수 있는 쿠폰도 받으실 수 있습니다.

입금이 확인되는 대로, 위의 혜택들을 보내드리겠습니다. 독자님을 다시 한 번 모시게 되길 바랍니다. 문의 사항이 있으시면, 언제든지 고객관리부서로 전화주시기 바랍니다.

케이트 카말리, 고객관리부, 월드 비즈니스 매거진

어휘 expiration 만료, 만기 remind 상기시키다, 다시 한번 강조하다 renew 갱신하다, 새롭게 하다(등록) a variety of 다양한(+ 복수명사) propmpt 신속한, 신속 정확하게 benefit 이익, 혜택 trial 시도, 시험 look forwad to ~을 고대하다, 기대하다

139
(A) announce
(B) notify
(C) express
(D) tell

해설 보기를 통해 동사 어휘 문제라는 것을 알 수 있다. 보기 모두 '말하다'의 의미를 지닌다. 공지 사항을 알려주는 문장에서는 (B) notify(공지하다, 알려주다)를 쓴다.(notify A of B A에게 B를 알려주다) express (감정 등)을 표현하다

140
(A) arranged
(B) hired
(C) dismissed
(D) expired

해설 동사 어휘 문제, 문맥상 '구독이 ----- 되면, 웹사이트에서 '갱신' 버튼을 눌러라'이므로 빈칸에 들어갈 적절한 어휘는 (D) expired (만기되다, 만료되다)다.

141
(A) privileges
(B) discounts
(C) professions
(D) competitions

해설 명사 어휘를 고르는 문제, 블랭크 앞뒤 문장은 '고객에게 다양한 혜택을 제공한다'는 의미이므로 (A) privileges(특권, 혜택)가 정답이다.

142
(A) Please contact me to confirm that you would like to accept the promotion to the upper position.
(B) I will decide to meet with your immediate supervisor to confirm your proof of the purchase.
(C) We would like to announce the company's policy.
(D) As soon as your payment has been received, we will send you above benefits.

해설 이 지문은 고객에게 잡지 구독의 만료를 알리면서 구독을 갱신하면 여러 가지 혜택을 제공한다는 내용이다. 마지막 단락의 첫 부분에 문장 집어넣기 문제가 등장한다. 마지막 단락은 앞에 나온 내용들을 정리하거나 주의를 환기시키는 역할을 한다. 흐름상 '위에서 말한 다양한 혜택들을 제공하겠다'는 내용이 어울린다. 정답은 (D) 입금이 확인되는 대로, 위의 혜택들을 보내드리겠습니다.

오답주의보 (A)의 승진에 관한 이야기나 (B)의 영수증을 의미하는 구매의 증거(proof of the purchase) 등은 문맥 흐름상 어울리지 않는다.

Questions 143-146 refer to the following advertisement.

Loss & USA Law Firm is looking for an experienced accountants at our new office in Seoul, Korea. Because we ------- decided **143.** to expand into Asia market, we need more talented and creative assets in the accounting department.

First of all, applicants must have a master's degree in Accounting or Tax education. ------- in spoken English and **144.** Korean are required and extra points will be added for those with C.P.A (certified public accountant) certificates. Certificate holders will be given preference.

Successful candidates are in charge of our general accounting works ------- handling the company's billing and calculating the **145.** budget and so on.

Sure, ------- (+ incentive system). Please submit your resume, **146.** cover letter and reference letter to the below address to apply for the position.

Thank you.

Loss & USA Law Firm
Human Resources Department
apply@losslaws.com

로스 & USA 법무법인에서는 새로 개장할 한국의 서울에서 근무할 경험 있는 회계사 한 분을 찾고 있습니다. 저희가 최근에 아시아 시장으로 진출하려고 결정했기 때문에 회계부서에 더 재능 있고 창의적인 인재들이 필요합니다.

우선, 지원자들은 회계 혹은 세무교육 석사 학위가 있어야 합니다. 영어와 한국어를 모두 능숙하게 구사해야 하며 공인회계사 자격증 소지자에게는 가산점이 추가됩니다. 자격증 소지자에게는 우선권이 있습니다.

최종 합격자들은 회사의 회계처리와 예산안 계산 등을 포함한 일반적인 회계업무를 담당합니다.

물론, 저희는 경쟁력 있는 급여와 의료·복리혜택을 제공합니다.(인센티브 시스템 추가) 지원을 원하시는 분들은 이력서, 자기소개서 그리고 추천서를 아래 주소로 보내주세요.

감사합니다.

로스 & USA 법무법인
인사부
apply@losslaws.com

어휘 law firm 법률회사, 법무법인 accountant 회계사 expand into ~ 속으로 진출하다(해외로 진출하다) asset 자산, 재산 tax 세금 certificate 자격증, 자격 CPA 공인회계사 calculate 계산하다, 숫자를 맞추다 cover letter 자기소개서 reference letter 추천서(= recommendation letter) fluency 유창함, 능변 quote 견적(= estimate)

143
(A) soon
(B) often
(C) usually
(D) recently

해설 보기에 부사 어휘들이 등장한다. 부사는 동사를 꾸며주는 것이 핵심 기능이기 때문에 동사의 시제와 어울리는 시제부사를 고른다. 동사는 과거형동사(decided)이므로 이와 어울리는 시제부사는 (D) recently(최근에, 가까운 과거에)이다.

144
(A) Transportation
(B) Fluency
(C) Specialization
(D) Quote

해설 블랭크는 주어자리(명사)다. 직원 채용 공고문이라는 것을 감안하면, 블랭크 뒤의 내용이 자격 요건이라는 것을 알 수 있다. 외국어 능력의 '유창함(Fluency)'을 언급하는 내용이 어울린다.

145
(A) include
(B) inclusive
(C) inclusion
(D) including

해설 보기에 동사 / 형용사 / 명사 / 전치사가 등장한다. 뒤에 일반 회계 관련 내용이 나열되어 있으므로 블랭크는 일반품사가 아닌 전치사자리다. 보기 중에 '~ 포함하여'의 의미를 지닌 (D) including이 정답이다.

146
(A) Annual salary increases will be in line with inflation in the country.
(B) Thank you for your recent purchase of our new line appliance products.
(C) We offer competitive salary, medical and benefit packages.
(D) Loss & USA Law Firm didn't release details of the salary system.

해설 직원 채용 공고문에는 자격 요건과 직무, 혜택 등이 포함되기 마련이다. 따라서 공고문의 마지막에 연봉과 혜택들을 언급하는 내용이 나올 것이다. 정답은 (C) 저희는 경쟁력 있는 급여와 의료·복리혜택을 제공합니다.

오답주의보 (A)의 연봉 상승이 국내 인플레이션과 연결되어 있다, (B) 가전 제품 구매에 대한 감사글, (D)의 연봉 체계에 대한 세부적인 내용 등은 흐름상 어울리지 않는다.

ACTUAL TEST 06 ACTUAL TEST 07 ACTUAL TEST 08 ACTUAL TEST 09 ACTUAL TEST 10

101

------- to this beer festival is covered by the cost of registration fee at the Cleveland Celebration Event.
(A) Access
(B) Accessing
(C) Accessed
(D) Accessible

이번 맥주 페스티벌의 입장은 클리블랜드 기념 이벤트 등록비에 포함되어 있습니다.

해설 [품사 문제] 문장의 주어인 명사를 찾는 문제다. 보기 중에 명사는 (A) Access(접근[권한], 입장). 참고로 access는 명사 또는 동사로 쓸 수 있다.

어휘 cover 덮다, 포함하다(= include, pay for) registration fee 등록비

102

Employees participating in the yearly workshop should obtain ------- from their immediate supervisor or the head of each department.
(A) instruction
(B) referral
(C) negotiation
(D) authorization

연례 워크숍에 참여하는 사원들은 직속 상관이나 각 부서의 부장으로부터 허가를 받아야 합니다.

해설 [불가산명사 문제] 어휘 문제는 문장 전체에서 어울리는 개연성을 찾는 것이 포인트! 워크숍에 참여하는 사원들이 상관들로부터 받아야 하는 것은 '허가' 또는 '권한(authorization)'이다.

오답주의보 블랭크 뒤에 있는 supervisor(상관)라는 단어만 보고 (A) instruction(설명, 지시)을 정답으로 고르지 않도록 한다. should(반드시 해야만 하는 당위성)와 어울리는 단어는 (D) authorization이다.

어휘 participate in ~에 참가하다, 참여하다 obtain 얻다, 획득하다 immediate supervisor 직속 상관 instruction 설명, 설명서 referral 소개, 위탁 negotiation 협상, 교섭 authorization 권한, 권리

103

Thanks for purchasing EZ Digital's ------- line of the mini microwave oven which is made from Switzerland.
(A) update
(B) updating
(C) updated
(D) updates

스위스에서 만들어진 EZ디지털사의 최신 미니 전자레인지를 구매해주셔서 감사드립니다.

해설 [품사 문제] 명사 앞의 블랭크는 형용사자리다. 보기 중에 일반(기본) 형용사가 없기 때문에 대체 형용사인 분사형 형용사 (B) updating과 (C) updated를 남긴다. 정답은 사물명사와 어울리는 수동 형태의 (C) updated(업데이트된).

오답주의보 초급자들이 가장 실수를 많이 하는 유형이다. 블랭크 뒤에 등장하는 명사(line)를 목적어로 착각하여 동명사 형태인 (B) updating을 종종 정답으로 고른다. 이를 해결하기 위해서는 블랭크가 형용사자리인지 동명사자리인지를 먼저 파악한 후에 정답을 골라야 한다.

어휘 updated line 최신 제품, 신제품 microwave oven 전자레인지

104

As there are no restaurants in the hiking areas, campers should ------- their own foods.
(A) remain
(B) combine
(C) bring
(D) differ

하이킹 구역에는 레스토랑들이 없기 때문에 야영객들은 반드시 음식을 가져와야 합니다.

해설 **[동사 어휘 문제]** 이유부사절 접속사인 as(= because)구문에서 '레스토랑이 없다'는 것이 정답의 포인트다. 따라서 '캠프 참여자들은 그들의 음식을 <u>가져와야 한다</u>'는 의미가 자연스럽다. 보기 중에 (C) bring(가져오다, 데려오다, 싸가지고 오다)이 정답이다.

어휘 as ~ 때문에(문장을 이끌면 이유부사절 접속사로 쓰임) remain 남아 있다 bring 가져오다, 싸가지고 오다 combine 결합하다[되다]

105

The environmental project for reducing the pollution is ------- supported by local major companies.
(A) part
(B) partial
(C) partially
(D) parts

오염을 줄이기 위한 환경 프로젝트는 지역의 주요 기업들로부터 부분적으로 후원을 받는다.

해설 **[품사 문제]** 완전한 문장 사이에 들어가는 부사를 고르는 문제. 특히, 동사세트(예: be + pp, be + ing 등) 사이에 들어가는 부사 문제는 토익 빈출 유형이다.

어휘 environmental 환경의, 환경상의 be supported by ~로부터 후원을 받다 partially 부분적으로

106

------- with Kullar Sports can be beneficial for the national football league due to the financing certainty.
(A) Accompanying
(B) Applying
(C) Satisfising
(D) Partnering

자금 조달의 확실성 때문에, 쿠알라 스포츠사와의 협력은 국내 축구리그에 이로울 것이다.

해설 **[동명사 어휘 문제]** 이 문장은 동명사(블랭크)가 목적어(with Kullar Sports)를 취하고 문장 내에서 주어(명사) 역할을 하는 구조다. 문맥상 '스포츠 회사와의 협력이 수익이 된다'는 의미이므로 정답은 (D) Partnering(협력)이다.(partner with ~와 협력하다)

오답주의보 블랭크 뒤의 with만 보고 나머지 보기들을 정답으로 고르지 않도록 주의한다. accompany with ~을 동반하다 apply + 목적어 + with; ~으로 목적어를 지원[복구]하다 satisfy with ~을 만족시키다

어휘 be beneficial for ~에게 이롭다, 수익이 되다 financing certainty 자금 조달의 확실성

ACTUAL TEST 06 ACTUAL TEST 07 ACTUAL TEST 08 ACTUAL TEST 09 ACTUAL TEST 10

107

Guests to the year-end banquet became energetic -------
after a local band came to the event.
(A) participation
(B) participants
(C) participate
(D) participated

연말 연회에 참석한 손님들은 지역 밴드가 행사에 온 후에 매우 열정적인 참가자들이 되었다.

[해설] [품사 문제] 2형식동사인 become의 주격보어를 고르는 문제다. 주격보어로는 명사 혹은 형용사가 올 수 있는데, 주어를 꾸며 주는 역할을 할 때에는 형용사를, 주어와 동격일 때에는 명사를 고른다. 이 문장의 주어인 guests(손님들)와 동격을 이루는 명사는 (A) participation(참여)와 (B) participants(참여자)가 있다. 주어가 사람(복수)이므로 주격보어 역시 복수 사람명사인 (B) participants 를 정답으로 고른다.

[어휘] banquet 연회, 회식 become ~이 되다 energetic 열정적인, 활동적인

108

Due largely to the expensive cost, most of the visitors to Halmont Hotel decide to dine at the buffet restaurant -------
enjoy the affordable and fresh taste of sushi.
(A) in order to
(B) wherever
(C) although
(D) rather than

대체적으로 비싼 가격 때문에, 할몬트 호텔의 방문객들 대부분은 저렴하면서도 신선한 초밥을 즐기기 위해 뷔페 레스토랑에서 식사하기로 마음먹는다.

[해설] [전치사/ 접속사 / 접속부사 구별 문제] 블랭크 뒤에 동사원형이 있으므로 (A) in order to(~하기 위하여)가 어울린다. 동사가 있지만, 주어가 없으므로 부사절 접속사는 쓸 수 없다.

[어휘] largely 주로, 대부분은 dine 식사를 하다, 정찬을 먹다 affordable 누구나 구매할 수 있는, 착한 가격의 sushi 초밥, 스시 whatever 무엇이든지 rather than 차라리, ~할 바에는

109

Please indicate the multiple questions on the survey form before ------- for the invitation.
(A) apply
(B) applied
(C) applying
(D) applicant

초대에 지원하기 전에 설문조사의 여러 문항들을 작성해주시기 바랍니다.

[해설] [품사 문제] 이 문장은 부사절 축약구문이다. 부사절 축약구문은 주절의 주어와 부사절의 주어가 같을 때(해석으로 구분), 부사절의 주어를 생략하고 능동형인 경우 –ing로 표현한다. 따라서 (C) applying을 정답으로 고른다.

[오답주의보] 전치사 before로 생각하여 명사인 (D) applicant를 정답으로 고르지 않도록 주의한다. 그리고 단수 사람명사인 applicant (지원자)는 관사나 소유격 없이 블랭크자리에 올 수 없다.

[어휘] indicate 나타내다, 표시하다 multiple 여러 개의, 여러 종류의 apply for ~을 신청하다, 지원하다

110

The annual accounting report should be revised now that one of the important statistics has been -------.
(A) amended
(B) expanded
(C) exhibited
(D) omitted

중요한 통계 자료들 중 하나가 누락되었기 때문에 연간 회계보고서는 수정되어야 한다.

해설 [동사 어휘 문제] 수동태구문의 동사 어휘 문제는 주어가 정답의 포인트다. 보고서가 수정(revise, correct 등)되는 이유는 부정적인 사유가 존재하기 때문이다. 문맥상 '중요한 자료가 <u>누락되다</u>'라는 의미가 자연스럽기 때문에 (D) omitted(빠뜨리다, 누락시키다)가 어울린다.

어휘 now that ~ 때문에(이유부사절 접속사) statistic 통계, 통계자료 amend 수정하다, 고치다 exhibit 전시하다, 전람회에 내걸다 omit 빠뜨리다, 생략하다

111

Users can download the additional recipes on the DIY Food's web site which can help them ------- simple breakfasts.
(A) prepare
(B) prepared
(C) preparing
(D) has prepared

사용자들은 간단한 아침식사를 준비하도록 도와주는 추가 조리법들을 DIY 푸드의 웹사이트에서 내려받을 수 있다.

해설 [동사와 준동사 구별 문제] help는 준사역동사로서 to부정사가 생략된 구조를 취한다. 즉, <help + 목적어 + 동사원형(목적어가 ~하도록 돕다)>구문을 따른다. 따라서 동사원형인 (A) prepare가 정답이다.

오답주의보 simple breakfast(간단한 아침식사)를 목적어로 착각하여 동명사인 preparing을 정답으로 고르지 않도록 주의한다. 동명사는 동사의 성질을 지니고 있기 때문에 목적어를 취하며, 명사자리에 올 수 있다. 하지만 이 문제의 블랭크는 명사자리가 아니다.

어휘 additional recipes 추가(적인) 조리법[요리 방법]

112

Editors at Overall Science Publication will ------- the articles regarding the global warming to make the scientific terminology easier for subscribers.
(A) respond
(B) demonstrate
(C) modify
(D) leave

오버롤 과학출판의 편집인들은 구독자들에게 과학용어를 더 쉽게 설명하고자 이번 지구온난화에 관한 기사들을 수정할 계획이다.

해설 [동사 어휘 문제] 어휘 문제의 핵심은 문장 전체의 의미를 잘 파악해야 한다는 것이다. 특히, 부사절이나 부사구 등이 있으면 정답의 단서로 활용하는 것이 포인트다. 이 문장에서는 to부정사구문(~하기 위하여)이 정답의 단서가 된다. 문맥상 '독자들에게 더 쉽게 과학용어를 설명하기 위하여 과학기사를 <u>수정한다</u>'라는 의미가 자연스럽기 때문에 (C) modify가 정답이다.

어휘 editor 편집인 publication 출판, 출판사 global warming 지구온난화 terminology 용어, 전문용어 subscriber 구독자, 정기구독자 modify 수정하다, 고치다 leave 떠나다, 퇴근하다

113

------- knowledge is required for those who want to promote to the executive position.
(A) **A lot of**
(B) Many
(C) A few
(D) A number of

회사 중역으로 승진하고픈 사람들에게 풍부한 지식은 필수적이다.

해설 [수량형용사 문제] 보기 중에 불가산명사인 지식(knowledge)을 수식할 수 있는 것은 (A) A lot of(많은; 가산복수명사와 불가산명사 모두 수식)뿐이다. 나머지 보기들도 뜻은 비슷하지만, 가산명사복수와 함께 쓰인다.

어휘 knowledge 지식(불가산명사) those 사람들(토익에서는 특히 '사람들'을 의미하는 대명사로 자주 쓰임) executive 회사 중역 a few 꽤 있는(few 거의 없는)

114

If you are looking for a cost effective summer resort spot, you can spend your great vacation ------- joining the Koondo Kayak Tour.
(A) until
(B) **by**
(C) along
(D) to

만약 가성비 좋은 여름 리조트를 찾는다면, 쿤도 카약 투어에 합류하여 멋진 휴가를 보낼 수 있습니다.

해설 [단순전치사 문제] 기본적으로 장소·시간전치사들을 이용하면 전치사 문제에 쉽게 접근할 수 있다. 예를 들어, 블랭크 뒤의 어휘가 시간표현이 아니므로 (A) until(~까지; 시간전치사)를 삭제하고, (C) along(~를 따라서; 장소전치사)과 (D) to(~에게; 장소 + 방향전치사)도 삭제한다. -ing형태의 동명사를 목적어로 이끌면서 '~함에 의하여'로 해석되는 (B) by를 정답으로 고른다. 전치사 by는 동명사를 목적어로 취하여 방법이나 수단을 나타낼 때 자주 쓰는 표현이다.

어휘 look for ~을 찾다 cost effective 가성비가 좋은, 가격 대비 기능이 좋은 spend 쓰다, 소비하다

115

Please note that anyone who accepts the new position must pass the physical checkup before the -------.
(A) consultation
(B) insurance
(C) **orientation**
(D) diagnosis

신입사원은 누구든지 오리엔테이션 전에 신체검사를 통과해야 한다는 것을 기억하세요.

해설 [명사 어휘 문제] 블랭크는 전치사구(before)에 들어갈 명사자리다. 관계사 who구문에 '신입사원'을 의미하는 accept the new position이 있기 때문에 예비교육을 의미하는 오리엔테이션(orientation)이 문맥상 어울린다.

오답주의보 앞에 있는 physical checkup(신체검사)을 보고 (A) consultation(상담)이나 (D) diagnosis(진단, 검진)를 고르지 않도록 주의한다.

어휘 accept 받아들이다, 수납하다 consultation 상담, 상의 diagnosis 진단, 검진

116

As indicated in the job description, Ms. Henry is going to serve as an accountant, but ------- for 6 months.
(A) even
(B) just
(C) thus
(D) so

직무 기술서에 나타난 것처럼 헨리 씨는 딱 6개월만 회계사로서 근무를 할 것이다.

해설 [부사 어휘 문제] 문맥상 블랭크 뒤의 기간표현(for 6 months)과 함께 but이라는 반전[대조]의 등위접속사가 있는 것으로 보아, (B) just(딱, 그저, 꼭)가 정답이다.

어휘 as indicated in ~에 나타난 것처럼, ~에 표시된 대로 job description 직무 기술서 be going to ~하려고 하다, 예정이다 (+ 동사원형)

117

------- the initial guide recording and the revised arrangement of Krina's new title song reflected the opinion of the fans.
(A) Both
(B) Neither
(C) Between
(D) Whether

크리나의 새로운 타이틀 곡의 초반 가이드 녹음과 수정된 편곡작업은 모두 팬들의 의견을 반영했다.

해설 [등위(상관)접속사 문제] 블랭크 뒤의 등위접속사인 and와 어울리는 접속사를 고르는 비교적 쉬운 문제다. and와 함께 쓸 수 있는 접속사는 Both A and B(A와 B 모두)와 Between A and B(A와 B 사이에)이 있다. 해석상 (A) Both가 어울린다.

오답주의보 (B) Neither는 nor와 함께 Neither A nor B(A와 B 둘 다 아닌), (D) Whether는 or와 함께 Whether A or B(A인지 B인지, ~인지 아닌지)로 사용된다.

어휘 initial 처음의, 최초의 arrangement 재배치, 편곡 reflect 반영하다, 반사하다, 나타내다 opinion 의견, 견해

118

Because the National Museum has underwent the renovation, visitors who enter into the building have to use the ------- entrance.
(A) alteration
(B) alternative
(C) alternatively
(D) alternate

국립박물관은 현재 보수공사를 하고 있기 때문에 이 건물에 출입하는 방문객들은 다른 출입구를 이용해야 한다.

해설 [품사 문제] 블랭크는 동사의 목적어인 명사 entrance(출입문) 앞 형용사자리이므로 (B) alternative(대체의, 대안의)를 정답으로 고른다. <형용사 + -ly = 부사>라는 공식을 역이용하면 정답 고르기가 쉽다.

어휘 undergo (어려움)을 겪다 alternative 대안의, 대체의 entrance 입구, 출입문

119

All new employees must attend the company tour as a part of the orientation ------- otherwise directed.
(A) in case
(B) unless
(C) while
(D) in response

별도의 지시가 없었다면, 모든 신입 사원들은 오리엔테이션의 일환으로 회사 견학에 반드시 참석해야 한다.

해설 [전치사 / 접속사 / 접속부사 구별 문제] (B) unless(~가 아니라면)는 관용구문으로 자주 출제된다. unless otherwise directed(달리 표현하지 않았다면, 별도의 지시가 없었다면)를 하나의 덩어리로 암기해놓으면 쉽게 풀 수 있다. 이와 비슷한 형태로 until further notice(추후 통지 있을 때까지)가 있다.

어휘 attend 참가하다, 참석하다 tour 견학, 관광 in case ~하는 경우에 대비하여(부사절 접속사) in response 이에 대응하여

120

Traveling ------- places as possible can become expensive, but it will offer you the enjoyable time.
(A) as much
(B) as many
(C) as long
(D) as soon

가능한 한 많은 곳을 여행하는 것은 비용이 많이 들지만, 그만큼 즐거운 시간을 제공해줄 것이다.

해설 [원급비교구문 문제] 원급비교구문인 as ~ as구문의 비교 대상으로 형용사나 부사가 들어가지만, 예외적으로 명사가 들어가기도 한다. <as much + 불가산명사 + as>와 <as many + 가산복수명사 + as>가 그것이다. 블랭크 뒤에 가산복수명사(places)가 등장하기 때문에 (B) as many를 정답으로 고른다.

어휘 <as many[much] + 가산명사복수[불가산명사] + as> ~만큼 ~한 expensive (가격이) 비싼, 돈이 많이 드는

121

The economists recently reported that ------- in the Jeju Island has been rise slightly.
(A) tourism
(B) tourists
(C) toured
(D) tours

최근 경제학자들의 보고서에 따르면 제주도의 관광산업은 조금 활기를 띄고 있다고 한다.

해설 [품사 문제] 블랭크는 명사절 접속사인 that절의 주어(명사)자리다. 보기 중에 사물명사인 (A) tourism(관광업, 관광산업)과 복수 사람명사인 (B) tourists(관광객들)가 있다. 문장 전체를 해석하기 전에 주어자리의 경우 동사와의 관계(예: 주어-동사 수일치 / 주어-동사의 해석)를 살펴본다. 동사가 단수(has)이므로 (A) tourism을 정답으로 고른다.

오답주의보 명사자리의 경우 사람명사와 사물명사 혹은 단수명사와 복수명사를 남긴 후에 이들을 구별하는 습관을 갖도록 하자. 자칫 잘못하여 (B) tourists를 정답으로 고를 가능성이 높다.

어휘 economist 경제학자, 경제전문가 rise 오르다 slightly 살짝, 조금

122

Because the old computers in our office become obsolete
------, they will be replaced by the new one.
(A) carefully
(B) extremely
(C) efficiently
(D) gradually

우리 사무실의 낡은 컴퓨터들은 점점 구식이 되고 있기 때문에, 새로운 것으로 교체될 것이다.

해설 [부사 어휘 문제] 블랭크는 완전한 문장 뒤에서 동사를 꾸며주는 부사자리다. 이와 동시에 부사절 접속사 because와의 관계를 통해 정답의 개연성을 찾아보자. 주절의 내용은 오래된 컴퓨터들이 교체되는 상황이고 이유부사절에서 그 이유를 설명하고 있다. 오래된 컴퓨터들이 obsolete(쓸모가 없어지다, 구식이 되다) 되고 있다는 의미, 해석상 (D) gradually(점점, 단계적으로)가 어울린다.

오답주의보 부사절의 동사인 obsolete의 뜻을 잘 몰라, '컴퓨터'라는 단어만 보고 (C) efficiently(효과적으로)를 정답으로 고를 가능성이 높다. 참고로 efficiently(극도로, 극히)는 토익에서 긍정적인 구문 이외에는 잘 사용하지 않는다는 것도 알아두자.

어휘 obsolete 구식의, 쓸모 없는 be replaced by ~로 교체되다

123

In order to keep up with the rival companies, Klinton
Appliance decided to ------- in the research and
development.
(A) invest
(B) take over
(C) address
(D) manage

클린턴 가전제품사는 경쟁사들을 따라잡기 위하여 연구·개발 분야에 투자하기로 결정했다.

해설 [동사 어휘 문제] 라이벌 회사를 따라잡기 위하여 클린턴 가전제품사에서 결정한 사항이 무엇인지를 생각하면, 연구·개발에 '투자, 유치, 집중'했다는 내용이 어울린다. 또한 전치사 in과 함께 사용할 수 있는 동사는 (A) invest(~에 투자하다)이다.

어휘 keep up with 따라잡다, 어깨를 나란히 하다 appliance 가전제품 invest in 투자하다, research and development 연구개발(R&D)

124

Even though Mr. Smith lacks teamwork, he is capable of
doing all of tasks by -------.
(A) he
(B) him
(C) his
(D) himself

스미스 씨는 팀워크가 부족할지라도, 스스로 모든 일을 할 수 있는 능력이 있다.

해설 [인칭대명사 문제] 전치사 by 뒤에 단독 블랭크가 있기 때문에 재귀대명사인 (D) himself(스스로, 혼자 힘으로)를 정답으로 고른다. 이와 같은 표현으로는 <on[of] + 소유격 + own>이 있다.(예: on his own, of his own)

오답주의보 인칭대명사 문제를 풀 때, 정답이 쉽게 보이지 않는다면, 삭제·소거법을 이용한다. 예를 들어, 이 문장은 블랭크 뒤가 막혀 있으므로 동사가 필요한 주격(he)과 명사가 필요한 소유격(his)을 삭제한다.

어휘 even though 비록 ~일지라도, ~이라고 해도 be capable of ~을 할 수 있는, ~할 능력이 있는 teamwork 팀워크, 협동 작업 task 업무, (맡은) 일

125

Rondes Auto ------- to bounce back from the slump by lowering operating costs and increasing productivity.
(A) attempts
(B) accommodates
(C) represents
(D) interprets

론데스 오토사는 운영비를 줄이고 생산성을 높임으로써 슬럼프에서 탈출하려고 노력하고 있다.

해설 **[동사 어휘 문제]** 문맥상 'by 이하의 방법을 통해 슬럼프에서 탈출하려고 <u>노력하고 있다</u>'는 의미이므로 (A) attempts(시도하다, 애써 해보다)가 어울린다. 또한 <attempt + to부정사(~하려고 시도하다, 노력하다)>구문을 알아두면 좀 더 쉽게 정답을 고를 수 있다.

어휘 operating cost 운영비용 productivity 생산성, 생산율 attempt 시도하다, 노력하다 interpret 통역하다

126

At the ------- of the citizen organization, an independent monitoring group will be established next year.
(A) election
(B) admiration
(C) comparison
(D) suggestion

시민단체의 요청으로 독립적인 감시 단체가 내년에 설립될 예정이다.

해설 **[명사 어휘 문제]** 문맥상 '시민 단체의 <u>요청[요구, 제안]</u>' 등이 어울리므로 (D) suggestion을 정답으로 고른다. 지방자치단체 혹은 정부에서 독립적인 감시를 할 수는 없을 것이다. 나머지 보기들은 문맥과 어울리지 않는다.

어휘 independent 독립의, 자유로운 be established 설립되다 election 선거 comparison 비교, 대조 suggestion 제안, 요구

127

The financial workshop will start ------- at 10:00 A.M. in the conference room on the third floor.
(A) immediate
(B) immediately
(C) immediateness
(D) immediacy

금융 워크숍은 3층 회의실에서 정각 10시에 즉각 시작할 것이다.

해설 **[품사 문제]** 완전자동사(start) 뒤에서 부사를 고르는 비교적 쉬운 문제다. start, begin 등과 같은 '시작하다, 개시하다'의 뜻을 지닌 동사들은 promptly, immediately(즉시, 바로) 등과 어울려 '정각에 시작하다'라는 의미를 갖는다. 이때 전치사 다음에 시간표현이 나온다.(예: at 10 A.M.)

오답주의보 완전자동사를 구별하지 못하면 블랭크를 자칫 동사의 목적어(명사)자리로 오인할 수 있다.

어휘 immediately 즉시, 재빠르게

128

Application of the housing lottery will be ------- by May 30, and the result will be announced on the web site.
(A) accepted
(B) passed
(C) reserved
(D) instituted

주택복권의 신청은 5월 30일까지 받을 것이고, 그 결과가 웹사이트에 공지될 것이다.

해설 [동사 어휘 문제] 3형식문장의 수동태 동사는 주어와의 관계를 잘 살펴서 골라야 한다. 능동태의 목적어가 수동태의 주어이기 때문이다. 이 문장의 주어는 application(지원, 신청, 신청서)이고, 신청 등을 '받는다[수락하다]'고 표현할 때는 (A) accepted를 쓴다.
어휘 application 지원, 지원서 lottery 복권 institute 설립하다, 만들다

129

By the time the preparation for the sales strategy presentation is completed, errors in the script -------.
(A) will correct
(B) had been corrected
(C) will have been corrected
(D) correcting

영업전략 프레젠테이션의 준비가 완료될 때까지, 원고의 오류들은 수정될 것이다.

해설 [동사와 준동사 구별 문제] 문장에 부사절 접속사인 by the time(~할 때까지)이 있으므로 2개의 동사가 필요하다. 블랭크는 동사 자리이므로 준동사인 (D) correcting부터 삭제한다. 동사 문제를 푸는 1단계, 수일치부터 적용시켜보자. 하지만 이 문장에서 <주어-동사> 수일치는 적용되지 않는다. 2단계인 태와 시제를 구별해보자. 블랭크 뒤가 막혀 있는 3형식의 수동태구문이므로 능동태인 (A) will correct를 삭제한다. 부사절 접속사인 by the time의 시제가 현재형일 때는 주절에 will have pp를 쓰고, 과거형일 때는 had pp를 쓴다. 부사절의 시제가 현재형(is)이므로 (C) will have been corrected(수정될 것이다)를 정답으로 고른다.
어휘 by the time 그때까지(부사절 접속사) strategy 전략, 방법 is completed 완료되다 script 대본, 스크립트

130

Since the newly hired manager is not ------- to making a speech in the public, the presenter will be replaced by a more active employee.
(A) responsible
(B) friendly
(C) helpful
(D) accustomed

새롭게 고용된 관리자는 대중 앞에서 연설하는 것이 익숙하지 않기 때문에, 발표자는 좀 더 활동적인 사원으로 교체될 것이다.

해설 [형용사 어휘 문제] 부사절과 주절의 개연성을 찾는 게 정답 포인트. 주절에서는 '발표자의 교체', 부사절(since)에서는 '발표자가 교체된 이유'에 대해 말하고 있다. 문맥상 '관리자가 대중 앞에서 연설하는 것이 익숙하지 않다'가 어울리므로 (D) accustomed(익숙한, 평상시의)를 정답으로 고른다.
오답주의보 (A) responsible은 전치사 for와 함께 쓰여 '~을 책임지다, 담당하다'의 의미를 갖는다. 나머지 보기들은 해석상 어울리지 않는다. 문장의 개연성을 파악하지 않은 채, 기출 변형문제만 계속 풀다 보면 시험에 출제되었던 어휘를 습관적으로 고르게 되므로 주의를 요한다.
어휘 make a sppech 연설하다, 말하다 active 활동적인, 활발한 friendly 친한, 우호적인 accustom 익숙하게 하다, 편하게 하다

PART 6

Questions 131-134 refer to the following invitation.

Invitation to the PARTY	파티 초대장
Clara Bakery has successfully been in business ------- the last **131.** 15 years. On this Saturday, a banquet will be held to celebrate our 15th anniversary. As a patron, you can attend this event at no charge and also ------- a complimentary refreshment. **132.**	클라라 베이커리는 지난 15년 동안 성공적으로 사업을 진행해왔습니다. 이번 주 토요일 15주년을 축하하는 연회가 열릴 예정입니다. 귀하는 저희 단골 고객으로서 무료로 이번 이벤트에 참여할 수 있으며, 무료 다과 역시 접대받을 수 있습니다.
We are finalizing fantastic plans for this celebration event. Because Maple Foods, one of the largest catering company in the region, has ------- been contracted to prepare this party, we **133.** hope you enjoy the good food we've prepared.	저희는 이번 축하연을 위한 환상적인 계획을 마무리 중에 있습니다. 축하연을 준비하기 위해 이 지역에서 가장 큰 출장 외식업체 중 하나인 메이플 푸드와 특별히 계약을 맺었기 때문에 저희가 마련한 맛 좋은 음식을 먹을 수 있을 것으로 기대합니다.
-------. It can be used only during the day. For more information, **134.** please call us at 928-2932.	이 초대장을 소지하신 고객들만 축하연에 참여할 수 있습니다. 이 초대장은 오직 당일에만 사용 가능하며, 더 많은 정보를 원하시면, 928-2932로 연락 주시기 바랍니다.
Clara Bakery	클라라 베이커리

어휘 invitation 초대, 초대장 celebrate 축하하다, 기념하다 anniversary 기념일 patron 후원자, 단골고객 no charge 무료의, 무료로 complimentary 무료의(=free) catering company (출장) 외식업체 reside 살다, 주재하다 compromise 타협하다, 화해하다

131
(A) while
(B) over
(C) more than
(D) within

해설 보기를 통해 전치사 / 접속사 / 접속부사 등을 구별하는 문제임을 알 수 있다. 블랭크 뒤에 과거기간표현이 있으며, 문장의 동사가 현재완료형이기에 현재완료시제를 나타내는 표현인 <u>over</u> the last 15 years(지난 15년 동안)이 어울린다.
오답주의보 over가 전치사로 쓰이는 경우 '~하는 동안'으로 사용되고, 부사로 쓰이는 경우 일반적으로 숫자 앞에서 '~ 이상'이라는 의미로 사용된다.

132
(A) receive
(B) offer
(C) reside
(D) compromise

해설 동사 어휘를 고르는 문제다. 토익에서는 판매자가 고객에게 혜택을 제공할 때 offer(제공하다)를 쓰고, 고객 입장에서 혜택을 받을 때에는 receive(받다)를 사용한다. 15주년 행사에서 고객이 받게 될 혜택을 말하고 있으므로 (A) receive(받다)를 정답으로 고른다.
오답주의보 혜택이라는 내용만 보고 offer를 고르지 않도록 주의한다. offer는 판매자 혹은 회사 입장에서 고객이나 사원들에게 혜택 등을 제공할 때 쓰는 표현이므로 이 문제와는 반대의 의미를 갖는다.

133
(A) specialty
(B) special
(C) specialize
(D) specially

해설 품사 문제, 완전한 문장 사이 혹은 동사세트 사이에 오는 부사를 고르는 문제다. 보기 중에 부사는 (D) specially(특별하게)다.

134
(A) Only those with this invitation card can participate in the event.
(B) Unfortunately, this merchandise is currently out of stock.
(C) Before you make a final decision, please submit your blueprint to us.
(D) However, the date will not be rescheduled until further notice.

해설 블랭크 뒤의 세부적인 내용(초대장은 당일에만 사용할 수 있다)을 통해 정답 문장도 초대장에 관한 내용이 포함될 것이다. 보기 중에 (A)가 정답이다.(이 초대장을 소지하신 고객들만 축하연에 참여할 수 있습니다.)
오답주의보 (B) 제품의 일시적인 품절, (C) 청사진(계획)을 제출, (D) 특정 날짜의 일정 조절 등은 흐름상 어울리지 않으므로 삭제한다.

ACTUAL TEST 06　ACTUAL TEST 07　ACTUAL TEST 08　ACTUAL TEST 09　ACTUAL TEST 10

Questions 135-138 refer to the following announcement.

Ticket Reservation The National Library is pleased to hold a presentation and book signing by a notable economist Jordan Hammer. This event will be held at the library's main hall ------- Saturday 10:00 A.M. **135.** Like last year, this event is expected to be a ------- so the **136.** advanced registration is strongly recommended. If you don't, the tickets may be sold out when you arrive at the box office. In addition, the group seats tend to sell more quickly due to the group discounts. Here's a question. -------. Groups of 15 or **137.** more can receive a 15% group discount voucher. During the event, Mr. Hammer will talk about the fourth industrial revolution. After his presentation, he will ------- to questions and **138.** host a book signing. If you're curious, please visit the web site (www.nationallibrary.com). Donovan Bailey Customer Care Division National Library	티켓 예약 국립도서관에서는 저명한 경제학자로 알려진 조던 해머 씨의 사인회 및 연설회를 개최하게 되어 매우 기쁘게 생각합니다. 이번 행사는 다가오는 토요일 오전 10시에 도서관 메인홀에서 개최될 예정입니다. 작년과 마찬가지로, 이번 행사도 역시 매진될 것으로 예상됩니다. 그래서 사전 예약을 강력히 추천합니다. 만약 예약을 하지 않았다면, 귀하가 매표소에 도착했을 때, 표가 다 팔렸을 가능성이 높습니다. 게다가 단체석은 단체 할인 때문에 더 빨리 팔리는 경향이 있습니다. 여기서 질문 하나! "그룹 할인을 받으려면 몇 명이 필요한가요?" 최소 15명 혹은 그 이상이면 15퍼센트 할인 쿠폰을 받을 수 있습니다. 행사 동안, 해머 씨는 제4차 산업혁명에 관하여 연설을 할 예정이다. 연설 이후에는 질의 응답 및 책 사인회를 주최할 것입니다. 궁금한 사항이 있으면 웹사이트를 방문해 주세요.(www.nationallibrary.com) 도노반 베일리 고객관리부 국립도서관

어휘 library 도서관 notable 유명한, 저명한(+ 직책, 직업) sold out 매진이 되다, (표가) 모두 팔리다 revoultion 혁명 curious 궁금증이 있는, 궁금함이 많은 qualification 자격 요건

135 **(A) upcoming**
(B) following
(C) last
(D) first

해설 앞으로 열릴 유명 저자의 사인회 개최를 알리는 글이며, 문장 또한 미래형 동사를 쓰고 있다. (A) upcoming(다가오는)이 잘 어울린다. upcoming Saturday는 '다가오는(며칠 뒤) 토요일'을 의미한다. upcoming은 아직 다가오지 않은 미래의 시점을 꾸며줄 때 쓰이고, following은 시제와는 상관 없이 '그다음'을 의미한다. 따라서 문맥에서는 이벤트가 열릴 미래의 시점을 말하고 있으므로 정답은 (A)를 고른다.

136
(A) qualification
(B) reservation
(C) purchase
(D) sellout

해설 블랭크 뒤의 2번째 문장에서 사전 예약을 하지 않으면 표가 다 팔릴(sold out) 거라고 말한다. 문맥상 '이번 행사도 역시 <u>매진</u>될 것으로 예상됩니다.'라는 의미가 어울리므로 (D) sellout(매진)을 정답으로 고른다.

137
(A) What time does the event begin?
(B) Did anyone talk to the national library?
(C) How many people do we need to receive the group discounts?
(D) Where will the presentation take place?

해설 바로 앞에 있는 질문의 내용을 묻는 문제다. 블랭크 뒤에는 이 질문에 답변하는 문장이 나온다.(15명 이상 등록할 경우 단체 할인을 받을 수 있다.) 따라서 정답 문장은 이 답변에 대한 질문이 될 것이다. 문맥상 (C)가 정답이다.(단체 할인을 받으려면 몇 명이 등록해야 하나요?)

오답주의보 이벤트 시작 시간을 물어보는 (A), 도서관 담당자와 대화한 사람을 물어보는 (B), 프레젠테이션이 열리는 장소를 물어보는 (D)는 문맥상 어울리지 않는다.

138
(A) responded
(B) respond
(C) responses
(D) responding

해설 품사 문제, 조동사 will 뒤의 블랭크는 동사원형자리이므로 정답은 (B) respond(응답하다)이다.(+ to)

Craft Design	크래프트 디자인
Craft Design ------- all web site design needs. We have provided the start-up companies the most cost effective design services over the last 10 years. Your ------- web site design result in the dramatic increase of having visitor after visitor. **139.** **140.**	크래프트 디자인은 웹사이트 디자인 관련 모든 요구들을 다루는 업체입니다. 저희는 지난 10년간 가장 가성비 좋은 디자인 서비스들을 신생업체들에게 제공해오고 있습니다. 독특한 웹사이트 디자인으로 인해 줄을 잇고 들어오는 방문객들이 극적으로 증가합니다.
-------. They can produce attractive design production, web design, 3D-animation, and more by ------- the state of the art design technology. **141.** **142.**	아시다시피, 저희 회사에는 이미 숙련된 많은 그래픽 디자이너들이 있습니다. 그들은 최신 아트 디자인 기술을 이용하여 매력적인 디자인 제품과 웹 디자인, 3D 애니메이션 등을 제작할 수 있습니다.
Please click the "Testimonials." It is associated with our customers' review, click on this link to share other users' opinions for your decision.	'고객 후기'란을 클릭해보세요. 거기에는 고객들의 리뷰가 있습니다. 귀하의 결정을 위해, 이 링크를 클릭해서 다른 사용자들의 의견을 공유해보세요.
Contact us at info@craft.com	연락 주세요. info@craft.com

어휘 need 요구, 수요 start-up company 신생 기업, 신인 기업 result in ~을 초래하다, ~의 결과를 내다 attractive 매력적인, 사람을 끌어당기는 state of the art 최신의, 최신 기술의 testimonial (고객) 후기, 추천장 share 나누다, 같이 하다 exclude 배척하다, 제외하다 intentional 고의로

139
(A) deals with
(B) indicates
(C) resumes
(D) excludes

해설 초반 문단에서 회사 소개를 하고 있다. 회사가 다루는 전문 분야에 대해 설명하는 문장이므로 (A) deal with(~을 다루다, 처리하다)가 잘 어울린다. 유의어로는 handle, take care of 등이 있다.

140
(A) unique
(B) visible
(C) cutting
(D) intentional

해설 회사 광고나 제품 소개 지문들은 회사와 제품을 간단하게 소개한 후에, 장점과 특징 등을 설명한다. 문맥상 '당신만의 독특한 웹사이트 디자인이 방문객 수를 늘린다'는 의미이므로 (A) unique(특별한, 유일무이한, 독특한)가 정답이다.

141
(A) We are seeking a graphic designer who has a master's degree.
(B) As you know, we already have many skilled graphic designers.
(C) The cost for our services is dependant on the weight.
(D) We are scheduled to relocate our main laboratory to a new place next week.

해설 앞에서 회사의 특징과 장점을, 블랭크 뒤에서 다양하고 질 좋은 서비스를 제공한다고 말한다. 정답 문장은 회사의 특장점과 질 좋은 서비스와 관련된 세부적인 내용일 것이다. 문맥상 (B)가 어울린다.(아시다시피, 저희 회사에는 이미 숙련된 많은 그래픽 디자이너들이 있습니다.) 블랭크 뒤에 They라는 복수 인칭대명사도 정답을 고르는 단서가 된다.
오답주의보 (A)의 구인광고, (C)의 무게에 따른 서비스 가격, (D)의 회사 연구소의 이전 계획 등은 문맥과는 관련이 없는 내용들이다.

142
(A) use
(B) uses
(C) using
(D) used

해설 품사 문제, 전치사 by 뒤에 동명사를 사용하여 '사용함으로써'라는 표현을 만들고 있다. 정답은 (C) using.

ACTUAL TEST 06 ACTUAL TEST 07 ACTUAL TEST 08 ACTUAL TEST 09 ACTUAL TEST 10

Questions 143-146 refer to the following memo.

With ------- 70 stores and 5,000 employees, Parker-Office
   143.
Supplies has become the main distributor in Delta district.
Especially, the industry analysts ------- their recent success to
   144.
aggressive investments last year.

However, the management consulting firm, Hondo Business
Consultant, -------. The consultants advised the firm to reduce
   145.
operating costs and photocopying. In addition, they say hiring
is not easy this year due to the budget crisis resulted from the
excessive ------- of businesses.
   146.

대략 70개의 지점과 5천 명의 사원을 보유한 파커 오피스 서플라이스는 델타 지역의 주요 공급업체가 되었습니다. 특히, 업계 분석가들은 최근의 성공을 작년의 공격적인 투자 덕분이라고 평가했습니다.

하지만, 경영 컨설팅 회사인 혼도 비즈니스 컨설턴트는 운영비와 관련하여 예상되는 문제점들을 지적했습니다. 컨설턴트들은 운영비와 복사량을 줄이라고 충고했습니다. 게다가, 과도한 사업 확장으로 인한 예산 위기 때문에, 이번 년도 신입사원 채용에 어려움을 겪을 것이라고 견해를 밝혔습니다.

어휘 with ~이므로(문두에 쓰이는 이유전치사) distributor 유통업체, 유통업자 aggressive investment 공격적인 투자 advise 권고하다, 제안[요구]하다 crisis 위험, 위기 excessive 과도한, 과한 attribute ~의 공으로 돌리다, 탓으로 돌리다

143
  (A) almost
  (B) later
  (C) maximum
  (D) already

해설 부사 어휘 문제. 숫자 앞에 사용되어 '대략'이라는 의미를 지닌 부사는 (A) almost(거의, 대략, 약).

144
  (A) distributed
  (B) reported
  (C) agreed
  (D) attributed

해설 동사 어휘 문제. 보기 모두 전치사 to와 함께 쓸 수 있지만, 긍정적인 의미에서 '성공이 누구의 덕택이다'라고 표현할 때는 attribute를 쓴다. 정답은 (D) attributed(~ 공으로 돌리다 + to).

145
(A) decided to nominate the company for Enterprise of The Year next month.
(B) are asked to avoid parking on the Cason Street because it is too narrow.
(C) specialized in making a lucrative strategy for the start-up company.
(D) pointed out several expected problems concerning operating expenses.

해설 블랭크 뒤에서 운영비(operating cost)와 복사량(photocopying)을 줄이라고 권고하고 있다. 따라서 경영 컨설팅 업체의 충고를 담은 (D)가 정답이다.(운영비와 관련하여 예상되는 문제점들을 지적했다.)

오답주의보 (A)의 시상식 노미네이션, (B)의 주차 공간에 대한 불만사항, (C)의 신생 기업을 위한 수익성 전략 등은 흐름상 어울리지 않으므로 오답 처리한다.

146
(A) expand
(B) expanded
(C) expanding
(D) expansion

해설 품사 문제. 관사의 끝부분은 명사자리다. 보기 중에 명사는 (D) expansion(확장, 해외진출)이다.

101

Korea Savings Bank offers clients a ------- way to open an account on its web site.
(A) secure
(B) securely
(C) secures
(D) security

코리아 세이빙스 뱅크는 고객들에게 웹사이트에서 계좌를 개설할 수 있는 안전한 방법을 제공하고 있다.

해설 [품사 문제] 명사(way) 앞의 블랭크는 형용사자리다. 형용사 뒤에 -ly가 붙으면 부사가 된다는 공식을 역이용하면 정답을 쉽게 고를 수 있다.

오답주의보 '관사 뒤는 명사자리'라는 단순 공식으로 명사인 (D) security(보안, 경비)를 고르지 않도록 주의한다. 토익의 품사 문제는 명사 앞에서 또 다른 명사를 고르는 복합명사 문제는 거의 출제되지 않고, 형용사를 고르는 문제가 주를 이룬다는 것을 기억하자.

어휘 open an account 계좌를 열다, 개설하다

102

Raven University will ------- allow students to take an online course in History.
(A) shortly
(B) yet
(C) periodically
(D) immediately

레이븐 대학교는 학생들이 역사학을 온라인으로 수강할 수 있도록 곧 허가할 예정이다.

해설 [부사 어휘 문제] 부사는 동사 수식이 핵심 기능이기 때문에 동사와 어울리는 의미를 파악하고 시제를 확인하는 것이 포인트다. 미래형 동사(will)와 어울리는 미래시제부사인 (A) shortly(곧, 곧바로)가 정답이다. 참고로 (C) periodically(정기적으로)는 현재형 동사와 어울린다.

오답주의보 부사 어휘 문제를 풀 때는 동사에 주목해야 한다. 해석으로 접근하면 (D) immediately(즉시)도 정답처럼 보인다. 부사는 완전한 문장 사이에 들어가는 품사이므로 삭제해도 상관없다. 동사를 꾸며주는 역할을 하기 때문에 시제와 어울리는 부사가 자주 출제된다.

어휘 yet 아직까지 periodically 주기적으로, 정기적으로 allow 허락하다, 허가하다

103

Mr. Whitney and his best friend began starting their own business in the hometown, and ------- hope to open the second branch next year.
(A) many
(B) a few
(C) both
(D) one

위트니 씨와 그의 가장 친한 친구는 고향에서 사업을 시작했으며, 그들은 모두 내년에 2번째 분점을 개업하기를 원한다.

해설 [대명사 문제] 주어자리에 올 수 있는 대명사를 고르는 문제다. 대명사의 주요 역할은 앞선 문장의 명사를 뒤에서 대신 받는 것이다. 블랭크 앞 문장의 주어는 '위트니 씨와 그의 친구' 즉 2명이다. 보기 중에 2명을 나타내는 (C) both가 정답이다.

오답주의보 both A and B(A와 B 둘 다)라는 표현 때문에 both를 삭제할 가능성이 있다. both가 상관접속사뿐 아니라 대명사로도 사용 가능하다는 것도 기억해두자.

어휘 a few 꽤 많은, 조금 있는 branch 분점, 지점

104

As per your request, we are including the booklet about Jiny Office Furniture's new collection ------- the discount voucher for our valued customer.
(A) along with
(B) apply for
(C) instead of
(D) by means

당신의 요청에 따라, 저희는 지니 오피스 가구사의 신제품 소책자를 단골 고객을 위한 할인 쿠폰과 함께 동봉합니다.

(해설) [전치사 어휘 문제] 단순전치사 문제가 아니라면, 블랭크 앞뒤를 보면서 <A + (전치사) + B> 형태를 잘 살펴야 한다. (A) along with는 '동봉하여, 첨부하여'의 의미로, 토익 파트 7의 이메일과 서신류에 자주 등장하는 어휘이다. 즉, 동봉할 수 있는 종이류가 문장 앞뒤에 등장한다는 것을 파악하면 정답을 쉽게 고를 수 있다. 관련어로는 enclosed(동봉된), attached(첨부된), sent with(~를 함께 보내다) 등이 있다.

(오답주의보) (C) instead of(~ 대신에)는 A instead of B(B를 대신하여 A)로 쓸 수 있지만, 문맥상 어울리지 않는다.

(어휘) as per your request 당신의 요청에 따라 booklet 소책자, 팜플렛 collection 모음, 수집 along with ~와 함께, ~를 첨부[동봉]하여

105

Please refer to the ------- in the instruction manual before installing MODE's word software.
(A) explain
(B) explanation
(C) explainable
(D) explainer

MODE 워드 소프트웨어를 설치하기 전에, 설명서에 있는 해설을 참고해주세요.

(해설) [품사 문제] 품사 문제는 정답을 고르기 전에 품사(동사 / 부사 / 형용사 / 명사 등)를 먼저 확인하고 보기 중에 정답을 고르는 습관을 들인다. 블랭크는 관사의 끝부분인 명사자리이므로 정답은 (B) explanation(해설, 설명)이다.

(오답주의보) 명사자리는 쉽게 파악되지만 보기 중에 명사를 고를 때는 사람명사와 사물명사 혹은 단수명사와 복수명사를 남긴 후에 이들을 구별한다. 보기 중에 (D) explainer(설명하는 사람) 역시 품사는 명사(사람)다. 다만, 해석상 '설명서에 있는 설명하는 사람'처럼 의미가 맞지 않기 때문에 사물명사인 (B) explanation을 정답으로 고르는 것이다. 하지만 무조건 사물명사만 정답으로 출제되지 않는다. 사람명사가 정답인 경우도 있기 때문에 해석을 통해 이들을 잘 구별해야 한다.

(어휘) refer 참고하다, 참조하다 instruction 설명서, 설명, 해설

106

For a ------- period of time only, Titanic Bistro is offering a 10 percent off the regular price on the main dishes.
(A) limit
(B) limited
(C) limiting
(D) limitation

오직 일정 기간 동안, 타이타닉 비스트로에서는 주요리의 10퍼센트 할인을 제공합니다.

(해설) [품사 문제] 명사 앞의 블랭크는 형용사자리다. 보기 중에 형용사는 분사형 형용사인 (B) limited와 (C) limiting이 있다. 뒤에 있는 사물명사(period of time 기간)를 꾸며줄 수 있는 것은 pp형태의 (B) limited(제한된)다.

(오답주의보) 일반적으로 형용사를 고를 때는 분사형 형용사보다 일반 형용사가 우선이다. 하나의 단어에서 파생된 형용사가 여럿일 경우, 의미가 비슷하다면 일반형용사를 먼저 골라야 한다. 가끔 pp형태(-ed)의 분사형 형용사를 습관적으로 먼저 고르는 오류를 범한다.

(어휘) regular price 정가, 표준가격 main dish (식사의) 주 메뉴

ACTUAL TEST 06 ACTUAL TEST 07 ACTUAL TEST 08 ACTUAL TEST 09 ACTUAL TEST 10

107

First of all, please welcome Dexter Jackson ------- our new office assistant in the accounting department.
(A) into
(B) opposite
(C) within
(D) as

우선, 회계부서의 신규 사무 보조원인 덱스터 잭슨 씨를 환영해주시기 바랍니다.

해설 [단순전치사 문제] (A) into(~ 속으로)와 (B) opposite(~ 반대편에)은 장소전치사, (C) within(~ 이내에)은 주로 기간표현과 함께 쓰이는 전치사다. (D) as(~로서[써])는 뒤에 직책이나 직업 등이 나와 근무자의 직위나 역할을 강조할 때 쓰인다.

오답주의보 전치사 문제는 기본전치사들을 학습하고 난 후, 단편적으로 리뷰하지 않도록 주의해야 한다. 보기에 장소전치사와 시간전치사들을 이용하면 조금 더 쉽게 접근이 가능하다. 예를 들어, 블랭크 뒤는 장소나 시간이 아니기 때문에 장소전치사와 시간전치사를 먼저 삭제한다. 이런 방법으로 전치사 문제를 접근하면 오답을 피해갈 수 있다.

어휘 first of all 우선, 가장 먼저 opposite 반대편의, 반대의

108

Seoul based Woojin Interior is looking for a ------- candidate with creative abilities to serve as an illustrator.
(A) motivated
(B) exciting
(C) responsible
(D) fortunate

서울에 근거지를 둔 우진 인테리어는 일러스트레이터로 근무할 창의적인 능력을 갖춘 의욕적인 지원자를 찾고 있습니다.

해설 [형용사 어휘 문제] 형용사 문제라고 해서 무조건 명사와 어울리는 단어를 찾기보다는 문장 전체의 개연성을 파악하고 정답을 고르는 습관을 갖는다. 이 문제는 직원을 찾는 공고문으로 뒤의 내용(창의적인 능력, 일러스트레이터)은 지원자의 자격 요건으로 볼 수 있다. 따라서 (A) motivated(열정적인, 동기부여가 된)가 잘 어울린다.

오답주의보 (B) exciting은 의미상 사람명사 앞에 쓸 수 있지만, 감정유발 단어는 사람명사 앞에서는 pp(-ed)형태를, 사물명사 앞에서는 -ing를 사용한다.(예: exciting story 신나는 이야기)

어휘 motivated 동기부여가 된, 의욕적인 fortunate 운이 좋은, 행운의

109

The air conditioning system will be shut down for the regular ------- over the weekend.
(A) maintain
(B) maintained
(C) maintenance
(D) maintaining

에어컨 시스템은 정기 점검으로 인하여 주말 내내 폐쇄될 예정입니다.

해설 [품사 문제] 블랭크는 전치사 for의 끝부분인 명사자리, 보기 중에 명사는 (C) maintenance(유지, 보수관리)이다. 블랭크 뒤의 over는 부사가 아닌 전치사로 기간표현과 함께 '~하는 동안'으로 해석된다.

오답주의보 명사자리를 찾았지만 명사를 고르지 못했을 때에는 일반사물명사의 접미어를 외워두면 도움이 된다. -tion, -ment, -ance, -ence, -ty, -sis, -ness 등으로 끝나는 단어는 일반적으로 일반사물명사라는 것을 기억해둔다.

어휘 shut down 폐쇄하다, 문을 닫다 regular 정기적인, 정기의 over ~하는 동안(전치사)

110

Arab Airline's customer relation division ------- that travelers turn off the electronic devices while flying.
(A) requested
(B) raised
(C) conducted
(D) urged

아랍항공사의 고객관리부서에서는 여행객들에게 비행 중에 전자기기들을 끄라고 권고했다.

해설 [동사 어휘 문제] 주어인 항공사가 여행객들에게 권유[제안]하는 내용이다. 보기 중에 주장동사인 (A) requested(주장하다, 요구하다)가 정답이다. 유의어로는 ask, require, recommend, encourage, invite 등이 있다.

오답주의보 <주장동사 + that절> 뒤에 동사원형을 쓴다는 것을 기억해두자. 주장동사 that절은 뒤에 should를 생략하고 동사원형 (turn off)이 자리한다는 것이 이 문장의 포인트다.

어휘 urge 촉구하다, 재촉하다 turn off 끄다, 전원을 내리다 device 장치, 기기

111

The accounting department held a brief training workshop regarding the registration for ------- the tax reimbursement.
(A) recommending
(B) circulating
(C) receiving
(D) contributing

회계부에서는 세금을 환급받기 위한 등록에 관한 짧은 연수를 개최했다.

해설 [동명사 어휘 문제] 문맥상 '세금 환급을 받는'이라는 표현이 어울리므로, (C) receiving(받는, 수신의)을 정답으로 고른다. 세금이나 비용 관련 어휘들로는 accounting department(회계부서)를 비롯하여 expense(비용), receipt(영수증), business trip(출장) 등이 있다.

오답주의보 (D) contributing(기여하다, 기부하다) 역시 돈과 관련된 문장에 자주 등장하는 동사다. 하지만 특정 단체에게 '기부하다'의 의미로 쓰이는 동사는 donate(기부하다)라는 것도 기억해두자.

어휘 brief 짧은, 간결한 circulate 돌다, 순환하다 contribute 기여하다, 기부하다, 기고하다

112

Tourists stayed at the Triple Crown Hotel ------- negatively on the poor hotel amenities during the vacation.
(A) comments
(B) will comment
(C) have commented
(D) commenting

트리플 크라운호텔에 머물렀던 여행객들은 휴가 기간 동안 형편없는 호텔 시설들에 대해 부정적인 견해를 밝혔다.

해설 [동사와 준동사 구별 문제] 문장에 동사가 없으므로, 우선 동명사인 (D) commenting를 삭제한다. 동사 문제를 푸는 1단계인 수일치를 확인해보자. 주어가 복수명사(tourists)이므로 단수동사인 (A) comments를 삭제한다. 2단계는 태와 시제의 확인이다. 미래시제에 대한 단서가 없고, during이라는 기간표현과 함께 과거로 해석된다. 따라서 현재완료형인 (C) have commented를 정답으로 고른다.

오답주의보 초보자들의 가장 흔한 실수 중 하나는 보기만 보고 동사 문제로 판단해서 무조건 시제의 단서를 찾으려고 하는 것이다. commenting과 같은 준동사(동명사나 분사구문)가 정답일 때도, 보기는 지금처럼 동사와 동명사가 섞여 있다. 보기 4개가 모두 동사가 아닐 때에는 동사 문제인지 준동사 문제인지부터 구별한 후에, 정답을 도출하는 습관을 갖도록 하자.

어휘 comment 언급하다, 비평하다 negatively 부정적으로, 부인하여 poor 가난한, 빈약한 amenity 편의 시설(호텔 등), 설비

113

Many fans of the The Reality Life season 1. are ------- awaiting the release of the new play series because a few famous actors will make a guest appearance.
(A) eager
(B) eagerness
(C) eagerly
(D) more eager

여럿 유명배우들이 게스트로 출연할 예정이기 때문에, '리얼리티 라이프' 시즌 1의 많은 팬들은 새로운 시리즈의 출시를 열렬히 기다리고 있다.

해설 [품사 문제] 블랭크는 완전한 문장 사이 혹은 동사세트 사이에 위치하는 부사자리다. 정답은 (C) eagerly(열렬하게).

오답주의보 비교급인 (D) more eager는 오답이지만, 이들이 정답인 문제에서도 보기는 단순한 품사 문제처럼 보인다. 보기에 비교구문이 있을 때에는 항상 이들을 먼저 확인하자.(예: 뒤에 than이 있는지 먼저 확인하고 비교급 more eager를 삭제)

어휘 appearance 출연, 출현 eagerly 열렬하게, 열정적으로

114

The free-pass ticket ------- visitors to freely enter the all section of the Adventure amusement park regardless of each admission fee.
(A) allows
(B) provides
(C) attributes
(D) sends

이 프리패스 티켓은 방문객들이 각각의 입장료에 상관없이, 어드벤처 놀이공원의 모든 곳을 자유롭게 방문할 수 있도록 해준다.

해설 [동사 어휘 문제] 이 문제는 <allow + 목적어 + to동사원형(목적어가 ~할 수 있도록 허가[허락]하다> 구문을 묻고 있다.

오답주의보 블랭크 뒤에 있는 to를 보고 (B) provides(제공하다) 혹은 (D) sends(보내다)를 정답으로 고르지 않도록 주의한다. 이들 모두 '누구에게 ~을 주다'라는 의미를 가지고 있기 때문에 to부정사가 아닌 방향전치사 to와 함께 쓰인다. (C) attributes(~의 탓[공]으로 돌리다)는 tribute(헌정하다)에서 파생한 동사로, 이 동사 역시 to부정사가 아닌 전치사 to를 쓴다.

어휘 amusement part 놀이공원 admission fee 입장료, 출입료 attribute 탓(공)으로 돌리다

115

The refurbished historic gallery is always crowded with people, many of ------- are visitors from out of town.
(A) which
(B) they
(C) them
(D) whom

새롭게 단장한 역사갤러리는 항상 많은 사람들로 붐비는데, 이들 중 상당수는 다른 지역에서 온 방문객들이다.

해설 [관계대명사와 대명사 구별 문제] 전치사 뒤에 쓰일 수 있는 관계대명사는 whom과 which뿐이다. 이 중에서 앞에 있는 사람을 선행사로 받을 수 있는 것은 (D) whom이다.

오답주의보 뒤에 있는 동사(are)를 보고, 인칭대명사인 they를 정답으로 고를 수 있다. 하지만 전치사는 문장을 이끌 수 없다.(전치사 뒤에는 명사류가 와서 목적어 역할을 한다.) 특히 최근 토익 문제에 인칭대명사와 관계대명사가 혼합되어 나오는 경우가 많기 때문에 각각의 문법을 정확하게 알아둬야 한다.

어휘 refurbish 다시 닦다, 다시 재정리하다 crowd 붐비다, 빽빽이 들어차다

228

116

According to this quarter's accounting analysis, overall revenues increased ------- despite the poor results of the online sales.
(A) substantially
(B) highly
(C) immediately
(D) unanimously

이번 분기의 회계분석에 따르면, 온라인 판매의 낮은 실적에도 불구하고, 전체 수익은 상당히 증가했다.

해설 [부사 어휘 문제] 완전자동사(increase)를 뒤에서 꾸며줄 수 있는 부사를 고르는 문제다. 정답은 오르는 폭을 나타내는 (A) substantially(상당하게, 주목할 만하게)이다. 유의어로는 remarkably(두드러지게, 현저하게), significantly(상당히, 중요하게), considerably(많이, 상당히) 등이 있다.

오답주의보 (B) highly 역시 '크게, 대단히, 매우'의 뜻을 가지고 있다. 하지만 이 문제처럼 숫자나 돈 등을 주어로 하는 문장에서 '증감동사(오르락내리락하는 동사)'를 꾸며주기보다는 성공하거나 추천하는 등의 긍정적인 문장에서 의미를 강조해주는 부사로 사용된다.

어휘 analysis 분석, 통계 overall 전체의 revenue 수익, 소득 substantially 상당하게, 튼튼하게 unanimously 만장일치로

117

The human resources director predicted that the application of this year's job openings will increase ------- the recent recession.
(A) as a result of
(B) on behalf of
(C) in order to
(D) nevertheless

최근 불경기로 인하여, 이번 년도의 채용 공고에서는 지원자가 증가할 것이라고 인사부장이 예측했다.

해설 [전치사 / 접속사 / 접속부사 구별 문제] 블랭크 뒤에 명사가 있으므로 보기 중에 전치사 (A) as a result of(~의 결과로 인하여)와 (B) on behalf of(~을 대신하여) 중에서 정답을 골라보자. 해석상 '최근 불경기로 인하여'라는 의미가 어울리기 때문에 (A) as a result of를 정답으로 고른다. (D) nevertheless(그럼에도 불구하고)는 접속부사다.

오답주의보 이런 유형의 문제는 해석을 하기 전에, 보기 중에 전치사와 접속사 및 접속부사를 구별한 후에 접근하는 것이 바람직하다. 즉, 블랭크 뒤에 명사만 있다면 전치사를, 뒤에 문장이 있다면 접속사를, 뒤가 막혀 있거나 부사자리인 경우에는 접속부사를 남긴 후에 해석을 통해 이들을 구별하는 단계별 접근이 핵심이다.

어휘 predict 예상하다, 기대하다 recession 불경기, 경제적 슬럼프 on behalf of ~을 대신하여, 대표하여 nevertheless 그럼에도 불구하고

118

Even if the case designs of Motrea's new laptop were similar compared to previous items, they were ------- clearly by the high-quality finishing materials.
(A) distinguished
(B) discontinued
(C) updated
(D) applied to

몬트레아사의 새로운 노트북의 케이스 디자인은 기존 제품들과 비교하여 비슷했지만, 마감재의 우수한 품질 때문에 확실히 구별되었다.

해설 [분사 어휘 문제] 동사나 분사 어휘 문제를 풀 때는 주어와의 어울림도 중요하지만, 부사절[구]를 활용하여 문장의 개연성을 찾으면 정답 확률을 높일 수 있다. 부사절에 even if(반면에, 그럼에도 불구하고)가 있으므로 similar(유사한)와 대조되는 단어를 보기 중에 고른다. 정답은 (A) distinguished(구별되다).

오답주의보 laptop(노트북)이라는 전자제품을 근거로 (C) updated를 정답으로 고르지 않도록 주의한다. 부사절이 있으면 개연성을 찾는 데 도움이 되므로 부사절[구]를 잘 이용해보자.

어휘 similar 비슷한, 유사한 previous 이전의, 기존의 material 재료, 자료

119

As of next year, rising airfares are essential for the aircraft mechanics ------- the safety precaution and regular maintenance thoroughly.
(A) will check
(B) checking
(C) to check
(D) have checked

내년부터, 항공사 정비공들이 안전 예방수칙과 정기 점검을 더욱 철저하게 체크하기 위하여 항공료의 상승이 불가피하다.

해설 [동사와 준동사 구별 문제] 문장에 이미 정동사(are)가 있으므로 (A) will check과 (D) have checked를 삭제한다. 준동사인 (B) checking과 (C) to check 중에서 항공료 인상의 이유를 설명하는 (C) to check(체크하기 위하여)가 어울린다. to부정사의 부사적인 용법을 묻는 문제이기도 하다.

오답주의보 문장에서 next year를 보고 (A) will check을 정답으로 고를 확률이 높다. 보기 4개가 모두 동사인 것이 아니기 때문에 블랭크가 동사자리인지 준동사자리인지부터 확인하고 접근한다. 최근 토익에서는 단순시제만 물어보는 동사 문제가 거의 출제되지 않는다는 점도 기억해두자.

어휘 as of next year 내년부터 airfare 항공료, (비행기) 운임료 mechanic 수리공, 수리전문가 precaution 예방수칙, 예방책 thoroughly 철저하게, 꼼꼼하게

120

Patrons at the public library can request an assistance if ------- have a problem about searching books.
(A) they
(B) their
(C) their own
(D) themselves

공공도서관의 단골 회원들은 책을 찾는 데 어려움이 있으면 도움을 요청할 수 있다.

해설 [인칭대명사 문제] 부사절 접속사 if 뒤에 블랭크와 동사(have)가 있다. 블랭크는 주어자리이므로 주격 인칭대명사인 (A) they를 정답으로 고른다.

오답주의보 쉬운 문제지만, 보기에 주격과 소유격 이외에 비교적 어려운 인칭대명사가 등장했다. 인칭대명사 문제는 앞선 문장에서 어떠한 명사를 뒤에서 대신 받는지를 습관적으로 살펴보자. 이 문제에서는 they가 patrons를 대신 받고 있다.

어휘 patrons 후원자 단골고객 assistance 도움 have a problem ~에 문제가 있다, ~하는 데 애를 먹다 search 찾다, 탐색하다

121

New employees have to ------- more familiar with the company policy before they start working at Morgan Pharmacy.
(A) offer
(B) advise
(C) become
(D) admire

모건 제약회사의 신입 사원들은 업무를 시작하기 전에, 회사 규정에 좀 더 익숙해져야 한다.

해설 [동사 어휘 문제] 해석으로 접근하기보다는 블랭크 바로 뒤에 명사(목적어)가 아닌 형용사 familiar(~ 잘 알고 있는 + with, 익숙한)가 쓰였다는 것이 정답의 단서가 된다. 따라서 블랭크는 2형식동사자리이므로 (C) become(~이 되다)을 정답으로 고른다.

오답주의보 2형식동사 문제는 실전으로 학습하지 않으면 정답이 눈에 잘 띄지 않는다. become 이외에 토익에 자주 출제되는 2형식동사는 remain(남아 있다), seem(~인 것 같다) 등이 있다.

어휘 admire 칭찬하다, 사모하다 familiar 가까운, 잘 알고 있는 pharmacy 약학, 약국

122

Beast Gym can ------- be accessed by taking a public transportation because it is located near the heart of the town.
(A) ease
(B) easy
(C) easily
(D) easier

비스트 짐은 도시 중심부 근처에 위치해 있기 때문에 대중교통을 통하여 쉽게 접근할 수 있습니다.

해설 [품사 문제] 완전한 문장 사이 혹은 동사세트(can be) 사이는 부사자리다. 따라서 정답은 (C) easily(쉽게).

오답주의보 비교구문인 (D) easier가 보기 중에 있을 때는 우선 비교급부터 체킹하자. 비교급이 정답인 문제도 보기는 품사 문제처럼 나온다는 사실을 다시 한 번 기억한다.

어휘 access 접근하다, 출입하다 public transportation 대중교통 is located 위치해 있다

123

Keypoint Publishing's representatives strive ------- the requirements of the subscribers by conducting a poll.
(A) satisfy
(B) satisfied
(C) to satisfy
(D) satisfaction

키포인트 출판사의 영업사원들은 설문조사를 실시하여 독자들의 요구를 만족시키는 데 주력하고 있다.

해설 [품사 문제] 품사 문제이긴 하지만, <strive + to부정사(~을 위해 고군분투하다)> 구문을 알아야 풀 수 있는 어휘 문제에 가깝다.

오답주의보 블랭크를 동사의 목적어로 생각하여, (D) satisfaction(만족)을 정답으로 고를 수 있다. strive는 자동사로 목적어(명사)를 취하지 않고 to부정사와 어울려 쓰인다. 단편적인 학습으로 끝나지 않기 위하여, 해당 어휘 이외에 to부정사 관련 어휘들을 학습하고 실전문제를 풀어보자.

어휘 representatives 대표자, 외판원 strive to ~을 위해 고군분투하다, 열심히 노력하다(+ 동사원형) subscriber 정기구독자, 구독자 poll 설문조사, 투표

124

Passengers can write the comments on the feedback form to indicate their ------- about the meal.
(A) preference
(B) communication
(C) estimate
(D) development

승객들은 식사 선호도를 표시하기 위하여 설문조사에 의견을 기술할 수 있다.

해설 [명사 어휘 문제] indicate는 '표시하다, 나타내다, 기술하다'의 의미로 설문조사(survey, feedback form) 등의 표현과 어울려 자주 등장한다. 해석상 '설문조사에서 식사에 관해 그들의 ------를 표시하다'라는 의미이므로 블랭크에 들어갈 알맞은 어휘는 (A) preference(선호도), 나머지 보기는 문맥과 관련이 없다.

오답주의보 form(양식서)이라는 단어를 보고, (B) communication(소통, 대화)을 고르지 않도록 한다. 어휘 문제는 문장 전체에서 정답과의 관련성을 찾는 것이 포인트다. 품사 문제처럼 블랭크 앞뒤만 파악하면 오답 함정에 빠질 수 있다.

어휘 feedback 의견, 견해 preference 선호, 선호도 estimate 견적, 추산[추정]하다

125

The marketing director has been working closely with the personnel department to ------- accounts staff.
(A) permit
(B) depend
(C) apply
(D) recruit

마케팅 이사는 회계부서 사원을 모집하기 위해 인사부와 긴밀하게 업무를 진행하고 있다.

해설 [to부정사 어휘 문제] <to + 블랭크>를 to부정사의 부사적인 용법인 '~하기 위하여'로 해석하여 주절과의 개연성을 살펴보자. 인사부(personnel department)와 함께 협력하여 일하는 이유는 사원(staff)을 뽑기 위한 것이므로 (D) recruit(고용하다, 모집하다)가 정답이다.

오답주의보 블랭크 앞뒤만 보고 직원 채용으로 착각하여 (C) apply를 고르지 않도록 주의한다. apply는 전치사 for와 함께 apply for(지원하다, 신청하다)로 사용되며, job opening(구인, 구직) 관련 구문에 자주 등장한다.

어휘 director 임원, 관리자 closely 밀접하여, 접근하여 depend on 의존하다, ~에 따라 다르다 recruit 모집하다, 사람을 뽑다

126

Workers in the Bayarea plant should attend the discussion as to ------- the assembly line will be renovated.
(A) unless
(B) whether
(C) that
(D) furthermore

바야리아 공장에서 근무하는 근로자들은 조립라인을 보수해야 할지에 관한 토론회에 참석하셔야 합니다.

해설 [전치사 / 접속사 / (접속)부사 구별 문제] 블랭크 뒤에 문장(절)이 있으므로 접속부사인 (D) furthermore(더더욱, 더군다나)를 삭제한다. 블랭크 앞에는 전치사 as to(~에 관한)가 있다. 전치사 뒤에 올 수 있는 명사절 접속사는 (B) whether(~인지 아닌지)밖에 없다. whether는 if(명사절 접속사)와 같은 뜻으로 쓰이지만, if는 동사의 목적어 역할만 하는 데 비해 whether는 전치사 뒤에 오거나 to부정사를 이끌기도 한다.

오답주의보 블랭크 뒤에 완전한 문장을 보고 (A) unless(만약 ~이 아니라면)를 정답으로 고를 수 있다. 완전한 문장 2개 사이에 들어가는 부사절 접속사 unless는 전치사 뒤에 올 수 없다.

어휘 as to ~에 관한 assembly line 조립 라인 unless 만약 ~이 아니라면 furthermore 더군다나, 더욱이

127

The spending report indicated that most of the items in the department store are more expensive than ------- in the online market.
(A) they
(B) some
(C) most
(D) those

지출보고서에 따르면 백화점에서 판매하는 대부분의 제품들은 온라인마켓의 제품들보다 비싼 것으로 나타났다.

해설 [대명사 문제] 해석상 '온라인마켓의 -----'이므로 앞 문장에서 키워드를 찾는다. 이 문장은 백화점 제품들과 온라인마켓의 제품들을 비교하고 있다. 앞 문장의 제품(items)을 뒤에서 대신 받는 것은 (D) those(그것들)이다.

오답주의보 that의 복수형인 those가 사람(people)으로 쓰이는 경우가 무척 많다.(예: those who 구문) 그러다 보니, those가 사물명사로는 어울리지 않는다고 생각해서 정답에서 제외시킬 확률이 높다. 하지만 those는 사람복수명사(people)뿐 아니라, 사물복수명사도 대신 받는 대명사라는 것을 반드시 기억해두자.

어휘 spending report 지출보고서

128

Any employees should turn off the all lights ------- leaving the office.
(A) before
(B) moreover
(C) once
(D) in spite of

어떤 사원이라도 퇴근하기 전에 모든 불을 끄고 나가야 합니다.

해설 [전치사 / 접속사 / (접속)부사 구별 문제] 이 문제는 부사절 축약구문을 알아야 풀 수 있다. 부사절과 주절의 주어가 같은 경우, 부사절의 주어를 생략하고 능동이면 -ing, 수동이면 pp(-ed)로 만드는 것이 부사절 축약구문이다. 해석 시 주절의 주어인 employee(사원들)를 부사절로 끌고 와서 해석하면 이해하기 쉽다. 의미상 '(사원들이) 퇴근하기 전에'가 어울리므로 (A) before(~하기 전에)가 정답이다.

오답주의보 블랭크 뒤의 -ing를 보고 동명사라 생각하여 전치사인 (D) in spite of를 정답으로 고를 수 있다. 부사절 축약구문으로 자주 토익에 출제되는 부사절 접속사로는 when, before, after, while 등이 있으며, 능동의 의미로 -ing와 함께 출제된다.

어휘 moreover 더군다나, 더더욱(= furthermore, in addition) in spite of ~에도 불구하고

129

Even though the benefit packages are not -------, Ato Construction's incentive system are above average.
(A) attractive
(B) seasonable
(C) interested
(D) moderate

아토 건설사의 복리후생 제도는 매력적이지 않지만, 인센티브 시스템은 평균 이상이다.

해설 [형용사 어휘 문제] 양보부사절을 이끄는 even though(~인 반면에, 그럼에도 불구하고)를 이용하면 개연성을 찾기 쉽다. '그럼에도 불구하고 + 복리혜택은 -------이 아니고, 인센티브는 <u>평균 이상</u>이다'라는 의미다. 즉 '평균 이상'과 대조되는 단어를 찾으면 된다. 블랭크 앞에 not이 있다는 것을 조심하고 의미상 어울리는 (A) attractive(매력적인)를 정답으로 고른다.

오답주의보 (C) interested도 어울리는 것 같지만, 감정유발 단어는 수동태로 쓰일 경우 사람과 함께 쓰인다는 것을 기억해둔다.(예: He is interested in ~)

어휘 benefit package 복리후생 제도 average 평균, 평균치 moderate 삼가는, 절제하는

130

Performance ------- were conducted by the professional research group for increasing company's productivity.
(A) salaries
(B) reforms
(C) reimbursements
(D) evaluations

회사의 생산성 향상을 위해, 전문 리서치 그룹의 수행능력 평가가 진행되었다.

해설 [명사 어휘 문제] 명사는 주어, 목적어, 보어 역할을 하기 때문에 동사와의 개연성을 먼저 살펴봐야 한다. 리서치 그룹(연구조사기관)에 의해 수행되는 작업이 무엇인지 생각해본다. 동사 conduct(특정 활동을 수행하다)는 interview(면접), survey(설문조사), meeting(회의) 등을 목적어로 취하며, 이와 어울리는 명사는 '<u>평가(evaluation)</u>'다.

오답주의보 (A) salaries는 월급, (B) reforms는 개혁, (C) reimbursements는 상환. 토익의 기초 어휘가 부족하면 파트 5, 6의 어휘 문제는 접근 자체가 불가능하다. 문장의 개연성을 찾을 수는 있지만 정답 고르기가 쉽지 않다. 보기와 같은 어휘를 모른다면 기초 어휘부터 학습해야 한다.

어휘 productivity 생산성, 생산율 salary 월급, 급여 reform 개혁

Questions 131-134 refer to the following letter.

To: Roland Winker

From: Kim Min Soo

Date: December 22

Subject: Error

------- I received your original dress-code policy yesterday, I
131.
have reviewed it carefully. -------.
132.

As ------- in the policy document, we must have a strict dress
133.
code for all employees who are expected to wear formal suits.

However, our technicians in the laboratory wear a casual

clothing as prescribed by the company rule. The use of the

above sentence ------- confusion among them. The rest of it is
134.
good.

The attached file is a revised policy. After you review it, contact

me about it.

받는 사람: 롤란드 윙커

보낸 사람: 김민수

날짜: 12월 22일

제목: 오류

어제 당신의 복장 규정 정책 원본을 받고 나서 그것을 면밀하게 검토했습니다. 제 생각에는 사원들에게 그것을 배부하기 전에 사소한 오류들을 고쳐야 합니다.

정책 문서에 언급된 대로, 우리 회사는 모든 사원들에게 정장을 입도록 하는 엄격한 복장 규정이 있어야 합니다. 그러나 연구소에 근무하는 연구원들은 회사 규정에 따라 캐주얼한 옷을 입고 있습니다. 그래서 위와 같은 문장을 사용하면 그들에게 혼란을 야기할 것입니다. 나머지 내용들은 괜찮습니다.

첨부 파일은 수정된 정책입니다. 검토해보시고 연락주세요.

어휘 dress code 복장규제 policy 정책, 방침 strict 엄격한, 엄한 formal suit 정장, 예의를 갖춘 복장 however 그러나(접속부사) laboratory 연구소, 연구실 prescribe 규정하다, 지시하다 sentence 문장 confusion 혼란, 혼동 attached 첨부된, 동봉된 cause ~을 일으키다, ~을 야기하다

131
(A) Unless
(B) Once
(C) As well as
(D) Therefore

해설 보기에 접속사 / 접속부사 / 전치사가 등장한다. 블랭크 뒤에 완전한 문장(I received your original ~)이 있으므로 부사절 접속사인 (A) Unless(만약 ~가 아니라면)와 (B) Once(일단 ~하면)를 남긴다. 해석상 (B) Once가 어울린다.

132
(A) The layout for the document will be completed soon.
(B) The policy of the program is to provide all employees appropriate shift schedules.
(C) I think you have to amend the application form by this weekend.
(D) I think we should correct the minor errors in the policy before issuing it to employees.

해설 이 문제는 다른 신 유형 문제들과는 달리 블랭크가 첫 번째 문단의 마지막에 나온다. 2번째 문단의 부정적인 내용(혼란을 가중시킬 수 있다)과 제목(오류)을 통해 정답 문장을 유추해보면 문맥상 (D)가 잘 어울린다.(제 생각에는 사원들에게 그것을 배부하기 전에 사소한 오류들을 고쳐야 합니다.)

오답주의보 (A) 특정 자료의 레이아웃(배치), (B) 교대 근무 스케줄, (C) 지원서에 관한 언급 등은 흐름상 어울리지 않는다.

133
(A) state
(B) states
(C) stating
(D) stated

해설 품사 문제. <as + (pp) + in + 명사; 명사에서 ~한 대로>라는 관용표현을 외워두면 정답을 쉽게 고를 수 있다. 비슷한 표현으로는 as discussed in(논의된 대로), as mentioned in(언급된 대로) 등이 있다.

134
(A) caused
(B) will cause
(C) have caused
(D) has caused

해설 파트 6의 동사 문제는 문장의 흐름을 통해 단서(시제)를 찾는다. 아직 일어나지 않은 상황(이대로 배포되면 혼란이 가중된다)이므로 미래형 동사가 어울린다. 정답은 (B) will cause(야기할 것이다).

ACTUAL TEST 06 ACTUAL TEST 07 ACTUAL TEST 08 ACTUAL TEST 09 ACTUAL TEST 10

235

Questions 135-138 refer to the following memo.

To: All employees

On next Monday, Horizon Hotel will ------- a customers survey
             135.
on how enjoyable they were during the stay. We decided to need

a ------- survey to know what our customers think so we will do
  136.
it and would welcome their opinions about the questionaries.

-------. As soon as we received the report, our maintenance
137.
department repaired it right away. As a result of that, customer

satisfactions also increased considerably and it had an

approximately 90 percent customer approval rating.

We ------- that all employees submit a suggestion about that
    138.
to the Customer Relation Department no later than this Friday.

For more information, please visit the web site and click this link

"New Survey (confidential)."

By using this link page, you can add or edit questions to this

survey.

Thank you.

Horizon Hotel

Customer Relation Department

모든 사원들에게

다음 주 월요일, 호리즌 호텔에서는 고객들이 호텔에 머무는 동안 얼마나 즐거운 시간을 보내셨는지에 관한 고객 설문조사를 실시할 예정입니다. 저희는 고객들이 어떻게 생각하는지 정확히 알기 위하여 자세한 설문조사가 필요하다고 결정했고, 질문 사항들에 대한 고객들의 의견을 환영하며, 그것을 반영할 계획입니다.

예를 들어, 작년 설문조사에서는 고객들이 서쪽 부속 건물의 균열에 대해 우려를 표명했습니다. 관련 보고를 받자마자, 유지·보수부에서 즉각 수리를 했습니다. 결과적으로 고객 만족 역시 상당히 향상되었고 대략 90퍼센트 정도의 고객 만족도를 보였습니다.

사원 여러분께서는 이와 관련된 제안을 고객 관리부로 늦어도 이번 주 금요일까지 보내주시길 바랍니다. 더 많은 정보를 원하시면, 웹사이트를 방문해서 링크 '새로운 설문조사(기밀)'을 눌러주세요.

해당 링크를 통해 설문조사의 질문들을 추가하거나 수정할 수 있습니다.

감사합니다.

호리즌 호텔
고객 관리부

어휘 customer survey 고객 만족도 설문조사 opinion 의견, 견해 questionaries 설문지들, 설문 질문들 repair 수리하다, 고치다 (= fix) considerably 상당하게, 매우, 꽤 approval 허락, 허가

135
(A) finalize
(B) conduct
(C) extend
(D) publish

해설 동사 어휘 문제. 목적어(customers survey 고객 설문조사)와 어울리는 동사를 고르는 문제다. (B) conduct는 '(특정 활동)을 수행하다'의 의미를 갖고 있으며, 비즈니스 관련 활동들이 목적어로 붙는다. 목적어로는 면접(interview), 미팅(meeting, conference, presentation) 등이 자주 등장한다.

136
(A) detail
(B) to detail
(C) detailed
(D) detailing

해설 품사 문제. 명사 앞의 블랭크는 형용사자리다. 보기 중에 형용사는 (C) detailed와 (D) detailing이 있지만 사물명사(survey)를 꾸며줄 수 있는 것은 수동형의 (C) detailed(상세한, 세부적인)이다.

오답주의보 토익 시험에는 명사 앞에서 다른 명사를 고르는 복합명사 문제는 출제 빈도가 낮다.

137
(A) In fact, the findings showed that the economy will recover soon.
(B) For example, the last year's survey results showed that visitors expressed concerns about the crack of our west wing.
(C) For Instance, our company is well-known for creating a unique commercial.
(D) Many researchers predict that the sales figures will increase dramatically next year.

해설 고객들의 의견을 귀담아듣는 설문조사의 이유를 피력한 앞 문단의 내용을 생각하면, 과거의 예시를 통해 타당한 이유를 설명하고 있는 (B)가 정답이다.(예를 들어, 작년 설문조사에서는 고객들이 서쪽 부속 건물의 균열에 대해 우려를 표명했습니다.)

오답주의보 (A) 설문조사의 내용이기는 하지만 경기회복에 관한 내용이나 (C) 독특한 광고를 만드는 회사 등의 내용은 흐름상 어울리지 않는다. 또한 판매수치의 상승을 예상하는 (D) 역시 고객 의견에 따른 행동과는 어울리지 않는 어색한 문장이다.

138
(A) attend
(B) indicate
(C) announce
(D) recommend

해설 동사 어휘 문제. 주장[요구, 제안, 의무]동사의 that절에는 should가 생략된 동사원형을 쓴다. 이 문제의 정답 단서는 that절 뒤에 있는 submit(동사원형)다. 해석으로도 (D) recommend(추천하다, 제안하다, 요구하다)가 잘 어울린다.

Questions 139-142 refer to the following notice.

Attention All Employees We would like to ------- all Honda Department Store's **139.** employees of the revised procedure for the time off. All full time employees ------- interns who have worked over **140.** the last 12 months are eligible for applying for leave of absence during this summer. They should first speak with their immediate supervisor ------- the related form should be submitted to the **141.** Department of Personnel Administration. If you do not know your remaining absence dates, please use the enclosed document (#44) to calculate them. However, -------. **142.** Thank you. From Honda Department Store	모든 사원들에게 알립니다 혼다 백화점 모든 사원들 여러분에게 수정 된 휴가 정책을 상기시켜 드리고자 합니다. 인턴사원들을 제외한 12개월 이상 근무하 신 모든 정규사원들에게는 이번 여름 동안 휴가를 신청할 자격이 주어집니다. 먼저 여 러분의 직속 상관과 이야기를 나눈 후에 관 련 서류들을 인사부로 제출해주세요. 혹시 남아 있는 휴가 일수를 모른다면, 첨 부된 서류(44번)를 이용하시기 바랍니다. 하지만, 이번 여름철에 휴가를 신청하는 모 든 사원들은 최소 8주 전에 알려주시기 바 랍니다. 감사합니다. 혼다백화점

어휘 revise 수정하다, 고치다 time off 휴가 be eligible for ~할 자격이 있다, ~자격을 갖추다 absence 결석, 결근 submit 제출하다, 보내다 remain 남아 있다(2형식동사) unlike ~와 달리 thus 그러므로(= therefore)

139
    (A) remind
    (B) reminds
    (C) reminded
    (D) reminding

해설 동사와 준동사를 구별하는 문제. 이 문장은 <would like to + 동사원형; ~하고 싶다(= need to, want to)>구문이다. 따라서 동사원형인 (A) remind(상기시키다)가 정답이다.

140
(A) including
(B) such as
(C) except
(D) unlike

해설 보기에 전치사들이 등장한다. 얼핏 보면, 모두 정답처럼 보인다. 2번째 문단은 수정된 휴가 정책에 관한 내용이다. 블랭크 뒤에서 여름 기간 동안 휴가를 신청할 수 있는 사람들의 자격을 언급하고 있다. 문맥상 '인턴사원들을 제외한 정규직들'이라는 의미가 자연스럽다. 정답은 (C) except(~을 제외하고). 참고로 A except B(B를 제외한 A)도 암기해두자.

141
(A) and then
(B) furthermore
(C) in addition
(D) thus

해설 접속부사 문제. 앞의 내용(먼저, 직속상관으로부터 허가를 받아야 한다)과 뒤의 내용(관련 서류들을 보내라)을 이어주는 연결어가 필요하다. 시간의 순서를 나타내는 (A) and then(그러고 나서)이 어울린다.

142
(A) the document will be submitted to me right away.
(B) all workers requesting time off during the summer season should give a minimum of 8 weeks notice.
(C) the sick leave is available for a limited time only.
(D) the form regarding your refund can be pick up at the front desk.

해설 수정된 휴가 정책을 알리는 공지문의 결론에 어울리는 문장을 고른다. 블랭크 바로 앞에 있는 문장을 통해 회사에서 사원들에게 뭔가를 요청하는 내용이 정답일 가능성이 높다는 것을 알 수 있다. 문맥상 (B)가 정답이다.(이번 여름철에 휴가를 신청하는 모든 사원들은 최소 8주 전에 알려주시기 바랍니다.)

오답주의보 (C) 병가의 제한적 사용 기간 (D) 환불 관련 양식서 등은 흐름상 어울리지 않는다. (A)는 정답 가능성이 있긴 하지만, 두 번째 단락에서 직속 상관과 대화를 나눈 후에 관련 서류를 보내달라고 했기 때문에 (B)보다는 정답 확률이 낮다.

Questions 143-146 refer to the following e-mail.

To: Kim Young Soo<yskim@daum.net>

From: Crom Doherty<doherty@fitnesssupplement.com>

Date: Tuesday, 8 May

Subject: Your order

I'm writing to thank you for recent order. -------, the item (Max
143.
Protein Powder) you ordered is currently out of stock. Because

Max Protein Powder is very popular, -------.
144.

Don't worry. We have a(n) ------- product that is called "CSI
145.
Protein Supplement" by the same manufacturer. If you order by

this Friday, we will provide you a 20% off the regular price and

a free shipping service. According to the users, it is ------- to be
146.
as effective as the item you originally ordered.

If you are interested, don't hesitate to call our customer service

center at any time. We apologize for this inconvenience. We

look forward to serving you again.

Sincerely,

Crom Doherty

Fitness Supplement

받는 사람: 김영수<yskim@daum.net>
보낸 사람: 크롬 도허티<doherty@fitness
supplement.com>
날짜: 5월 8일, 화요일
제목: 고객의 주문

최근 주문에 감사를 드립니다. 하지만, 고객
께서 주문하신 제품(맥스 프로틴 파우더)는
현재 품절되었습니다. 해당 제품의 인기가
워낙 많아서, 그 제품은 고객의 수요를 충
족시키지 못하고 있습니다.

걱정하지 마세요. 저희에게는 'CSI 단백질
보충제'로 불리는 같은 회사에서 나온 비슷
한 제품이 있습니다. 이번 주 금요일까지 주
문을 하시면, 정상가에서 20퍼센트 할인과
무료 배송을 해드리겠습니다. 사용자들의
후기에 따르면, 이 제품은 고객께서 처음
에 주문했던 제품과 효과가 비슷하다고 알
려져 있습니다.

관심이 있으시면, 언제든 저희 고객관리센
터로 주저마시고 연락 주세요. 불편함을 끼
쳐드려서 죄송합니다. 다시 한 번 고객을 모
실 수 있기를 바랍니다.

감사합니다.

크롬 도허티
피트니스 서플리먼트

어휘 protein 단백질 out of stock 품절된, 모두 팔린 supplement 보충제, 보충 manufacturer 제조업체, 제조업자 shipping 배송,
배달 hesitate 주저하다, 꺼려하다 apologize 사과하다

143
(A) Since then
(B) Accordingly
(C) Therefore
(D) However

해설 앞에서 고객의 주문에 감사 메시지를 전하고 있고, 블랭크 뒤에서 제품의 품절되었다고 알린다. 두 문장이 대조[반전]를 이루고 있으므로 (D) However(그러나; 접속부사)를 정답으로 고른다.

144
(A) you can not purchase it any more in USA.
(B) the item will be discontinued to correct the problems.
(C) the production is inadequate to meet the customer demand.
(D) the recently refurbished office will reopen on upcoming Saturday.

해설 이유부사절 because(~ 때문에, ~이므로)의 내용은 '그 제품이 인기가 많다'는 것이다. 이어지는 정답 문장에는 '그 제품이 인기가 많아서 제품이 없다.'라는 내용이 들어갈 것이다. 따라서 정답은 (C) 그 제품은 고객의 수요를 충족시키지 못하고 있습니다.
오답주의보 (B) 문제점을 고치기 위해 생산을 중단한다, (D) 새롭게 정비된 사무실은 토요일에 다시 문을 연다 등은 흐름상 어울리지 않는다. 그 제품을 미국에서 더 이상 구매할 수 없다는 (A) 역시 어색한 표현이다.

145
(A) similar
(B) different
(C) valuable
(D) effective

해설 문단 앞 부분에서 임시 품절된 제품과 유사한 제품을 추천하고 있다. 문맥상 '처음에 주문했던 제품과 효과가 비슷하다'는 의미가 잘 어울린다. 따라서 정답은 (A) similar(유사한, 비슷한).

146
(A) know
(B) knows
(C) knew
(D) known

해설 품사 문제. be동사 바로 뒤에 들어갈 수 있는 품사는 분사(-ed / -ing)다. 그리고 be known as(~으로 알려져 있다) 구문을 암기해두었다면 정답을 쉽게 골랐을 것이다.

101 Please contact the personnel manager to let him know
------- you accept our offer or not.
(A) whether
(B) unless
(C) that
(D) during

저희의 제안을 받아들일지에 대해 인사부
장이 알 수 있도록 연락을 주시기 바랍니다.

해설 [전치사 / 접속사 / (접속)부사 구별 문제] 블랭크 뒤에 문장이 있기 때문에 전치사 (D) during(~하는 동안)을 가장 먼저 삭제한
다. 접속사 중에서 동사 know의 목적어자리에 올 수 있는 명사절 접속사 (A) whether(~인지 아닌지)와 (C) that(~라는 것[점])을 남긴
다. 블랭크 뒤에 있는 or not을 단서로 해석을 해보면 (A) whether가 정답이라는 것을 알 수 있다.

오답주의보 자칫 잘못해서 (C) that을 정답으로 고를 수 있다. 하지만 that은 or not(~인지 아닌지)과 함께 쓸 수 없다.

어휘 personnel manager 인사부 매니저, 인사부장 whether ~인지 아닌지

102 Premium Train services will be ------- temporarily owing to
the technical problems.
(A) suspended
(B) expanded
(C) placed
(D) depended

기계적인 결함 때문에 프리미엄 열차 서비
스가 잠시 중단될 예정입니다.

해설 [동사 어휘 문제] 능동태의 목적어가 수동태의 주어라는 것을 생각하면 단서를 쉽게 찾을 수 있다. 이유전치사 owing to(~ 때문
에)구문에서 '기계적 결함'이라는 말이 나오므로 열차 서비스가 '중단되다(suspended)'라는 의미가 어울린다.

어휘 temporarily 일시적으로, 잠시, 임시로 suspend 멈추다, 중지하다 expanded 확대[확장]되다 placed 놓이다, 설치되다
owing to ~때문에, ~이므로

103 All applicants should submit a ------- letter with their resume
to the human resources department by the deadline.
(A) recommend
(B) recommending
(C) recommends
(D) recommendation

모든 지원자들은 마감 기한까지 이력서와
추천서 한 장을 인사부에 제출해야 한다.

해설 [품사 문제] 일반적으로 명사 앞에 형용사를 쓰지만, 예외적으로 명사 앞에서 명사를 고르는 복합명사 문제가 가끔 출제되기도
한다. '추천서'라는 의미로 recommendation letter를 쓴다. 유의어로는 reference letter가 있다.

어휘 submit 제출하다 resume 이력서 human resources department 인사부 dead line 마감 시간[날짜], 기한

104 All vendors ------- wish to attend the Go-Yang Flower Exhibition are advised to reserve a booth in advance.
(A) which
(B) who
(C) they
(D) he

고양 꽃 박람회에 참여하기 원하는 모든 상인들은 미리 부스를 예약하도록 권고받는다.

해설 [인칭대명사와 관계대명사 구별 문제] 블랭크 앞에 선행사(명사)가 있기 때문에 인칭대명사인 (C) they와 (D) he는 제외된다. 사람명사인 vendor(상인)를 꾸며주는 주격 관계대명사 (B) who를 정답으로 고른다. 최근 시험에는 인칭대명사와 관계대명사가 섞여서 나오기 때문에 각각의 특징들을 제대로 파악하는 것이 중요하다.

오답주의보 (A) which는 사물명사를 선행사로 받는 주격 관계대명사다. 주격 관계대명사 중에서 which와 who를 동시에 받는 관계대명사로 that도 가끔 출제된다.

어휘 vendor 상인, 판매자 exhibition 전시회, 전람회 in advance 미리, 전에

105 According to the research on the present condition of the domestic film industry, Fitz Theater is ------- the largest but also the most popular cinema.
(A) once
(B) or
(C) and
(D) not only

최근 국내 영화산업의 현황 보고에 따르면, 피츠 극장이 가장 클 뿐 아니라 인기도 많다.

해설 [접속사 문제] 보기에 등위상관접속사가 과반수 이상 나오면 정답이 등위상관접속사일 확률이 높다. 블랭크 뒤에 but also가 있으므로 (D) not only를 정답으로 고른다.(not only A but also B; A뿐 아니라 B도 역시)

어휘 research 연구, 조사 present condition 현황 domestic 국내의, 가정의 theater 극장, 영화관

106 All new employees are requested to ------- for the orientation at the main conference hall on upcoming Friday.
(A) enroll
(B) register
(C) sign
(D) participate

모든 신입사원들은 다가오는 금요일 컨퍼런스 홀에서 열리는 오리엔테이션에 등록하도록 요청받는다.

해설 [동사 어휘 문제] 모두 비슷한 의미를 지닌 듯하지만, 전치사 for와 함께 쓰이는 (B) register(등록하다)가 정답이다.

오답주의보 (A) enroll은 in과 함께 쓰여 enroll in(~에 등록하다)으로, (C) sign은 up과 함께 쓰여 sign up(~에 등록하다)으로 사용된다.

어휘 request 요청[요구]하다 enroll (in) ~에 등록하다, 이름을 적다 register (for) ~에 등록하다, 기재하다 sign (up) ~에 등록하다, 참가하다 participate (in) ~에 참가하다

107

The chemical factory in China should comply with international safety -------.
(A) regulated
(B) regulating
(C) regulations
(D) regulated

중국에 있는 화학 공장은 국제 안전규칙을 준수해야 한다.

해설 [품사 문제] 블랭크는 동사(comply with ~을 따르다)의 목적어임과 동시에 형용사(international 국제의) 뒤에 있는 명사자리다. '국제 안전규칙'이라는 의미가 어울리므로 (C) regulations가 정답이다.

어휘 factory 공장(= plant) comply with ~을 따르다, 지키다 safety regulation 안전규칙, 안전수칙

108

Mr. Pollan ------- a surprising promotion to the regional manager after the conclusion of an important contract with a major broadcast.
(A) received
(B) awarded
(C) granted
(D) considered

폴란 씨는 대형 방송국과 중요한 계약을 체결한 이후에 지역 매니저로 놀라운 승진을 했다.

해설 [동사 어휘 문제] (B) awarded와 (C) granted는 4형식수여동사로서 모두 '~을 주다'의 의미이므로 이 문장과는 어울리지 않는다. 5형식동사인 (D) considered(고려하다) 역시 어울리지 않는다. 문맥상 '승진을 받았다'는 의미가 어울리므로 (A) received(받다, 받아들이다)를 정답으로 고른다.

어휘 surprising promotion 놀라운 승진 conclusion 결론, 결과 contract 계약, 계약서 award 수상하다(4형식동사) grant 주다(4형식동사) consider 고려하다(5형식동사)

109

Overall revenues for Creation Appliance's recent released items ------- tripled in the past 2 years.
(A) routinely
(B) shortly
(C) nearly
(D) widely

크리에이션 가전제품사에서 최신 출시된 제품들의 전체 수익이 지난 2년 동안 거의 3배로 뛰었다.

해설 [부사 어휘 문제] 부사는 동사를 꾸며주는 역할을 하며 동사의 시제뿐 아니라 문맥과도 잘 어울려야 한다. 숫자(tripled, 3배) 앞에 쓰이고 '대략, 약'이라는 의미를 가진 (C) nearly가 정답이다.

오답주의보 (A) routinely(정기적으로)는 현재형 동사, (B) shortly(곧, 곧바로)는 미래형 동사와 어울리는 시제부사다.

어휘 overall revenues 전체 수익 nearly 거의, 대략, 약 widely 널리, 먼 곳에

110
At Heinz Department Store, new products have been ------- displayed at the best place.
(A) general
(B) generally
(C) generation
(D) generalize

해설 **[품사 문제]** 완전한 문장 사이 혹은 동사세트 사이에 들어갈 부사를 고르는 문제다. 보기 중에 부사는 (B) generally(보통, 일반적으로)이다.

어휘 generally 일반적으로, 주로 display 전시하다, 진열하다 at the best place 가장 좋은 자리에

헤인즈 백화점에서 신제품들은 일반적으로 가장 좋은 자리에 진열된다.

111
------- for the maximum number of credits is required for those who want to do the early graduation.
(A) Registers
(B) Register
(C) Registering
(D) Registered

해설 **[품사 문제]** 주어 역할을 하는 명사를 고르는 문제, 보기 중에 명사 역할을 하는 동명사 (C) Registering(등록하는 것, 신청하는 것)이 정답이다.

오답주의보 동명사가 주어로 쓰이면 '~하는 것'으로 해석하고 단수로 취급하여 단수동사(is)를 쓰는 것이 원칙이다.

어휘 credit 신용, 학점 is required for ~을 위해 요구되다, 필요하다 early graduation 조기 졸업

조기 졸업을 원하는 학생들은 최대 학점 신청이 필요하다.

112
A journalist from Herald Weekly will interview Eric Clapton, a famous singer, ------- his new album.
(A) regarding
(B) into
(C) until
(D) around

해설 **[전치사 문제]** 블랭크 뒤의 명사를 단서로 보기를 삭제해가면 정답을 쉽게 고를 수 있다. 뒤의 명사가 장소가 아니기 때문에 장소 전치사인 (B) into(~ 속으로)와 (D) around(~ 주변에)를 삭제하고, 시간전치사인 (C) until(~까지; + 시점) 역시 제거한다. 정답은 (A) regarding(~에 관한).

오답주의보 regarding은 –ing로 끝나는 전치사로 '~에 관한'의 의미로 사용된다. 유의어로는 concerning(~에 관한, 관련된)이 있다.

어휘 journalist 저널리스트, 기자 famous 유명한, 저명한

헤럴드 주간지의 저널리스트는 유명 가수인 에릭 클랩튼의 새로운 앨범에 관하여 인터뷰를 할 예정이다.

113

Due to the bad weather condition, all flights to oversea will be ------- until tomorrow morning.
(A) covered
(B) organized
(C) postponed
(D) presented

굳은 날씨 때문에, 해외로 가는 모든 비행기들이 내일 오전까지 연착될 것이다.

해설 [동사 어휘 문제] 궂은 날씨로 인해 비행기가 연착된다는 내용이다. 시간전치사 until(~까지)은 지속적인 의미를 갖고 있으며, by와 같은 뜻으로 쓰인다. 문맥상 비행기가 내일 오전까지 '연착되다'라는 의미가 어울린다. 나머지 보기들은 문맥과는 상관이 없다.

어휘 due to ~ 때문에, ~이므로 bad weather condition 악천후, 궂은 날씨 oversea 바다 건너, 해외 postpone 연기하다, 미루다 present 제시하다, 보여주다

114

The Brave Sports Wear recently moved into its new manufacturing plant in Hong-Kong due to the ------- strategy.
(A) reduction
(B) expansion
(C) introduction
(D) location

브레이브 스포츠웨어는 확장 정책에 따라 홍콩의 새로운 공장으로 이전했다.

해설 [명사 어휘 문제] 홍콩으로의 이전(moved into its new manufacturing plant in Hong-Kong)은 '확장', 즉 '해외 진출'을 의미한다. 보기 중에 (B) expansion을 정답으로 고른다.

오답주의보 장소명사(Hong-Kong)를 보고 location(장소, 위치)을 정답으로 고르지 않도록 주의한다. expansion은 전치사 into와 어울리고 미국을 제외한 다른 국가와 함께 쓰일 경우 '해외 진출'을 의미한다.

어휘 sports wear 운동복 move into ~로 장소를 옮기다 reduction 감소, 줄임 expansion 확장, 해외진출(+ into)

115

The main stores of Clear Steak House are conveniently located in the ------- of the city.
(A) heart
(B) rural
(C) ambition
(D) instruction

클리어 스테이크 하우스의 주된 상점들은 도시의 중심부에 편리하게 위치해 있다.

해설 [명사 어휘 문제] 편리한 곳에 위치하여 접근이 용이한 도심지와 어울리는 어휘를 골라보자. 문맥상 도시의 '중심부'를 말하고 있으므로 (A) heart가 정답이다.

어휘 be conveniently located 편리하게 위치하다, 접근이 용이하다 rural 시골의, 지방의

116

Most of the business newspapers contain editorials written by the ------- economists who have a reputation.
(A) confident
(B) various
(C) notable
(D) available

대부분의 경제 일간지에서는 평판이 좋은 저명한 경제학자들이 쓴 사설을 싣는다.

해설 **[형용사 어휘 문제]** 블랭크 뒤에 있는 주격 관계대명사절의 '평판(reputation)'과 잘 어울리는 어휘는 '저명한(notable) 경제학자들'이다.

오답주의보 사람 또는 직책 앞에 (D) available(서비스가 이용 가능한)을 쓸 수 있지만, 표현이 어색하다.

어휘 contain ~을 포함하다, ~이 들어 있다 editorial 사설, 논설 reputation 평판, 명성 confident 자신감을 갖고 있는, 자신 있는 notable 저명한, 유명한

117

In response to customers' needs, Kloud Hotel has undergone a significant ------- in the lobby.
(A) renovation
(B) competition
(C) transformation
(D) explanation

고객들의 요구에 대응하고자 클라우드 호텔은 중요한 로비 보수공사를 시행했다.

해설 **[명사 어휘 문제]** '고객의 의견을 반영해서 로비 공사를 했다'는 내용이다. 동사 undergo(어려움을 겪다)는 보수공사(renovation)와 함께 자주 출제된다.

어휘 in response to ~에 응답하다, ~에 대응하여 undergo (어려움을) 겪다 significant 중요한, 의미 있는 transformation 변형, 변화 explanation 설명

118

Training workshops about the communication skills will be held ------- all junior sales people.
(A) while
(B) for
(C) to
(D) although

의사소통에 관한 트레이닝 워크숍은 모든 신입 영업사원들을 위해 개최될 것이다.

해설 **[전치사 / 접속사 / (접속)부사 구별 문제]** 블랭크 뒤에 사람명사(sales people)가 있기 때문에 전치사 (B) for와 (C) to가 정답 후보들이다. 방향전치사 to는 문맥이나 동사가 '어디로 향하다'라는 의미를 지녀야 사용 가능하다. 블랭크 앞의 동사가 held(개최되다)이므로 방향전치사는 어울리지 않는다. 따라서 (B) for(~을 위한, 위하여)를 정답으로 고른다.

어휘 communication 소통, 전달 be held 개최되다 while ~하는 동안, 반면에

119

------- the complex shopping mall opens in August, employment opportunities for local residents will increase.
(A) After
(B) In case
(C) Along with
(D) Moreover

8월에 복합 쇼핑몰이 개점한 후에 지역 주민들의 고용 기회가 늘어날 것이다.

해설 [전치사 / 접속사 / (접속)부사 구별 문제] 블랭크 뒤에 완전한 문장이 2개 있으므로 부사절 접속사를 정답으로 고른다. 보기 중에 부사절 접속사는 (A) After(~후에)와 (B) In case(~하는 경우에 대비하여)가 있다. 문맥상 '8월에 개점한 후에(after)'가 어울린다.

어휘 complex shopping mall 복합 쇼핑몰 resident 거주자, 주민 moreover 더군다나, 더더욱

120

The discussion focused on how domestic companies can ------- for the unemployment due to the fourth industrial revolution.
(A) process
(B) revise
(C) request
(D) prepare

이번 토론회는 국내 기업들이 제4차 산업혁명으로 인한 실업률을 어떻게 대비할 수 있는가에 집중했다.

해설 [동사 어휘 문제] 주어가 토론회이고 토론회의 주제가 how(어떻게 ~할지) 뒤에 나와 있다. 문맥상 '제4차 산업혁명으로 인한 실업률을 어떻게 -----하다'라는 내용이기 때문에 '대비하다, 준비하다'라는 의미의 (D) prepare가 어울린다.(+ for; ~을 준비하다, 대비하다)

어휘 focus on ~에 집중하다 unemployment 실업, 실직 fourth industrial revolution 제4차 산업혁명 prepare 준비하다, 대비하다

121

The Gold Sports Gym will open a new out of town branch ------- rural residents can use the state of the art equipment.
(A) when
(B) where
(C) which
(D) who

골드 스포츠 짐에서는 시골 지역의 거주자들이 최신 운동 기구를 이용할 수 있도록 하기 위해 도시 외곽에 새로운 지점을 개설할 것이다.

해설 [관계부사와 관계대명사 구별 문제] 관계부사와 관계대명사의 가장 큰 차이점은 뒤에 완전한 문장이 오는지(관계부사) 불완전한 문장이 오는지(관계대명사)이다. 블랭크 뒤에 완전한 문장(주어 + 동사 + 목적어)이 있기 때문에 관계부사인 (A) when과 (B) where를 남긴다. 선행사가 장소(a new out of town branch)이므로 정답을 (B) where로 고른다.

오답주의보 앞의 사물명사를 보고 주격 관계대명사인 (C) which를 정답으로 고르지 않도록 주의한다. 주격 관계대명사는 바로 뒤에 동사가 온다.(사물명사 + which + 동사)

어휘 gym 체육관, 짐 branch 지점 state of the art 최신의, 최신식

122

If the interior renovation ------- on schedule, the model house will be able to attract more visitors.
(A) are finished
(B) is finished
(C) will finish
(D) finished

모델 하우스의 인테리어 공사가 예정된 대로 끝난다면, 더 많은 방문객들을 끌어들일 수 있을 것이다.

해설 [동사 문제] 보기 4개가 모두 동사이고 부사절 접속사 if절에 들어갈 동사를 고르는 문제다. 동사 문제 풀이공식 1단계인 수일치부터 시작한다. 주어는 단수(renovation)이므로 복수동사인 (A) are finished를 삭제한다. 블랭크 뒤에 목적어가 없고 주어가 사물이므로 수동태동사인 (B) is finished(끝마치다)를 정답으로 고른다.

오답주의보 시간·조건부사절 접속사에 있는 동사가 현재형이거나 현재완료형일 경우 주절에는 미래형을 쓴다. 시제일치의 예외법칙으로 반드시 기억해둔다.

어휘 on schedule 예정된 대로, 원래 시간 대로 be able to ~할 수 있다(+ 동사원형) attract 끌어들이다, 끌다

123

Many economic analysts state that hiking in Jeju Island is a key ------- of the district's economy.
(A) invoice
(B) request
(C) complaint
(D) component

많은 경제분석가들은 제주도의 등반이 그 지역 경제의 가장 중요한 요소라고 말한다.

해설 [명사 어휘 문제] 특정 지역의 주된 경제 활동에 관한 내용이다. 해석상 '등반이 지역 경제의 중요한 <u>요소</u>'이므로 (D) component(요소, 성분, 부품)가 정답이다.

어휘 analyst 분석가 hiking 등반, 도보여행 invoice 송장, 청구서 component 구성요소, (기계) 부품 complaint 불평, 불만

124

On account of the creative advertisement, the revenue of Colton Apparel has risen ------- for the past 6 months.
(A) significantly
(B) initially
(C) originally
(D) strongly

획기적인 광고로 인하여, 콜튼 의류사의 전체 수익은 최근 6개월 동안 크게 증가했다.

해설 [부사 어휘 문제] 완전자동사 rise(오르다)를 꾸며주는 부사는 (A) significantly(확실하게, 크게)다. (B) initially와 (C) originally는 모두 '처음에, 원래, 본래'의 뜻으로 과거형동사를 수식하는 과거시제부사다.

어휘 on account of ~이므로, ~ 때문에 creative 창의적인, 창의력이 있는 revenue 수익, 수입 originally 원래의, 본래의

125

Trend Consulting has devoted to ------- local businesses an informative management consulting over the years.
(A) continuing
(B) specializing
(C) providing
(D) responding

트렌드 컨설팅은 오랫동안 지역업체에 효과적인 경영 컨설팅을 제공하는 데 전념하고 있다.

해설 [동명사 어휘 문제] 동사구인 devoted to는 동명사를 목적어로 취하여 '~하는 것에 집중하다, 전념하다, 헌신하다'의 뜻을 갖는다. 일반적으로 회사의 경영 이념 등을 말할 때 사용한다. 문맥상 '지역업체에 경영 컨설팅을 제공하는 것'이 어울리므로 (C) providing을 정답으로 고른다.

오답주의보 해석상 다른 어휘도 비슷한 의미를 가진다고 생각될 경우, 동사의 문법적 특징을 고려하면 답을 고르는 데 도움이 된다. provide는 4형식으로 간접목적어(사람. local businesses)와 직접목적어(사물. consulting)가 연달아 목적어자리에 위치하는 특징을 지닌다.

어휘 devote 전념하다, 헌신하다 informative 효과적인, 효율적인 specialize in ~을 전공으로 하다, 전문으로 하다

126

Although the official date hasn't been decided yet, the tax workshop for new accountants has been ------- scheduled for October 2.
(A) tentatively
(B) strictly
(C) remarkably
(D) highly

공식적인 날짜는 아직 정해지지 않았지만, 신입 회계사들의 세금 관련 워크숍 일정이 잠정적으로 10월 2일로 예정되었다.

해설 [부사 어휘 문제] 양보부사절 접속사인 although(그럼에도 불구하고, 반면에) 구문을 통해 문장의 개연성을 찾는다. although 구문에서 공식적인 날짜가 정해지지 않았다고 말하므로 주절에도 일정을 확실하지 않음을 나타내는 부사가 와야 한다. 따라서 (A) tentatively(잠정적으로, 시험적으로)가 문맥상 어울린다.

오답주의보 tentatively라는 부사는 schedule(동사, 명사)과 어울려 '잠정적으로 일정을 잡다'라는 의미로 자주 출제된다. 덩어리표현으로 암기해두자.

어휘 official 공식적인, 공인의 decide 결정하다 accountant 회계사, 회계전문가 tentatively 잠정적으로, 일시적으로 highly 매우, 더욱(긍정적으로)

127

A junior manager in payroll department should complete the tasks regarding employees' salary by ------- owing to the busiest season.
(A) he
(B) himself
(C) his
(D) him

회사가 가장 바쁜 시즌을 보내고 있기 때문에 경리과의 과장은 직원의 월급 관련 업무들을 혼자서 처리해야 한다.

해설 [인칭대명사 문제] 전치사 by 뒤에 쓰이는 재귀대명사의 관용표현을 묻고 있다. 전치사 by 혹은 for 뒤에 재귀대명사(-self)를 쓰면 '혼자서, 스스로, 혼자 힘으로'의 의미를 갖는다.

어휘 junior manager 하급 관리자(부장, 차장 등) payroll department 경리부, 경리과 compete 경쟁하다, 겨루다

128

The probationary employee in all departments should ------- their payroll specification in person.
(A) receive
(B) has received
(C) receives
(D) receiving

모든 부서의 수습사원들은 급여 명세서를 직접 수령해야 한다.

해설 [동사 문제] 조동사(should) 뒤에 오는 동사원형(receive 받다, 수령하다)을 고르는 비교적 쉬운 문제다.

어휘 probationary 수습 중인, 시도의 payroll specification 급여 명세서 in person 직접

129

The customer service center will explain ------- you can open an account by using the Internet web site.
(A) that
(B) which
(C) how
(D) whether

고객관리부서에서 인터넷 웹사이트를 이용하여 어떻게 계좌를 개설하는지 설명해 줄 것이다.

해설 [명사절 접속사 문제] 블랭크 앞에 동사(explain)가 있으므로 블랭크는 목적어(명사)자리다. 보기 모두 명사절 접속사지만 방법에 대해 설명을 하고 있기 때문에 (C) how(어떻게 ~할지)를 정답으로 고른다.

어휘 open an account 계좌를 개설하다 by using 이용하여, 이용함으로써

130

------- next week, salary increases and bonuses will be provided to those who earned high points in the performance evaluation.
(A) By
(B) As of
(C) To
(D) Near

다음 주부터 수행평가에서 높은 점수를 받은 사람들에게 연봉 인상 및 보너스가 지급될 것이다.

해설 [전치사 문제] 뒤에 시간표현이 있기 때문에 장소전치사인 (C) To(~로)와 (D) Near(근처에)를 삭제한다. 문맥상 '~부터, ~부로'라는 의미가 어울린다. 정답은 (B) As of(~부로; + 미래시점), 유의어로는 starting, beginning 등이 있다.

어휘 those 사람들(대명사) earn 벌다, 얻다, 받다 performance evaluation 수행평가, 수행능력평가

ACTUAL TEST 06 ACTUAL TEST 07 ACTUAL TEST 08 ACTUAL TEST 09 ACTUAL TEST 10

Questions 131-134 refer to the following e-mail.

To: All Employees<staff@treadelectronics.com>

From: Def Leopard<hrdept@treadelectronics.com>

Date: 24 May

Subject: New Card key

------- 16 June, all employees will be replacing our old card
131.
key system. Due to the outdated system, we have a hard time

recording our arrival and departure. So we decided to install a

new system to ------- this problem. This installation will interrupt
132.
your work until all projects are completed. As a result of this

change, -------.
133.

All staff should review the schedule before replacement work

begins because each department has different schedules for

------- a new system. If you have any questions about that,
134.
please contact me.

Def Leopard

Tread Electronics

받는 사람: 모든 사원들〈staff@tread electronics.com〉

보낸 사람: 데프 레오파드〈hrdept@tread electronics.com〉

날짜: 5월 24일

제목: 새로운 카드키

6월 16일부로 모든 사원들은 오래된 카드 키 시스템을 교체할 것입니다. 오래된 시스템 때문에, 출퇴근 시간을 기록하는 데 어려움을 겪어왔습니다. 그래서 이런 문제를 해결하기 위해 새로운 시스템을 설치하기로 결정했습니다. 이 설치 작업은 모든 작업이 완료될 때까지 업무에 방해를 줄 것입니다. 이 변화로 인해, 여러분은 더욱 편리하고 안전하게 최신의 시스템을 이용할 수 있습니다.

각각의 부서마다 새로운 시스템의 설치 일정이 다르기 때문에, 모든 사원들은 설치 작업이 시행되기 전에 반드시 일정표를 확인 하셔야 합니다. 이와 관련된 질문이 있으시다면 언제든지 저에게 연락 주세요.

데프 레오파드
트레드 일렉트로닉스

어휘 electronics 전자제품, 전자산업 replace 교체하다, 바꾸다 outdated 구식이 된, 유행이 지나가버린 isntall 설치하다 interrupt 방해하다, 저지하다 as a result of ~의 결과로

131
(A) Begin
(B) Will begin
(C) Began
(D) Beginning

해설 블랭크는 전치사자리이며, 미래시점을 받을 수 있는 (D) Beginning(~부로, ~부터 시작하여)이 정답이다.

오답주의보 블랭크를 미래시제 동사자리로 생각해서 (B) Will begin을 고르지 않도록 주의한다. 이를 위해서는 문장에 동사가 있는지, 없는지부터 판단해야 한다. 이 문장에는 will be replacing(교체할 것이다)이 있으므로 블랭크에는 동사가 올 수 없다.

132

(A) purchase
(B) solve
(C) bring
(D) turn off

해설 이 문제의 맥락은 '구식 시스템(outdated system) 때문에 어려움을 겪고 있다. 이런 문제점들(problems)을 <u>해결하기</u> 위해 새로운 시스템을 설치한다'는 것이다. 문맥상 (B) solve(해결하다, 풀다)가 어울린다.

133

(A) we will create a customized oven by next year.
(B) you can enjoy the newest system more conveniently and safely.
(C) small businesses should use more effective advertisements such as social media networks.
(D) we will need to fulfill patrons' special orders.

해설 문맥상 정답 문장에는 문제점을 해결하기 위해 새로운 시스템으로 교체한 결과를 나타내는 내용이 나올 것이다. 정답은 (B) 여러분들은 더욱 편리하고 안전하게 최신의 시스템을 이용할 수 있습니다.
오답주의보 (A)의 신제품 개발 (C)의 소셜미디어 같은 광고 (D)의 고객들의 특별 주문 등은 흐름상 어울리지 않는다.

134

(A) installed
(B) installation
(C) install
(D) installing

해설 품사 문제. 전치사 for 뒤에 오는 목적어(명사)를 고르는 문제다. 하지만 블랭크 뒤에 또 다른 목적어인 a new system(새로운 시스템)이 있는 걸로 보아 블랭크는 동명사자리다.(installing 설치하는 것)
오답주의보 블랭크 앞에 있는 전치사(for)를 보고 일반명사인 (B) installation(설치)을 고르지 않도록 한다. 일반명사 뒤에는 목적어가 올 수 없다. 동명사자리를 구문과 함께 익혀두면 정답 고르는 속도가 빨라진다.

ACTUAL TEST 06 ACTUAL TEST 07 ACTUAL TEST 08 ACTUAL TEST 09 ACTUAL TEST 10

Questions 135-138 refer to the following memo.

All employees In May of this year, Tomato Beer ------- to open a new third store in Capeland. After many strategies were discussed in the shareholders meeting, we decided to open a local branch. That's exciting news for us! **135.** As you know that, a problem with rental contract in the second store costs the company more than $ 100.000 last year. -------, we have been succeeding against some difficult odds, and then we finally look where we are now. **136.** At the tomorrow banquet, David Richmond, a chief executive officer of Tomato Beer, will ------- announce that the third branch will open soon. -------. **137.** **138.** Thank You.	모든 사원들에게 이번 년도 5월에, 토마토 비어의 새로운 3번째 가게가 케이프랜드에서 문을 열기로 되어 있습니다. 주주 미팅에서 많은 전략들을 논의한 끝에, 지역 지점을 개업하기로 결정했습니다. 아주 신나는 소식입니다! 아시다시피, 작년에는 2번째 지점의 임대계약에 문제가 생겨 회사에서 약 10만 달러 이상의 손실을 입었습니다. 그러나 우리는 이런 어려움들을 극복했고, 결국 이 자리까지 오게 되었습니다. 내일 축하연에서 토마토 비어의 회장님이신 데이비드 리치몬드 씨께서 3번째 가게의 개점을 공식적으로 발표할 것입니다. 부디 방문해주셔서 자리를 빛내주시기 바랍니다. 감사합니다.

어휘 discuss 토론하다, 토의하다 shareholder 주주 rental contract 임대계약, 임대계약서 more than ~ 이상의, ~보다 많은 succeed 성공하다, 출세하다 finally 결국, 드디어 adversely 반대로, 역으로 in fact 실제로, 사실은 accurately 정확하게, 정확히

135
(A) scheduled
(B) has scheduled
(C) will schedule
(D) is scheduled

해설 동사 문제. 블랭크 뒤에 목적어가 없기 때문에 수동형 동사가 어울린다. 또한 이 문장은 <be scheduled to + 동사원형(~할 예정이다)> 구문으로 미래 의미를 나타낸다. 따라서 정답은 (D) is scheduled.

오답주의보 미래 의미로 해석되는 첫 문단의 맥락 때문에 (C) will schedule를 고르지 않도록 주의한다. will schedule 뒤에는 목적어가 와야 한다.

136
(A) Therefore
(B) Since
(C) However
(D) In fact

해설 보기에 접속부사 / 접속사 / 접속부사 / 전치사가 등장한다. 블랭크 뒤가 막혀 있는 부사자리이므로 접속사인 (B) Since(~이래로, ~때문에)부터 삭제한다. 앞 문장에는 작년에 겪었던 어려운 상황이, 블랭크 뒤 문장에는 어려움을 마침내 극복했다는 내용이 나온다. 문맥상 반전을 의미하는 접속부사 (C) However(그러나, 하지만)가 어울린다.

137
(A) adversely
(B) mainly
(C) officially
(D) accurately

해설 회사의 성공을 축하하는 자리에서 사원들에게 3번째 지점의 개업을 알리고 있다. 이 자리가 회사의 축하연(banquet)이라는 것을 감안하면, 문맥상 '개점을 <u>공식적으로(officially)</u> 발표하다'가 어울린다.

138
(A) Please visit the celebration and honor us with your presence.
(B) The second round of interviews will begin tomorrow for applicants.
(C) I would like to thank you for your recent order.
(D) This celebration party will be held next month for congratulating our third branch.

해설 지문의 결론 / 끝인사 부분이다. 마지막 문단은 축하연에서 3번째 가게의 개점을 공식적으로 알리고 함께 모여 축하하는 자리를 마련하자는 내용이다. 이어지는 정답 문장에는 '사원들의 축하연 참여를 당부하는 내용'이 들어갈 것이다. 정답은 (A) 부디 방문해주셔서 자리를 빛내주시기 바랍니다.

오답주의보 (B) 지원자의 2번째 인터뷰를 내일 시작할 것이다 (C) 최근 주문에 감사를 드린다 등은 문맥과는 전혀 관련이 없다. (D) 다음 달에 3번째 지점을 축하하기 위해 파티가 열릴 것이다. - 축하 파티의 개최 시점이 다르기 때문에 오답.(지문에서는 내일, 이 문장에서는 다음 달)

ACTUAL TEST 06　ACTUAL TEST 07　ACTUAL TEST 08　ACTUAL TEST 09　ACTUAL TEST 10

Questions 139-142 refer to the following letter.

Dear a valued customer	소중한 고객께
I am very sorry to hear that your ------- went missing. Such things do not occur everytime or frequently. Yesterday, you paid extra ------- regarding your over-weighted baggage so you didn't know that your baggage was sent to the different place instead of an original place.	어제 수하물을 분실했다는 소식을 듣게 되어 매우 유감스럽게 생각합니다. 이런 일들은 매번 혹은 자주 발생하지는 않습니다. 어제 귀하께서 초과된 수하물의 무게 때문에 추가 요금을 지불하고 나서, 수화물이 원래 장소가 아닌 다른 곳으로 보내졌다는 것을 몰랐을 겁니다.
-------. Your all items will arrive by DSP service at your hotel soon. In order for you to pick it up at the front desk, I particularly asked a delivery person to be careful.	저는 그 소식을 듣자마자, 적절한 조치를 취했습니다. 귀하의 모든 물품들은 DSP 서비스를 통해 곧 호텔에 도착할 것입니다. 프론트 데스크에서 가져갈 수 있도록, 배달하는 분에게 조심해달라고 특별히 부탁을 드렸습니다.
As an apology for the inconvenience, I will give you a discount coupon and reward ticket for your future flight. However, please note that reward tickets are non -------.	불편에 대한 사과의 의미로, 다음 비행에 이용할 수 있는 할인 쿠폰과 보상 항공권을 드리겠습니다. 그러나, 보상항공권은 환불이 되지 않는 점을 기억해주세요.
I give you my word that this will not happen again.	다시는 이런 일이 일어나지 않을 것을 약속드립니다.
Sincerely,	진심을 담아
Crimson Dornald	크림슨 도날드
Hollway Airline	홀웨이 에어라인 항공사

어휘 baggage 짐, 수하물(= luggage) occur 일어나다, 생기다 weight 무게 instead of ~ 대신에 particularly 특히, 특별히 reward 보상, 보답 refundable 환불이 가능한, 환불할 수 있는 expense 비용 toll (정부) 징수료

139
(A) box
(B) ticket
(C) coupon
(D) luggage

해설 이 지문은 항공사에서 고객에게 보내는 사과 메시지다. 첫 문단의 중반부에 수하물(baggage)이 다른 곳으로 보내졌다는 내용이 나온다. 고객이 잃어버린 물건은 (D) luggage(짐, 수하물)다.

140
(A) charge
(B) fee
(C) expense
(D) toll

해설 보기에 돈과 관련된 명사 어휘들이 나열되어 있다. (B) fee는 전문적인 서비스요금 , (C) expense는 비용, (D) toll은 정부에서 걷는 징수료를 뜻한다. 이 문제처럼 일반적인 '요금'은 (A) charge를 쓴다.(extra charge about weight 무게에 관한 추가 요금)

141
(A) As soon as I heard that, I immediately took appropriate action.
(B) As a result of that, it provides name tags and your ID number for all luggage.
(C) Unless the weather is inclement, the flight will departure on schedule.
(D) Despite your mistake, you pressed on with your task.

해설 블랭크 다음 문장에서 잃어버린 수하물에 대한 조치와 이를 찾는 방법 등을 구체적으로 나열하고 있다. 정답 문장에는 '잃어버린 물건을 찾을 수 있게 조치를 취했다'는 내용이 나올 것이다. 문맥상 (A)가 정답이다.(저는 그 소식을 듣자마자, 적절한 조치를 취했습니다.)
오답주의보 (B) 수하물에 이름표와 아이디 번호 제공한다 (C) 악천후가 아니라면 비행기가 예정대로 출발할 것이다 (D) 실수에도 불구하고, 당신은 업무를 강행했다 등은 문맥과는 동떨어진 내용이다.

142
(A) refund
(B) refunds
(C) refunding
(D) refundable

해설 블랭크는 2형식문장의 주격보어 역할을 하는 형용사자리, 보기 중에 형용사는 (D) refundable(환불이 가능한, 환불될 수 있는)이다.

Questions 143-146 refer to the following announcement.

Marathon Race
 	
Toronto Track & Field Federation announced last week that 21th Toronto International Marathon Championship will be held on April 19. The ------- distance competition in the athlete is held
     143.
every year in spring.
 	
We ------- that many famous athletes from around the world will
 144.
dazzle track and field fans at Toronto Stadium. Especially, Kita Konkun, a Olympic winner, will participate in this race. -------.
                                          145.
In addition, he always was on the winning side. Now, he is a current world record holder.
 	
Approximately 10,000 runners including amateurs will attend the 21th Toronto International Marathon, one of the most well known races in the world. We hope all athlete fans will pay more ------- to this event. If you want to get more information, please
146.
visit the official web site "www.torontomarathon.com."
	마라톤 대회
	
	토론토 육상연맹은 지난주에 제21회 토론토 국제마라톤 대회가 오는 4월 19일에 개최될 것이라고 발표했습니다. 육상 종목에서 가장 긴 거리로 알려진 이 종목은 매년 봄에 열리고 있습니다.
	
	전 세계에서 온 많은 유명 선수들이 토론토 스타디움에서 육상 팬들을 놀라게 할 것으로 예상하고 있습니다. 특히, 올림픽 금메달리스트인 키타 콘쿤이 이번 경주에 참가할 예정입니다. 그는 국제 선수권 대회에서 세계적인 많은 선수들과 승부를 겨뤄 왔습니다. 게다가, 그는 거의 대부분 우승을 차지했습니다. 현재는 세계 기록 보유자이기도 합니다.
	
	아마추어를 포함한 약 1만 명의 선수들이 참가할 제21회 토론토 국제 마라톤 대회는 세계적으로 가장 유명한 마라톤 대회 중 하나입니다. 이번 대회에 모든 육상 팬들이 더 많은 관심을 갖게 되기를 바랍니다. 더 많은 정보를 원하시면, 공식 웹사이트인 www.torontomarathon.com을 방문해주세요.

어휘 federation 연맹, 협회, 기관 competition 경쟁, 대회(선수권) athlete 운동선수, 육상선수 dazzle 눈이 부시게 하다, 현혹하다 world record holder 세계 기록 보유자 approximately 대략, 약 attention 주의, 관심

143
    (A) long
    (B) longer
    (C) longest
    (D) longevity

해설 비교 대상이 3개 이상일 경우에는 최상급을 사용한다. 보기 중에 최상급은 (C) longest(거리가 가장 긴).

144

(A) announce
(B) expect
(C) recommend
(D) request

해설 동사 어휘를 고르는 문제. that절의 동사가 미래형(will dazzle)이므로 블랭크에는 '기대하다, 예상하다, 바라다' 등의 동사가 어울린다. 정답은 (B) expect, 유의어로는 anticipate, hope, predict 등이 있다.

145

(A) He has competed with many global competitors during the international championships.
(B) He retired in 2009 after participating in the 2008 Olympics.
(C) He was hospitalized after injuring his ankle while practicing with competitors.
(D) The vendors will submit the application to the Toronto Marathon Center.

해설 블랭크 앞에는 '올림픽 금메달리스트인 리타콘쿤 씨가 마라톤 대회에 참가한다', 뒤에는 '그가 세계 기록 보유자로서 대부분 우승을 차지했다'고 말한다. 이들 중간에 있는 정답 문장에는 '그동안 마라톤 선수들과 시합을 해왔다'는 내용이 들어갈 것이다. 정답은 (A) 그는 국제 선수권 대회에서 세계적인 많은 선수들과 승부를 겨뤄 왔습니다.

오답주의보 (B) 2008년 올림픽에 참가한 후 2009년에 은퇴했다 (C) 경기 도중 발목 부상으로 병원에 입원했다 (D) 상인들은 토론토 마라톤 센터에 신청서를 제출해야 할 것이다 등은 흐름상 어울리지 않는다.

146

(A) attentive
(B) attentively
(C) attent
(D) attention

해설 품사 문제, 블랭크는 동사의 목적어(명사)자리다. 따라서 정답은 (D) attention(주의, 관심), pay more attention(좀 더 관심을 기울이다)을 외워두면 정답 고르기가 쉽다.

정답표

Actual Test 01

101	(A)	108	(A)	115	(A)	122	(A)	129	(B)	136	(A)	143	(D)
102	(B)	109	(A)	116	(C)	123	(D)	130	(A)	137	(B)	144	(B)
103	(C)	110	(D)	117	(C)	124	(A)	131	(A)	138	(B)	145	(D)
104	(A)	111	(A)	118	(C)	125	(A)	132	(A)	139	(D)	146	(B)
105	(C)	112	(D)	119	(C)	126	(B)	133	(B)	140	(C)		
106	(B)	113	(B)	120	(C)	127	(A)	134	(D)	141	(A)		
107	(A)	114	(B)	121	(C)	128	(D)	135	(B)	142	(D)		

Actual Test 02

101	(D)	108	(C)	115	(C)	122	(C)	129	(B)	136	(D)	143	(A)
102	(A)	109	(A)	116	(D)	123	(A)	130	(A)	137	(A)	144	(B)
103	(B)	110	(B)	117	(B)	124	(D)	131	(B)	138	(B)	145	(D)
104	(A)	111	(D)	118	(A)	125	(B)	132	(D)	139	(C)	146	(B)
105	(B)	112	(C)	119	(C)	126	(C)	133	(C)	140	(B)		
106	(C)	113	(C)	120	(A)	127	(B)	134	(A)	141	(A)		
107	(A)	114	(B)	121	(C)	128	(B)	135	(C)	142	(A)		

Actual Test 03

101	(C)	108	(A)	115	(B)	122	(A)	129	(C)	136	(D)	143	(D)
102	(A)	109	(A)	116	(A)	123	(D)	130	(A)	137	(C)	144	(D)
103	(C)	110	(D)	117	(D)	124	(A)	131	(A)	138	(C)	145	(D)
104	(C)	111	(A)	118	(C)	125	(C)	132	(C)	139	(B)	146	(A)
105	(A)	112	(D)	119	(A)	126	(A)	133	(D)	140	(A)		
106	(B)	113	(C)	120	(C)	127	(D)	134	(C)	141	(C)		
107	(B)	114	(C)	121	(B)	128	(D)	135	(A)	142	(B)		

Actual Test 04

101	(A)	108	(B)	115	(D)	122	(B)	129	(B)	136	(A)	143	(A)
102	(B)	109	(C)	116	(D)	123	(D)	130	(D)	137	(C)	144	(A)
103	(B)	110	(A)	117	(C)	124	(B)	131	(B)	138	(D)	145	(D)
104	(D)	111	(B)	118	(D)	125	(A)	132	(A)	139	(A)	146	(C)
105	(D)	112	(B)	119	(A)	126	(A)	133	(C)	140	(A)		
106	(C)	113	(C)	120	(D)	127	(C)	134	(C)	141	(B)		
107	(A)	114	(C)	121	(D)	128	(C)	135	(A)	142	(B)		

Actual Test 05

101	(B)	108	(C)	115	(C)	122	(C)	129	(D)	136	(B)	143	(B)
102	(A)	109	(A)	116	(D)	123	(D)	130	(B)	137	(C)	144	(D)
103	(A)	110	(B)	117	(B)	124	(B)	131	(D)	138	(C)	145	(A)
104	(D)	111	(A)	118	(D)	125	(B)	132	(A)	139	(B)	146	(B)
105	(C)	112	(B)	119	(A)	126	(A)	133	(A)	140	(A)		
106	(D)	113	(B)	120	(B)	127	(C)	134	(B)	141	(D)		
107	(C)	114	(A)	121	(C)	128	(B)	135	(A)	142	(D)		

Actual Test 06

No.	Ans	No.	Ans	No.	Ans	No.	Ans	No.	Ans	No.	Ans	No.	Ans
101	(A)	108	(A)	115	(D)	122	(A)	129	(B)	136	(D)	143	(C)
102	(C)	109	(B)	116	(B)	123	(C)	130	(A)	137	(D)	144	(A)
103	(B)	110	(C)	117	(C)	124	(D)	131	(B)	138	(A)	145	(D)
104	(D)	111	(B)	118	(B)	125	(D)	132	(B)	139	(A)	146	(A)
105	(A)	112	(B)	119	(A)	126	(A)	133	(D)	140	(C)		
106	(D)	113	(A)	120	(A)	127	(C)	134	(D)	141	(B)		
107	(A)	114	(D)	121	(A)	128	(A)	135	(C)	142	(B)		

Actual Test 07

No.	Ans	No.	Ans	No.	Ans	No.	Ans	No.	Ans	No.	Ans	No.	Ans
101	(A)	108	(A)	115	(A)	122	(A)	129	(D)	136	(D)	143	(D)
102	(B)	109	(C)	116	(D)	123	(B)	130	(D)	137	(B)	144	(B)
103	(B)	110	(C)	117	(A)	124	(A)	131	(A)	138	(A)	145	(D)
104	(A)	111	(C)	118	(C)	125	(A)	132	(D)	139	(B)	146	(C)
105	(B)	112	(C)	119	(A)	126	(B)	133	(C)	140	(D)		
106	(C)	113	(A)	120	(A)	127	(C)	134	(D)	141	(A)		
107	(B)	114	(B)	121	(D)	128	(B)	135	(B)	142	(D)		

Actual Test 08

No.	Ans	No.	Ans	No.	Ans	No.	Ans	No.	Ans	No.	Ans	No.	Ans
101	(A)	108	(A)	115	(C)	122	(D)	129	(C)	136	(D)	143	(A)
102	(D)	109	(C)	116	(B)	123	(A)	130	(D)	137	(C)	144	(D)
103	(C)	110	(D)	117	(A)	124	(D)	131	(B)	138	(B)	145	(D)
104	(C)	111	(A)	118	(B)	125	(A)	132	(A)	139	(A)	146	(D)
105	(C)	112	(C)	119	(B)	126	(D)	133	(D)	140	(A)		
106	(D)	113	(A)	120	(B)	127	(B)	134	(A)	141	(B)		
107	(B)	114	(B)	121	(A)	128	(A)	135	(A)	142	(C)		

Actual Test 09

No.	Ans	No.	Ans	No.	Ans	No.	Ans	No.	Ans	No.	Ans	No.	Ans
101	(A)	108	(A)	115	(D)	122	(C)	129	(A)	136	(C)	143	(D)
102	(A)	109	(C)	116	(A)	123	(C)	130	(D)	137	(B)	144	(C)
103	(C)	110	(A)	117	(A)	124	(A)	131	(B)	138	(D)	145	(A)
104	(A)	111	(C)	118	(A)	125	(D)	132	(D)	139	(A)	146	(D)
105	(B)	112	(C)	119	(C)	126	(B)	133	(D)	140	(C)		
106	(B)	113	(C)	120	(A)	127	(D)	134	(B)	141	(A)		
107	(D)	114	(A)	121	(C)	128	(A)	135	(B)	142	(B)		

Actual Test 10

No.	Ans	No.	Ans	No.	Ans	No.	Ans	No.	Ans	No.	Ans	No.	Ans
101	(A)	108	(A)	115	(A)	122	(B)	129	(C)	136	(C)	143	(C)
102	(A)	109	(C)	116	(C)	123	(D)	130	(B)	137	(C)	144	(B)
103	(D)	110	(B)	117	(A)	124	(A)	131	(D)	138	(A)	145	(A)
104	(B)	111	(C)	118	(B)	125	(C)	132	(B)	139	(D)	146	(D)
105	(D)	112	(A)	119	(A)	126	(A)	133	(B)	140	(A)		
106	(B)	113	(C)	120	(D)	127	(B)	134	(D)	141	(A)		
107	(C)	114	(B)	121	(B)	128	(A)	135	(D)	142	(D)		

ANSWER SHEET

Reading Comprehension Part V, Part VI

No.	A	B	C	D	No.	A	B	C	D	No.	A	B	C	D	No.	A	B	C	D	No.	A	B	C	D
101	Ⓐ	Ⓑ	Ⓒ	Ⓓ	111	Ⓐ	Ⓑ	Ⓒ	Ⓓ	121	Ⓐ	Ⓑ	Ⓒ	Ⓓ	131	Ⓐ	Ⓑ	Ⓒ	Ⓓ	141	Ⓐ	Ⓑ	Ⓒ	Ⓓ
102	Ⓐ	Ⓑ	Ⓒ	Ⓓ	112	Ⓐ	Ⓑ	Ⓒ	Ⓓ	122	Ⓐ	Ⓑ	Ⓒ	Ⓓ	132	Ⓐ	Ⓑ	Ⓒ	Ⓓ	142	Ⓐ	Ⓑ	Ⓒ	Ⓓ
103	Ⓐ	Ⓑ	Ⓒ	Ⓓ	113	Ⓐ	Ⓑ	Ⓒ	Ⓓ	123	Ⓐ	Ⓑ	Ⓒ	Ⓓ	133	Ⓐ	Ⓑ	Ⓒ	Ⓓ	143	Ⓐ	Ⓑ	Ⓒ	Ⓓ
104	Ⓐ	Ⓑ	Ⓒ	Ⓓ	114	Ⓐ	Ⓑ	Ⓒ	Ⓓ	124	Ⓐ	Ⓑ	Ⓒ	Ⓓ	134	Ⓐ	Ⓑ	Ⓒ	Ⓓ	144	Ⓐ	Ⓑ	Ⓒ	Ⓓ
105	Ⓐ	Ⓑ	Ⓒ	Ⓓ	115	Ⓐ	Ⓑ	Ⓒ	Ⓓ	125	Ⓐ	Ⓑ	Ⓒ	Ⓓ	135	Ⓐ	Ⓑ	Ⓒ	Ⓓ	145	Ⓐ	Ⓑ	Ⓒ	Ⓓ
106	Ⓐ	Ⓑ	Ⓒ	Ⓓ	116	Ⓐ	Ⓑ	Ⓒ	Ⓓ	126	Ⓐ	Ⓑ	Ⓒ	Ⓓ	135	Ⓐ	Ⓑ	Ⓒ	Ⓓ	146	Ⓐ	Ⓑ	Ⓒ	Ⓓ
107	Ⓐ	Ⓑ	Ⓒ	Ⓓ	117	Ⓐ	Ⓑ	Ⓒ	Ⓓ	127	Ⓐ	Ⓑ	Ⓒ	Ⓓ	137	Ⓐ	Ⓑ	Ⓒ	Ⓓ					
108	Ⓐ	Ⓑ	Ⓒ	Ⓓ	118	Ⓐ	Ⓑ	Ⓒ	Ⓓ	128	Ⓐ	Ⓑ	Ⓒ	Ⓓ	138	Ⓐ	Ⓑ	Ⓒ	Ⓓ					
109	Ⓐ	Ⓑ	Ⓒ	Ⓓ	119	Ⓐ	Ⓑ	Ⓒ	Ⓓ	129	Ⓐ	Ⓑ	Ⓒ	Ⓓ	139	Ⓐ	Ⓑ	Ⓒ	Ⓓ					
110	Ⓐ	Ⓑ	Ⓒ	Ⓓ	120	Ⓐ	Ⓑ	Ⓒ	Ⓓ	130	Ⓐ	Ⓑ	Ⓒ	Ⓓ	140	Ⓐ	Ⓑ	Ⓒ	Ⓓ					

ANSWER SHEET

Reading Comprehension Part V, Part VI

No.	A	B	C	D	No.	A	B	C	D	No.	A	B	C	D	No.	A	B	C	D	No.	A	B	C	D
101	Ⓐ	Ⓑ	Ⓒ	Ⓓ	111	Ⓐ	Ⓑ	Ⓒ	Ⓓ	121	Ⓐ	Ⓑ	Ⓒ	Ⓓ	131	Ⓐ	Ⓑ	Ⓒ	Ⓓ	141	Ⓐ	Ⓑ	Ⓒ	Ⓓ
102	Ⓐ	Ⓑ	Ⓒ	Ⓓ	112	Ⓐ	Ⓑ	Ⓒ	Ⓓ	122	Ⓐ	Ⓑ	Ⓒ	Ⓓ	132	Ⓐ	Ⓑ	Ⓒ	Ⓓ	142	Ⓐ	Ⓑ	Ⓒ	Ⓓ
103	Ⓐ	Ⓑ	Ⓒ	Ⓓ	113	Ⓐ	Ⓑ	Ⓒ	Ⓓ	123	Ⓐ	Ⓑ	Ⓒ	Ⓓ	133	Ⓐ	Ⓑ	Ⓒ	Ⓓ	143	Ⓐ	Ⓑ	Ⓒ	Ⓓ
104	Ⓐ	Ⓑ	Ⓒ	Ⓓ	114	Ⓐ	Ⓑ	Ⓒ	Ⓓ	124	Ⓐ	Ⓑ	Ⓒ	Ⓓ	134	Ⓐ	Ⓑ	Ⓒ	Ⓓ	144	Ⓐ	Ⓑ	Ⓒ	Ⓓ
105	Ⓐ	Ⓑ	Ⓒ	Ⓓ	115	Ⓐ	Ⓑ	Ⓒ	Ⓓ	125	Ⓐ	Ⓑ	Ⓒ	Ⓓ	135	Ⓐ	Ⓑ	Ⓒ	Ⓓ	145	Ⓐ	Ⓑ	Ⓒ	Ⓓ
106	Ⓐ	Ⓑ	Ⓒ	Ⓓ	116	Ⓐ	Ⓑ	Ⓒ	Ⓓ	126	Ⓐ	Ⓑ	Ⓒ	Ⓓ	135	Ⓐ	Ⓑ	Ⓒ	Ⓓ	146	Ⓐ	Ⓑ	Ⓒ	Ⓓ
107	Ⓐ	Ⓑ	Ⓒ	Ⓓ	117	Ⓐ	Ⓑ	Ⓒ	Ⓓ	127	Ⓐ	Ⓑ	Ⓒ	Ⓓ	137	Ⓐ	Ⓑ	Ⓒ	Ⓓ					
108	Ⓐ	Ⓑ	Ⓒ	Ⓓ	118	Ⓐ	Ⓑ	Ⓒ	Ⓓ	128	Ⓐ	Ⓑ	Ⓒ	Ⓓ	138	Ⓐ	Ⓑ	Ⓒ	Ⓓ					
109	Ⓐ	Ⓑ	Ⓒ	Ⓓ	119	Ⓐ	Ⓑ	Ⓒ	Ⓓ	129	Ⓐ	Ⓑ	Ⓒ	Ⓓ	139	Ⓐ	Ⓑ	Ⓒ	Ⓓ					
110	Ⓐ	Ⓑ	Ⓒ	Ⓓ	120	Ⓐ	Ⓑ	Ⓒ	Ⓓ	130	Ⓐ	Ⓑ	Ⓒ	Ⓓ	140	Ⓐ	Ⓑ	Ⓒ	Ⓓ					

ANSWER SHEET

Reading Comprehension Part V, Part VI

No.	A	B	C	D	No.	A	B	C	D	No.	A	B	C	D	No.	A	B	C	D	No.	A	B	C	D
101	Ⓐ	Ⓑ	Ⓒ	Ⓓ	111	Ⓐ	Ⓑ	Ⓒ	Ⓓ	121	Ⓐ	Ⓑ	Ⓒ	Ⓓ	131	Ⓐ	Ⓑ	Ⓒ	Ⓓ	141	Ⓐ	Ⓑ	Ⓒ	Ⓓ
102	Ⓐ	Ⓑ	Ⓒ	Ⓓ	112	Ⓐ	Ⓑ	Ⓒ	Ⓓ	122	Ⓐ	Ⓑ	Ⓒ	Ⓓ	132	Ⓐ	Ⓑ	Ⓒ	Ⓓ	142	Ⓐ	Ⓑ	Ⓒ	Ⓓ
103	Ⓐ	Ⓑ	Ⓒ	Ⓓ	113	Ⓐ	Ⓑ	Ⓒ	Ⓓ	123	Ⓐ	Ⓑ	Ⓒ	Ⓓ	133	Ⓐ	Ⓑ	Ⓒ	Ⓓ	143	Ⓐ	Ⓑ	Ⓒ	Ⓓ
104	Ⓐ	Ⓑ	Ⓒ	Ⓓ	114	Ⓐ	Ⓑ	Ⓒ	Ⓓ	124	Ⓐ	Ⓑ	Ⓒ	Ⓓ	134	Ⓐ	Ⓑ	Ⓒ	Ⓓ	144	Ⓐ	Ⓑ	Ⓒ	Ⓓ
105	Ⓐ	Ⓑ	Ⓒ	Ⓓ	115	Ⓐ	Ⓑ	Ⓒ	Ⓓ	125	Ⓐ	Ⓑ	Ⓒ	Ⓓ	135	Ⓐ	Ⓑ	Ⓒ	Ⓓ	145	Ⓐ	Ⓑ	Ⓒ	Ⓓ
106	Ⓐ	Ⓑ	Ⓒ	Ⓓ	116	Ⓐ	Ⓑ	Ⓒ	Ⓓ	126	Ⓐ	Ⓑ	Ⓒ	Ⓓ	135	Ⓐ	Ⓑ	Ⓒ	Ⓓ	146	Ⓐ	Ⓑ	Ⓒ	Ⓓ
107	Ⓐ	Ⓑ	Ⓒ	Ⓓ	117	Ⓐ	Ⓑ	Ⓒ	Ⓓ	127	Ⓐ	Ⓑ	Ⓒ	Ⓓ	137	Ⓐ	Ⓑ	Ⓒ	Ⓓ					
108	Ⓐ	Ⓑ	Ⓒ	Ⓓ	118	Ⓐ	Ⓑ	Ⓒ	Ⓓ	128	Ⓐ	Ⓑ	Ⓒ	Ⓓ	138	Ⓐ	Ⓑ	Ⓒ	Ⓓ					
109	Ⓐ	Ⓑ	Ⓒ	Ⓓ	119	Ⓐ	Ⓑ	Ⓒ	Ⓓ	129	Ⓐ	Ⓑ	Ⓒ	Ⓓ	139	Ⓐ	Ⓑ	Ⓒ	Ⓓ					
110	Ⓐ	Ⓑ	Ⓒ	Ⓓ	120	Ⓐ	Ⓑ	Ⓒ	Ⓓ	130	Ⓐ	Ⓑ	Ⓒ	Ⓓ	140	Ⓐ	Ⓑ	Ⓒ	Ⓓ					

ANSWER SHEET

Reading Comprehension Part V, Part VI

No.	ANSWER (A B C D)	No.	ANSWER (A B C D)	No.	ANSWER (A B C D)	No.	ANSWER (A B C D)	No.	ANSWER (A B C D)
101	Ⓐ Ⓑ Ⓒ Ⓓ	111	Ⓐ Ⓑ Ⓒ Ⓓ	121	Ⓐ Ⓑ Ⓒ Ⓓ	131	Ⓐ Ⓑ Ⓒ Ⓓ	141	Ⓐ Ⓑ Ⓒ Ⓓ
102	Ⓐ Ⓑ Ⓒ Ⓓ	112	Ⓐ Ⓑ Ⓒ Ⓓ	122	Ⓐ Ⓑ Ⓒ Ⓓ	132	Ⓐ Ⓑ Ⓒ Ⓓ	142	Ⓐ Ⓑ Ⓒ Ⓓ
103	Ⓐ Ⓑ Ⓒ Ⓓ	113	Ⓐ Ⓑ Ⓒ Ⓓ	123	Ⓐ Ⓑ Ⓒ Ⓓ	133	Ⓐ Ⓑ Ⓒ Ⓓ	143	Ⓐ Ⓑ Ⓒ Ⓓ
104	Ⓐ Ⓑ Ⓒ Ⓓ	114	Ⓐ Ⓑ Ⓒ Ⓓ	124	Ⓐ Ⓑ Ⓒ Ⓓ	134	Ⓐ Ⓑ Ⓒ Ⓓ	144	Ⓐ Ⓑ Ⓒ Ⓓ
105	Ⓐ Ⓑ Ⓒ Ⓓ	115	Ⓐ Ⓑ Ⓒ Ⓓ	125	Ⓐ Ⓑ Ⓒ Ⓓ	135	Ⓐ Ⓑ Ⓒ Ⓓ	145	Ⓐ Ⓑ Ⓒ Ⓓ
106	Ⓐ Ⓑ Ⓒ Ⓓ	116	Ⓐ Ⓑ Ⓒ Ⓓ	126	Ⓐ Ⓑ Ⓒ Ⓓ	135	Ⓐ Ⓑ Ⓒ Ⓓ	146	Ⓐ Ⓑ Ⓒ Ⓓ
107	Ⓐ Ⓑ Ⓒ Ⓓ	117	Ⓐ Ⓑ Ⓒ Ⓓ	127	Ⓐ Ⓑ Ⓒ Ⓓ	137	Ⓐ Ⓑ Ⓒ Ⓓ		
108	Ⓐ Ⓑ Ⓒ Ⓓ	118	Ⓐ Ⓑ Ⓒ Ⓓ	128	Ⓐ Ⓑ Ⓒ Ⓓ	138	Ⓐ Ⓑ Ⓒ Ⓓ		
109	Ⓐ Ⓑ Ⓒ Ⓓ	119	Ⓐ Ⓑ Ⓒ Ⓓ	129	Ⓐ Ⓑ Ⓒ Ⓓ	139	Ⓐ Ⓑ Ⓒ Ⓓ		
110	Ⓐ Ⓑ Ⓒ Ⓓ	120	Ⓐ Ⓑ Ⓒ Ⓓ	130	Ⓐ Ⓑ Ⓒ Ⓓ	140	Ⓐ Ⓑ Ⓒ Ⓓ		

ANSWER SHEET

Reading Comprehension Part V, Part VI

No.	ANSWER (A B C D)	No.	ANSWER (A B C D)	No.	ANSWER (A B C D)	No.	ANSWER (A B C D)	No.	ANSWER (A B C D)
101	Ⓐ Ⓑ Ⓒ Ⓓ	111	Ⓐ Ⓑ Ⓒ Ⓓ	121	Ⓐ Ⓑ Ⓒ Ⓓ	131	Ⓐ Ⓑ Ⓒ Ⓓ	141	Ⓐ Ⓑ Ⓒ Ⓓ
102	Ⓐ Ⓑ Ⓒ Ⓓ	112	Ⓐ Ⓑ Ⓒ Ⓓ	122	Ⓐ Ⓑ Ⓒ Ⓓ	132	Ⓐ Ⓑ Ⓒ Ⓓ	142	Ⓐ Ⓑ Ⓒ Ⓓ
103	Ⓐ Ⓑ Ⓒ Ⓓ	113	Ⓐ Ⓑ Ⓒ Ⓓ	123	Ⓐ Ⓑ Ⓒ Ⓓ	133	Ⓐ Ⓑ Ⓒ Ⓓ	143	Ⓐ Ⓑ Ⓒ Ⓓ
104	Ⓐ Ⓑ Ⓒ Ⓓ	114	Ⓐ Ⓑ Ⓒ Ⓓ	124	Ⓐ Ⓑ Ⓒ Ⓓ	134	Ⓐ Ⓑ Ⓒ Ⓓ	144	Ⓐ Ⓑ Ⓒ Ⓓ
105	Ⓐ Ⓑ Ⓒ Ⓓ	115	Ⓐ Ⓑ Ⓒ Ⓓ	125	Ⓐ Ⓑ Ⓒ Ⓓ	135	Ⓐ Ⓑ Ⓒ Ⓓ	145	Ⓐ Ⓑ Ⓒ Ⓓ
106	Ⓐ Ⓑ Ⓒ Ⓓ	116	Ⓐ Ⓑ Ⓒ Ⓓ	126	Ⓐ Ⓑ Ⓒ Ⓓ	135	Ⓐ Ⓑ Ⓒ Ⓓ	146	Ⓐ Ⓑ Ⓒ Ⓓ
107	Ⓐ Ⓑ Ⓒ Ⓓ	117	Ⓐ Ⓑ Ⓒ Ⓓ	127	Ⓐ Ⓑ Ⓒ Ⓓ	137	Ⓐ Ⓑ Ⓒ Ⓓ		
108	Ⓐ Ⓑ Ⓒ Ⓓ	118	Ⓐ Ⓑ Ⓒ Ⓓ	128	Ⓐ Ⓑ Ⓒ Ⓓ	138	Ⓐ Ⓑ Ⓒ Ⓓ		
109	Ⓐ Ⓑ Ⓒ Ⓓ	119	Ⓐ Ⓑ Ⓒ Ⓓ	129	Ⓐ Ⓑ Ⓒ Ⓓ	139	Ⓐ Ⓑ Ⓒ Ⓓ		
110	Ⓐ Ⓑ Ⓒ Ⓓ	120	Ⓐ Ⓑ Ⓒ Ⓓ	130	Ⓐ Ⓑ Ⓒ Ⓓ	140	Ⓐ Ⓑ Ⓒ Ⓓ		

ANSWER SHEET

Reading Comprehension Part V, Part VI

No.	ANSWER (A B C D)	No.	ANSWER (A B C D)	No.	ANSWER (A B C D)	No.	ANSWER (A B C D)	No.	ANSWER (A B C D)
101	Ⓐ Ⓑ Ⓒ Ⓓ	111	Ⓐ Ⓑ Ⓒ Ⓓ	121	Ⓐ Ⓑ Ⓒ Ⓓ	131	Ⓐ Ⓑ Ⓒ Ⓓ	141	Ⓐ Ⓑ Ⓒ Ⓓ
102	Ⓐ Ⓑ Ⓒ Ⓓ	112	Ⓐ Ⓑ Ⓒ Ⓓ	122	Ⓐ Ⓑ Ⓒ Ⓓ	132	Ⓐ Ⓑ Ⓒ Ⓓ	142	Ⓐ Ⓑ Ⓒ Ⓓ
103	Ⓐ Ⓑ Ⓒ Ⓓ	113	Ⓐ Ⓑ Ⓒ Ⓓ	123	Ⓐ Ⓑ Ⓒ Ⓓ	133	Ⓐ Ⓑ Ⓒ Ⓓ	143	Ⓐ Ⓑ Ⓒ Ⓓ
104	Ⓐ Ⓑ Ⓒ Ⓓ	114	Ⓐ Ⓑ Ⓒ Ⓓ	124	Ⓐ Ⓑ Ⓒ Ⓓ	134	Ⓐ Ⓑ Ⓒ Ⓓ	144	Ⓐ Ⓑ Ⓒ Ⓓ
105	Ⓐ Ⓑ Ⓒ Ⓓ	115	Ⓐ Ⓑ Ⓒ Ⓓ	125	Ⓐ Ⓑ Ⓒ Ⓓ	135	Ⓐ Ⓑ Ⓒ Ⓓ	145	Ⓐ Ⓑ Ⓒ Ⓓ
106	Ⓐ Ⓑ Ⓒ Ⓓ	116	Ⓐ Ⓑ Ⓒ Ⓓ	126	Ⓐ Ⓑ Ⓒ Ⓓ	135	Ⓐ Ⓑ Ⓒ Ⓓ	146	Ⓐ Ⓑ Ⓒ Ⓓ
107	Ⓐ Ⓑ Ⓒ Ⓓ	117	Ⓐ Ⓑ Ⓒ Ⓓ	127	Ⓐ Ⓑ Ⓒ Ⓓ	137	Ⓐ Ⓑ Ⓒ Ⓓ		
108	Ⓐ Ⓑ Ⓒ Ⓓ	118	Ⓐ Ⓑ Ⓒ Ⓓ	128	Ⓐ Ⓑ Ⓒ Ⓓ	138	Ⓐ Ⓑ Ⓒ Ⓓ		
109	Ⓐ Ⓑ Ⓒ Ⓓ	119	Ⓐ Ⓑ Ⓒ Ⓓ	129	Ⓐ Ⓑ Ⓒ Ⓓ	139	Ⓐ Ⓑ Ⓒ Ⓓ		
110	Ⓐ Ⓑ Ⓒ Ⓓ	120	Ⓐ Ⓑ Ⓒ Ⓓ	130	Ⓐ Ⓑ Ⓒ Ⓓ	140	Ⓐ Ⓑ Ⓒ Ⓓ		

ANSWER SHEET

Reading Comprehension Part V, Part VI

No.	A	B	C	D	No.	A	B	C	D	No.	A	B	C	D	No.	A	B	C	D	No.	A	B	C	D
101	Ⓐ	Ⓑ	Ⓒ	Ⓓ	111	Ⓐ	Ⓑ	Ⓒ	Ⓓ	121	Ⓐ	Ⓑ	Ⓒ	Ⓓ	131	Ⓐ	Ⓑ	Ⓒ	Ⓓ	141	Ⓐ	Ⓑ	Ⓒ	Ⓓ
102	Ⓐ	Ⓑ	Ⓒ	Ⓓ	112	Ⓐ	Ⓑ	Ⓒ	Ⓓ	122	Ⓐ	Ⓑ	Ⓒ	Ⓓ	132	Ⓐ	Ⓑ	Ⓒ	Ⓓ	142	Ⓐ	Ⓑ	Ⓒ	Ⓓ
103	Ⓐ	Ⓑ	Ⓒ	Ⓓ	113	Ⓐ	Ⓑ	Ⓒ	Ⓓ	123	Ⓐ	Ⓑ	Ⓒ	Ⓓ	133	Ⓐ	Ⓑ	Ⓒ	Ⓓ	143	Ⓐ	Ⓑ	Ⓒ	Ⓓ
104	Ⓐ	Ⓑ	Ⓒ	Ⓓ	114	Ⓐ	Ⓑ	Ⓒ	Ⓓ	124	Ⓐ	Ⓑ	Ⓒ	Ⓓ	134	Ⓐ	Ⓑ	Ⓒ	Ⓓ	144	Ⓐ	Ⓑ	Ⓒ	Ⓓ
105	Ⓐ	Ⓑ	Ⓒ	Ⓓ	115	Ⓐ	Ⓑ	Ⓒ	Ⓓ	125	Ⓐ	Ⓑ	Ⓒ	Ⓓ	135	Ⓐ	Ⓑ	Ⓒ	Ⓓ	145	Ⓐ	Ⓑ	Ⓒ	Ⓓ
106	Ⓐ	Ⓑ	Ⓒ	Ⓓ	116	Ⓐ	Ⓑ	Ⓒ	Ⓓ	126	Ⓐ	Ⓑ	Ⓒ	Ⓓ	135	Ⓐ	Ⓑ	Ⓒ	Ⓓ	146	Ⓐ	Ⓑ	Ⓒ	Ⓓ
107	Ⓐ	Ⓑ	Ⓒ	Ⓓ	117	Ⓐ	Ⓑ	Ⓒ	Ⓓ	127	Ⓐ	Ⓑ	Ⓒ	Ⓓ	137	Ⓐ	Ⓑ	Ⓒ	Ⓓ					
108	Ⓐ	Ⓑ	Ⓒ	Ⓓ	118	Ⓐ	Ⓑ	Ⓒ	Ⓓ	128	Ⓐ	Ⓑ	Ⓒ	Ⓓ	138	Ⓐ	Ⓑ	Ⓒ	Ⓓ					
109	Ⓐ	Ⓑ	Ⓒ	Ⓓ	119	Ⓐ	Ⓑ	Ⓒ	Ⓓ	129	Ⓐ	Ⓑ	Ⓒ	Ⓓ	139	Ⓐ	Ⓑ	Ⓒ	Ⓓ					
110	Ⓐ	Ⓑ	Ⓒ	Ⓓ	120	Ⓐ	Ⓑ	Ⓒ	Ⓓ	130	Ⓐ	Ⓑ	Ⓒ	Ⓓ	140	Ⓐ	Ⓑ	Ⓒ	Ⓓ					

ANSWER SHEET

Reading Comprehension Part V, Part VI

No.	A	B	C	D	No.	A	B	C	D	No.	A	B	C	D	No.	A	B	C	D	No.	A	B	C	D
101	Ⓐ	Ⓑ	Ⓒ	Ⓓ	111	Ⓐ	Ⓑ	Ⓒ	Ⓓ	121	Ⓐ	Ⓑ	Ⓒ	Ⓓ	131	Ⓐ	Ⓑ	Ⓒ	Ⓓ	141	Ⓐ	Ⓑ	Ⓒ	Ⓓ
102	Ⓐ	Ⓑ	Ⓒ	Ⓓ	112	Ⓐ	Ⓑ	Ⓒ	Ⓓ	122	Ⓐ	Ⓑ	Ⓒ	Ⓓ	132	Ⓐ	Ⓑ	Ⓒ	Ⓓ	142	Ⓐ	Ⓑ	Ⓒ	Ⓓ
103	Ⓐ	Ⓑ	Ⓒ	Ⓓ	113	Ⓐ	Ⓑ	Ⓒ	Ⓓ	123	Ⓐ	Ⓑ	Ⓒ	Ⓓ	133	Ⓐ	Ⓑ	Ⓒ	Ⓓ	143	Ⓐ	Ⓑ	Ⓒ	Ⓓ
104	Ⓐ	Ⓑ	Ⓒ	Ⓓ	114	Ⓐ	Ⓑ	Ⓒ	Ⓓ	124	Ⓐ	Ⓑ	Ⓒ	Ⓓ	134	Ⓐ	Ⓑ	Ⓒ	Ⓓ	144	Ⓐ	Ⓑ	Ⓒ	Ⓓ
105	Ⓐ	Ⓑ	Ⓒ	Ⓓ	115	Ⓐ	Ⓑ	Ⓒ	Ⓓ	125	Ⓐ	Ⓑ	Ⓒ	Ⓓ	135	Ⓐ	Ⓑ	Ⓒ	Ⓓ	145	Ⓐ	Ⓑ	Ⓒ	Ⓓ
106	Ⓐ	Ⓑ	Ⓒ	Ⓓ	116	Ⓐ	Ⓑ	Ⓒ	Ⓓ	126	Ⓐ	Ⓑ	Ⓒ	Ⓓ	135	Ⓐ	Ⓑ	Ⓒ	Ⓓ	146	Ⓐ	Ⓑ	Ⓒ	Ⓓ
107	Ⓐ	Ⓑ	Ⓒ	Ⓓ	117	Ⓐ	Ⓑ	Ⓒ	Ⓓ	127	Ⓐ	Ⓑ	Ⓒ	Ⓓ	137	Ⓐ	Ⓑ	Ⓒ	Ⓓ					
108	Ⓐ	Ⓑ	Ⓒ	Ⓓ	118	Ⓐ	Ⓑ	Ⓒ	Ⓓ	128	Ⓐ	Ⓑ	Ⓒ	Ⓓ	138	Ⓐ	Ⓑ	Ⓒ	Ⓓ					
109	Ⓐ	Ⓑ	Ⓒ	Ⓓ	119	Ⓐ	Ⓑ	Ⓒ	Ⓓ	129	Ⓐ	Ⓑ	Ⓒ	Ⓓ	139	Ⓐ	Ⓑ	Ⓒ	Ⓓ					
110	Ⓐ	Ⓑ	Ⓒ	Ⓓ	120	Ⓐ	Ⓑ	Ⓒ	Ⓓ	130	Ⓐ	Ⓑ	Ⓒ	Ⓓ	140	Ⓐ	Ⓑ	Ⓒ	Ⓓ					

ANSWER SHEET

Reading Comprehension Part V, Part VI

No.	A	B	C	D	No.	A	B	C	D	No.	A	B	C	D	No.	A	B	C	D	No.	A	B	C	D
101	Ⓐ	Ⓑ	Ⓒ	Ⓓ	111	Ⓐ	Ⓑ	Ⓒ	Ⓓ	121	Ⓐ	Ⓑ	Ⓒ	Ⓓ	131	Ⓐ	Ⓑ	Ⓒ	Ⓓ	141	Ⓐ	Ⓑ	Ⓒ	Ⓓ
102	Ⓐ	Ⓑ	Ⓒ	Ⓓ	112	Ⓐ	Ⓑ	Ⓒ	Ⓓ	122	Ⓐ	Ⓑ	Ⓒ	Ⓓ	132	Ⓐ	Ⓑ	Ⓒ	Ⓓ	142	Ⓐ	Ⓑ	Ⓒ	Ⓓ
103	Ⓐ	Ⓑ	Ⓒ	Ⓓ	113	Ⓐ	Ⓑ	Ⓒ	Ⓓ	123	Ⓐ	Ⓑ	Ⓒ	Ⓓ	133	Ⓐ	Ⓑ	Ⓒ	Ⓓ	143	Ⓐ	Ⓑ	Ⓒ	Ⓓ
104	Ⓐ	Ⓑ	Ⓒ	Ⓓ	114	Ⓐ	Ⓑ	Ⓒ	Ⓓ	124	Ⓐ	Ⓑ	Ⓒ	Ⓓ	134	Ⓐ	Ⓑ	Ⓒ	Ⓓ	144	Ⓐ	Ⓑ	Ⓒ	Ⓓ
105	Ⓐ	Ⓑ	Ⓒ	Ⓓ	115	Ⓐ	Ⓑ	Ⓒ	Ⓓ	125	Ⓐ	Ⓑ	Ⓒ	Ⓓ	135	Ⓐ	Ⓑ	Ⓒ	Ⓓ	145	Ⓐ	Ⓑ	Ⓒ	Ⓓ
106	Ⓐ	Ⓑ	Ⓒ	Ⓓ	116	Ⓐ	Ⓑ	Ⓒ	Ⓓ	126	Ⓐ	Ⓑ	Ⓒ	Ⓓ	135	Ⓐ	Ⓑ	Ⓒ	Ⓓ	146	Ⓐ	Ⓑ	Ⓒ	Ⓓ
107	Ⓐ	Ⓑ	Ⓒ	Ⓓ	117	Ⓐ	Ⓑ	Ⓒ	Ⓓ	127	Ⓐ	Ⓑ	Ⓒ	Ⓓ	137	Ⓐ	Ⓑ	Ⓒ	Ⓓ					
108	Ⓐ	Ⓑ	Ⓒ	Ⓓ	118	Ⓐ	Ⓑ	Ⓒ	Ⓓ	128	Ⓐ	Ⓑ	Ⓒ	Ⓓ	138	Ⓐ	Ⓑ	Ⓒ	Ⓓ					
109	Ⓐ	Ⓑ	Ⓒ	Ⓓ	119	Ⓐ	Ⓑ	Ⓒ	Ⓓ	129	Ⓐ	Ⓑ	Ⓒ	Ⓓ	139	Ⓐ	Ⓑ	Ⓒ	Ⓓ					
110	Ⓐ	Ⓑ	Ⓒ	Ⓓ	120	Ⓐ	Ⓑ	Ⓒ	Ⓓ	130	Ⓐ	Ⓑ	Ⓒ	Ⓓ	140	Ⓐ	Ⓑ	Ⓒ	Ⓓ